〈近代都市〉広島の形成

布川　弘著

吉川弘文館

はじめに

勝部眞人

本書をお読みいただく前に、本書出版に至る経緯をあらかじめ説明しておきたい。

著者の布川弘氏は、二〇一八年二月現在入院加療中である。本来なら本人が説明を行うべきところであるが、現状況ではそれが叶わないため、代わって私が筆を執ることにした。

畏友・布川弘氏は二〇一四年夏に発症し、放射線化学療法によって同年末にいったん退院することができた。しかし翌年、続いて今年と再発・合併症を繰り返し、現在かなり重篤な状況にある。

布川弘氏は、一九五八年二月に山形県で生まれ、一九八〇年金沢大学法文学部を卒業された。そのまま同大学大学院文学研究科に進まれた後、一九八四年から神戸大学大学院文化学研究科の博士課程に進学して、一九九〇年に単位取得退学された。この間、賀川豊彦研究を進めるとともに、その関連で神戸を中心に都市民衆の姿を精力的に明らかにされてきた。そして一九九六年一〇月に広島大学総合科学部に着任されたのである。

勤務先の広島大学では、全学的に推進されている平和学習の中核を担う人材として活躍されてこられたが、本人も自らその責に任ずべく、かなり無理を続けられたのではないかと思われる。現に職務に復帰された後も、万全ではない体調で職務に邁進された。「無理はしないように」と、私をはじめ周囲からも心配する声が出ていたが、本人は大丈夫というように手のひらで制して笑うだけであった。こういう状況になるなら、無理にでも養生するよう仕向けるべきであったとの悔いを痛感している。もっとも、布川氏が担われていた職務は、氏の力量ゆえになし得たもので、余人をもって代えがたいという側面があったのも事実であるが。

本書の契機となった原稿は、実は吉川弘文館の「歴史文化ライブラリー」企画用に執筆したものであった。書き上げられた原稿は、長年の平和学習活動から常々考えてこられた問題点、あるいは軍港都市史研究会での活動等を通じて新たに気付いた視点・ポイントがベースとなって、一気呵成に仕上げられたものであった。しかし、企画のフォーマットと適合しないこともあって、改稿を試みていたものの作業が間に合わず、前記の事情から急遽これまで発表されてきた成果と併せて、専門書の形で一書にまとめようということになった。このため、全体としての統一性は必ずしも整えられているわけではない。

また、どの成果を含めるかについても、本来なら当然本人が判断すべきところであるが、前述の事情により広島修道大学坂根嘉弘氏・広島大学河西英通氏・同中山富廣氏・広島経済大学平下義記氏の四人と私で相談して原案を作り、吉川弘文館の斎藤信子氏の援助を仰ぎながら、構成を練ってきた結果、既発表の論考を第Ⅰ部とし、右の書き下ろし原稿を第Ⅱ部に配することにした。

こうして第Ⅰ部の構成も整えられたのであるが、四編のうち二編は日本学術振興会科学研究費補助金基盤研究の報告書であり、これを転載することはさほど難しい問題はなかった。しかし残る二編のうち、一編は私が編者となった清文堂出版からの『近代東アジア社会における外来と在来』（二〇一一年）に所収されたものであり、もう一編は『福山市史』の作業過程で生まれた『アーカイブスふくやま』第二号（二〇一一年）に掲載された論考であった。いずれも、公刊されてからまだあまり年数が経っておらず、清文堂出版・福山市の転載許可を必要とするものであった。しかし、清文堂出版の前田博雄社長も福山市も、事情を説明したところ諒解のうえ転載することを快諾された。記して感謝したいと思う。

また今回事情を深く勘案されて、このような形での刊行に尽力していただいた吉川弘文館、とくに斎藤信子氏・並木隆氏、および編集・校正作業にご尽力いただいた編集工房トモリーオの高橋朋彦氏に、改めて感謝の意を表したい。

本書の編成などについては、奥様の中子様のご理解を得て、このたび出版の運びとなった。布川氏が一日も早く回復に向かうことを願いつつ、本書出版の経緯を記した次第である。

目次

はじめに（勝部眞人）

I　近代日本の秩序形成

第一章　近代日本社会における「外来」と「在来」の構造的な連関……二
はじめに……二
一　近世国制における「外来」と「在来」……三
1　華夷秩序と社会から自立した国家の形成……三
2　「忠孝」の社会的な機能……五
3　身分制社会の動揺……六
二　明治維新の社会史的意義と民衆闘争……七
1　幕末・明治初期の民衆闘争史研究における「民衆」のとらえ方……七
2　明治維新と「身上り」の論理……九
3　「文明の精神」と日本社会……一〇
おわりに……一三

第二章　歩兵第四十一連隊の福山転営と市制施行への動き……一六
はじめに……一六
一　軍隊誘致の先駆け——西海鎮守府誘致運動……一七
二　歩兵第四十一連隊の福山転営……二一
1　師団誘致運動と連隊設置の決定……二一
2　用地の選定と献納金……二四
①当初の候補地（二四）／②臨時陸軍建築部の設置（二四）／③三つの候補地に（二五）／④候補地の絞り込み（二八）／⑤献納金寄付運動（三四）
三　連隊設置による公共事業の活性化……二八
1　招　魂　祭……二八
2　道路・橋梁の整備……三九
四　市制施行への動き……四四
1　市制施行を求める最初の意見……四四
2　福山町と野上村・三吉村の合併……四六
3　市制施行への動きと水道問題……五二
おわりに……五三
第三章　戦間期国際秩序構想と日本——太平洋問題調査会における論議を中心として……五七

はじめに……五七
一　新渡戸と賀川の連携……六一
1　東洋キリスト教国際会議の構想と太平洋問題調査会第四回総会……六一
2　新渡戸と賀川の接点……六四
二　日本友和会と中国……六六
1　新渡戸と太平洋問題調査会……六六
2　日本友和会の結成……六九
3　中国との関係……七〇
①ホッジキン博士の来日（七一）／②全国非戦同盟と「神の国運動」（七三）／③賀川の謝罪と日中交流―一九三一年（七六）
4　協同組合の構想と平和……八四
三　満洲事変と平和運動……八六
1　満洲事変の勃発と賀川への期待……八六
2　太平洋問題調査会上海会議……八九
3　上海事変と平和連合……九一
4　日中における Christian Internationale の運動……九九
5　中国における反応……一〇三
おわりに……一〇八

第四章　国際平和運動における新渡戸稲造と賀川豊彦の役割……一一四
はじめに……一一四
一　第一次世界大戦後の国際平和運動と日本……一一六
二　満洲事変……一二〇
1　太平洋問題調査会の上海会議……一二〇
2　上海事変後の賀川と新渡戸……一二三
おわりに……一二三

II　片隅から見た日本の近代

序章　「片隅」に込めた意味……一三八
はじめに……一三八
1　映画『この世界の片隅に』を観て……一三八
2　片隅の歴史学……一四〇
一　広島の殿様……一四一
二　戦争と諸隊……一四四
第一章　広島藩における海防の端緒と砲術……一四六
一　列強の接近と広島藩……一四六
二　広島藩の砲術……一四七

三　ペリー来航……一五〇
第二章　戦争と神機隊……一五五
一　海防の本格化……一五五
二　新田藩の移住……一五七
三　幕長戦争……一五八
四　神機隊と八条原城……一六〇
五　奥羽における激戦と神機隊……一六四
第三章　救民の構想と軍事……一七一
一　明治二年の凶作……一七一
二　藩の対策……一七三
三　救民と国防……一七五
第四章　武一騒動……一九一
一　廃藩置県の衝撃……一九一
二　民衆蜂起と鎮圧……二〇五
1　山県郡の状況……二〇七
2　一六郡一手の嘆願書……二一二
3　卒大隊長野崎貞夫の切腹……二一三

4 全藩一揆の高揚と終息……二三七
第五章 成立した新政府への対抗……二三八
一 浅野長勲の抵抗……二三八
二 西南戦争への参戦……二四一
第六章 第五師団の成立……二四五
一 外征と師団……二四五
二 インフラの整備……二四六
1 陸軍病院……二四七
2 宇品築港……二四七
三 日清戦争と広島……二四八
1 兵員送迎の場所としての広島……二四八
2 陸軍施設の整備……二四九
3 上水道の整備……二五〇
4 日清戦争と都市経済……二五一
四 日露戦争と広島……二五二
1 北清事変……二五二
2 日露戦争の勃発と兵士の歓迎・見送り……二五三

3　兵站都市……二五五
4　戦勝祈願と祝勝……二六〇
5　警備と防諜……二六一
五　産業の成長と都市化……二六二
1　都市化の進展……二六二
2　一五年戦争の始まり……二六三
3　未完の事業──太田川の改修……二六四
4　アジア太平洋戦争と広島……二六五
六　「軍都」と内実……二六六
終章　片隅から見た現在……二六九
一　高間省三の墓が訴えるもの……二六九
二　「広島平和記念都市建設法」と「平和」の理念について……二七〇
1　「軍都」の継承……二七〇
2　特別法を求めた背景……二七一
3　平和記念都市法の理念について……二七二
4　重い「代償」……二七四
世界の片隅からの視座（勝部眞人）……二七七

I　近代日本の秩序形成

第一章　近代日本社会における「外来」と「在来」の構造的な連関

はじめに

日清戦争の際に外務大臣であった陸奥宗光は、平壌会戦と黄海海戦に勝利した後の「国民の欲望」について、次のように述べている。

顧みて我が国内の形勢如何といえば、平壌、黄海戦勝以前において窃かに結局の勝敗を苦慮したる国民が、今は早将来の勝利に対し一点の疑いだも容れず、余す所は我が旭日軍旗が何時を以て北京城門に進入すべきやとの問題のみ。ここにおいて乎、一般の気象は壮心快意に狂躍し驕肆高慢に流れ、国民到る処喊声凱歌の場裡に乱酔したる如く、将来の欲望日々に増長し、全国民衆を挙げ、クリミヤ戦争以前に英国人が綽号せるジンゴイズムの団体の如く、唯これ進戦せよという声の外は何人の耳にも入らず。この間もし深謀遠慮の人あり、妥当中庸の説を唱うれば、あたかも卑怯未練、毫も愛国心なき徒と目せられ、殆ど社会に歯せられず、空しく声を飲んで蟄息閉居するの外なきの勢いをなせり(1)。

「ジンゴイズム」という言葉にも見られるように、陸奥は国民の偏狭な愛国主義に警鐘を鳴らしている。こうした偏狭な愛国主義は日露戦争の際にも見られ、日比谷焼き打ち事件の際などに発露したのである。

日清日露戦争時におけるこのような偏狭な愛国主義は、中国や朝鮮の人々に対する差別感を基礎にした排外主義を伴っていた。同時に、日比谷焼き打ち事件の際にキリスト教会が襲撃されたように[2]、欧米人やキリスト教に対する排外主義も見られた。神戸においては、日清戦争前後から欧米人に対するいやがらせが頻発し、中国人低賃金労働者の排除を求める運動が活発化していた[3]。

こうした排外主義は、たとえば「ジンゴイズム」や「ショービニズム」という言葉がイギリスとフランスでそれぞれ生まれているように、日本に固有のものではない。おそらく、近代国民国家が西欧で形成され、近代的な国際秩序が世界を覆うなかで生まれてきたものと推測される。同時に、それぞれの国民国家が形成される際に歴史的な正当性が問われる以上、排外主義の基盤は固有な歴史性をもつはずである。本章では、この普遍性をもつ近代的な国際秩序を「外来」として把握し、一方、排外主義の固有な歴史的基盤を「在来」として把握することによって、両者の構造的な連関のなかで近代社会が形成されていくという大まかな仮説を立ててみたい。

一　近世国制における「外来」と「在来」

1　華夷秩序と社会から自立した国家の形成

「外来」＝国際秩序と「在来」＝固有な歴史的基盤[4]とが構造的に連関して社会を形成しているという事態は、近世社会においてすでに見られる。将軍権力は華夷秩序に基づいた対外関係に支えられて武威と権威を保っている[5]。そして、将軍権力は武士―平人―かわたという身分制の頂点に君臨する存在であるから、華夷秩序が将軍の武威と権威を支える機能を果している以上、それは身分制社会そのものを外側から支える重要な柱ともなっていた。

身分制社会の内側の柱をなすものは、兵農分離の原則であった。中世後期における民衆闘争の発展は武士の階級的な結集を必然化した。武士は個別領主権を自己否定しつつ、いわゆる「藩」というイエに結集し、基本的に城下町に集住した。その際、百姓は武装解除され、正当的暴力は武士身分に集中される。この正当的暴力は武威の基盤となる。それは階級抑圧的な機能も果すが、同時に対外的国内的な平和を保障する力ともなる。民衆闘争の発展に対して、武士身分が個別領主権を自己否定して藩に結集し、藩が正当的暴力を独占したということは、一切の私的な在地権力が解体され(6)、社会から自立した国家が成立したことを見事に物語る現象であった。社会の当事者たち、あるいは身分制社会から超越した特殊な存在としての幕藩制国家を象徴するものこそ、「公儀」という言葉であった。武士身分は国家に奉仕する官僚機構に組み込まれ、百姓は「公儀の百姓」、つまり公的な年貢・役の負担者として国家的な位置づけを与えられたのである。

そして、社会から国家が自立し、武士身分が国家の官僚として正当的暴力を独占したということは、当然のことながら平和を維持することが国家官僚としての武士身分の最も重要な責務になったのである。百姓は武装解除された見返りとして、平和維持の責任を公儀と武士身分に要求できる立場になったことを意味する。武士身分に平和維持を要求することは、「公儀の百姓」として当然の権利であった。天正一六年（一五八八）七月、豊臣秀吉が薩摩の大名島津氏に宛てたいわゆる「刀狩令」においては、「右取をかるへき刀・わきさし、ついへにさせらるへき儀にあらす、今度大仏御建立候釘・かすかいに被仰付へし、然ハ今生之儀は不及申、来世迄も百姓相たすかる儀に候事」と述べており(7)、方広寺の大仏に託してではあるが、「今生」と「来世」で百姓が助かるというレトリックを用いざるをえなかったことこそが、その何よりの証拠である。筆者は、兵農分離の原則のなかにこうした武士と百姓との双務的な関係が潜んでいることを、見落とすべきではないと考える。

筆者が双務的な関係と規定した武士と百姓の関係について、近世史研究の分野では、仁政イデオロギーと「百姓成立」の関係で説明する傾向が強くなっている。[8]「百姓成立」の論理こそは、百姓の側の諸要求を武士身分に提示する際に、兵農分離の原理をふまえた強固な正当性の根拠となるものであった。それに対して公儀・武士身分は仁政をほどこす義務があるものとしてとらえられている。[9]

また、こうした双務的な関係は、「儒教核政治文化圏」として、東アジアに共通のものであった。[10]おそらく、中国を中心とした冊封体制に包摂、あるいは影響を受けた東アジアの国々は、儒教の基本的な理念を、社会を律する規範として取り入れており、人々の生活に儒教の基本的な理念が大きな影響を与えていた。日本近世において華夷秩序と身分制社会が結びついているというのは、こうした次元においても考えるべきことである。[11]

2 「忠孝」の社会的な機能

近世の武士身分は官僚制的な編成原理に基づき、藩という国家の官僚として位置づけられた。そして、藩＝国家に対する没価値対象的な奉仕を義務づけられた。同時に、官僚制的な編成原理は主従制的・身分制的原理と結びついて機能しており、藩＝国家に対する没価値的な奉仕は、藩主に対する家臣としての主従制的・身分制的な奉仕としての側面をもっていた。家臣のイエは主従制的な奉仕のために存在し、同時にそのイエの安堵こそが奉仕の見返りとしての藩主の御恩であった。イエを基本にする以上、親に対する「孝」の原理が重視されたが、イエは藩＝国家に対する奉仕のために存在すると位置づけられ、藩＝国家への「忠」が「孝」に優先するという論理が形成された。[12]

百姓身分の場合、「公儀の百姓」として年貢・役を負担する際、負担の単位となったものは、やはりイエであった。

したがって、イエの維持・存続は「公儀の百姓」としての義務であり、イエの存続のためには、たとえ儒教の教えに背くとしても、血を分けた長男を廃嫡して、器量のある異姓養子を迎えるという、世界的にも稀なことが、極めて普通に行われていた。イエ存続のためには、離婚・再婚、堕胎も厭わないという特有の風土が生まれた背景には、こうした国制上の特有なイエの位置づけがあったのである。

さらに、村や親戚関係も、基本的には「公儀の百姓」のイエを維持するための結合として機能したのである。村請制という仕組みの下で年貢・役を負担するなかで、村が年貢・役負担の単位としてのイエを維持するために腐心するのは当然のことであり、本家も分家を支える役割を期待されていた。そして、イエの維持・存続が「公儀の百姓」としての義務である以上、イエを構成する個人の権利はイエの論理によって強力に抑圧されることになる。

3　身分制社会の動揺

一八世紀後半以降、経営体としてのイエは大きな動揺を見せはじめる。家産・家業を失う商家・農家が増え、階層分解が進展していく。一方、労働は家業から解放され、都市化が進展していった。[13]

しかし、家産・家業を喪失したことが、イエ存続の意識をも喪失させたわけではなかった。家産・家業を喪失しても、「身分の業体」を守り、女房・子供を養うことこそが、「御国恩」に報いることであると位置づけられ、近世国制を支えるイデオロギーはその裾野をむしろ広げたと言っても過言ではない。心学や創唱宗教のなかで唱えられた通俗道徳の実践は、人間の努力の無限の可能性を説き、努力する人間の尊厳と平等という認識を育んだが、[14]公儀・「御国恩」への奉仕を重視しており、大枠としては近世の国制を出るものではなく、むしろそれを強化するものであったと言っても過言ではない。

国家官僚たる武士身分と「公儀の百姓」たる百姓身分の双務的な関係からすれば、「御国恩」に報いるために勤勉・節約をしつつ「身分の業体」を守ることは、同時にその生活を維持・再生産するための仁政を武士身分に要求する正当性の基礎を、より一層強めることにつながる。であるが故に、一八世紀後半以降、民衆の生活の論理を背景とした打ちこわしの発生件数が、鰻登りに多くなるのである。打ちこわしは、通俗道徳の論理にもとづいてモラルエコノミーを要求したようにも見えるが、もっと大きく強固な国制上の正当性に支えられていたと考えるべきである。労働がイエから解放されたことは、国家の支配の基盤を大きく拡大することになったが、同時に、国家に期待される役割もより大きくなったことを意味していた。

二　明治維新の社会史的意義と民衆闘争

1　幕末・明治初期の民衆闘争史研究における「民衆」のとらえ方

幕末から明治初年にかけて一揆や打ちこわしなどの民衆闘争が急激に増加し、近世後期以降で最大のピークを迎える。そうした民衆闘争において、すべてではないにせよ、極めて排外的な動きが見られる。また、攘夷行動の先頭に立っていた長州藩に対する民衆の同情なども指摘されている(15)。佐々木潤之介はそうした傾向について、「農民たちの生活危機が、開港なり外国船来航なりと結びつけられて、その結果、農民たちの危機意識が排外主義の方向に編成・組織されていく」ととらえ、排外主義に編成されていく要因として、鎖国制によってもたらされた独自の民族意識をあげている(16)。つまり、「二〇〇年来、人びとはこの支配のもとに、外国人との接触を断たれて、生きた」ために、

「異民族観が、恐怖感と侮辱感と好奇心とが奇妙に入りまじったものとなった」というのである。[17]こうしたとらえ方はいわゆる「島国根性」などというとらえ方とも親和性をもちながら、人口に膾炙しやすいとらえ方ではある。

一八七一（明治四）年九月、福山藩では廃藩置県に伴って知藩事（旧藩主）が解任され上京する際、藩主の引止めを求めて騒擾がおこった。その折、次のような流言がひろまった。

明後日、二十日早朝、御殿様ニハ我々下々ノ者ヲ置キ捨ニシテ、オ江戸へ、御上リニナラレルゾヤ、今、我々ガ見放サレナバ、又黒船ガ人々ヲ取リニキテモ、防グ事ハ出来ヌゾヤ、女ハ異人ニ奪ハレ、子供等ノ生血ハ毛唐人ニ啜ラレルゾ、御殿様ヲ引キ止メヨ皆ノ衆出合へ出合へ[18]

この藩主引止め騒動をおこした人々の意識については、「異人に対する恐怖感と、これまで異人から領民を守ってくれたのが『御殿様』であるという素朴な農民の意識」が見られるという評価がなされている。[19]ここで注目したいことは、「異人から領民を守ってくれたのが『御殿様』である」という意識である。これは前節で指摘した華夷秩序と兵農分離という二つの柱が構造的に結びついて成立していた近世社会の特質が、人々の意識に反映して見事に結実したものだと考えたい。「下々ノ者ヲ置キ捨」、あるいは「我々ガ見放サレ」といったとらえ方は、平和維持の責任を負う武士身分を厳しく糾弾したものと理解したい。もし、武士身分がそうした責任を果さずに逃亡すれば、「黒船」の来襲を防ぐことはできないと真剣に思っていたと考えられる。確かに、流言の後段に見られるような、女性が異人に奪われる、あるいは、生血をとられるといった意識は「素朴」かもしれないが、問題にすべきなのはその点ではなく、前段の部分である。ここには農民の「素朴」な意識は微塵も見られず、近世社会の構造から必然的に生まれる固有な意識が見られるのである。

明治新政府が矢継ぎ早に打ち出した諸政策は、近世国家と身分制を解体し、欧米流の近代化を推し進めていくためのものであった。それに対しては、いわゆる新政反対一揆が各地で発生した。明治初年に大きな影響力をもった啓蒙主義と文明化の思想は、近代化政策の後ろ盾となるが、新政反対一揆に代表される民衆闘争は、啓蒙主義と文明化への抵抗ととらえることができる。[20]そして、その抵抗の拠りどころとなったものは、藩主引止め騒動と同じような、近世社会の構造から必然的に生まれる固有な意識であったと考えるべきではないだろうか。問題は、そうした幕末・明治初期の民衆闘争をとらえる側が、いつの間にか近代主義的な視点に立ち、啓蒙主義と文明化に抵抗した人々の意識を、後れた素朴な意識だととらえる傾向に陥っていなかったかどうか、一度反省してみる必要があるという点である。近世社会の構造から必然的に生まれる固有な意識というものは、先進・後進といった基準で測るべきものではなく、前近代社会の類型として把握されるべきものであると考える。したがって、それは「日本的社会」と呼べるほどの堅固な構造を有し、[21]「外来」＝近代的国際秩序と近代文明に対して、「在来」として対抗するものであった。

2　明治維新と「身上り」の論理

幕末・維新期、百姓身分から武士に上昇しようとする「身上り」の動きが広範に見られるようになった。[22]同時に、下級武士を中心に、「国家の警固者」としての武士意識が異常に高揚した。[23]こうした動きの背景には、前節で触れたように、一八世紀後半以降、労働が家業から解放される傾向が強くなったこととの関わりで、家柄に規定された身分制の原理と、能力主義が求められる官僚制の原理とが、乖離しはじめつつあったことがあげられる。つまり極めて微弱ではあるが、下級武士や百姓身分であっても、能力次第で社会的地位を上昇させる道が開かれつつあったのである。近世国制においては、国家への奉仕のみが社会的地位上昇の条件であったので、広い意味でこうした現象も国家支配が強化される可能性を示していた。

ここで注目したいことは、下級武士や「身上り」を望む百姓身分の人々は、平和の維持という責任を主体的に担うことによって、自らの社会的地位を上昇させようとした点である。近代ブルジョア社会の担い手として自己を意識し、革命をリードする階層が形成されなかったことが、明治維新がブルジョア革命ではなかった原因であるという古典的な理解があったが、維新変革を国制史的・類型的に把握しようとすれば、西欧近代のモデルを適用して裁断することは不可能である。むしろ、近世国制の枠内でいかなる動きが見られたのかをしっかり把握し、変革のあり方を考察すべきであろう。(24) 下級武士の「武士意識」の高揚や百姓身分の「身上り」の動きは、華夷秩序と兵農分離を柱とする身分制社会に即した動向であり、近世日本の固有の国制に規定されたものと理解したい。

そうであるとするならば、百姓身分のなかにおける「身上り」の動きを過大に評価することは慎まねばならない。何故ならば、藩主引止め騒動に見られたように、近世の固有の国制に規定されて、百姓身分の多くの人々は武士身分の平和維持の責任を追及していたからである。兵農分離の原則に寄り添うかたちで、武士身分に平和維持を要求し、自分たちの「百姓成立」を主張していたからである。したがって、百姓身分の動きは仮に様々な騒動に参加していなかったにせよ、全体として極めて「保守的」なものであったと評価しうる。ところが、「保守的」であればあるほど、幕末・維新期の対外的な平和の崩壊は鮮明に見えてくるのであり、挙句の果てに国家の中心に位置して平和を維持すべき藩主が、完全に任務放棄して江戸に上ろうとするような事態にまで立ち至っていたのである。少なくとも百姓身分からはそのように見えていたはずである。

3　「文明の精神」と日本社会

下級武士における「武士意識」の高揚や、百姓身分のなかにおける「身上り」の動きを過大に評価することはできないが、同時に過小に評価することも慎むべきである。それは、「外来」＝近代的な国際秩序・文明と、「在来」＝近世の固有な国制に依拠した百姓身分の間にあって、その結節点の役割を果した存在こそが、「武士意識」を高揚させた下級武士であり、「身上り」を望んだ百姓身分だったからである。

近代的な国際秩序が東アジア世界に持ち込まれるなかで、華夷秩序は徐々に崩壊していった。万国公法こそがそれに代わる原理として受け止められたが、それは欧米のキリスト教世界＝文明国にしか通用しない原理であって、「半開の国」と位置づけられた日本では、一刻も早く文明国の仲間入りをすべきだとして、啓蒙主義に基づいた文明化政策が矢継ぎ早に実行されていく。それを担った者たちこそが、「武士意識」を高揚させた下級武士たちであり、「身上り」を望んだ百姓身分の人々であった。彼らは「文明の精神」を実現することに熱意をもち、人々の生活水準の向上と近代化を望んではいたが、強烈な「志士仁人」意識に支えられており、国民の政治共同体としての国民国家をすぐに建設しようとする意識はまったくもっていなかった。そうした彼らが進めていった近代化政策のなかで、いかなる近代社会が日本において形成されたのか。

第一に、近世の国制において華夷秩序が将軍権力の武威と権威を支えたように、「万国対峙」という世界認識が、藩閥官僚を中心とした政治権力を支えていく構造が作られた。であるが故に、維新政府は「万国対峙」のなかで日本が文明国の仲間入りをするという大きな責務を担うことになり、同時に、民衆はそれを強く要求する立場に身を置き、仁政要求と同じく強力国家の建設を求めることとなった。「万国対峙」と強力国家の建設は、近世の国制と同様、近代において「外来」と「在来」を構造的に結びつけ、日本社会を形作る大きな柱となっていったのである。最初に述べた排外主義は、こうした構造のなかから発露する。

第二に、仮に近代国民国家が平等な国民を主体とする政治共同体であるとするならば、近代日本は国民国家とは言い難いものであった。何故ならば、譜代門閥制の解体と教育制度の整備によって、国家官僚になる機会は平等に開かれることになったが、国家官僚とそれ以外の人々との間に大きな壁が築かれたのである。つまり、社会的地位の向上機会は平等になり、ステイタス・デモクラシーが確立したが、政治的デモクラシーは実現しなかった。

第三に、近世国制においては、幕府が琉球やアイヌの人々に服属儀礼を強制することによって、華夷秩序を社会のなかに持ち込んでいたが、近代国家においては、琉球やアイヌの人々に対して同化政策が施され、社会の内部においてはより強力な差別の構造が作り上げられていった。

第四に、差別の構造を作り上げる基本的な論理は、「文明」という基準による選別であり、近代日本社会内部に「文明」という基準が入り込んでいったことを意味しているが、ではそれが「儒教核政治文化」を突き崩していったのかと言えば、決してそうではなかった。近代の地域社会を律する規範は、あくまでも儒教的なものであった。

こうした四つの点をふまえるならば、近世の国制における華夷秩序と兵農分離という二つに柱が、それぞれの内容は若干変わってはいるが、根本的な構造をそのまま近代に持ち込み、その構造的な連関が近代社会を形成していったと解釈しうるのである。維新政府は徴兵令を発布して、国民皆兵制度を導入した。しかし、民衆にとってそれはあくまでも「兵役」であり、国民の義務・負担であった。例えば、独立戦争や市民革命を経験して近代国家を形成した国々においては、武装して自衛することは国民の権利であり、それを国家に預けているという論理が底流にある。(25) もちろん、役務としての兵役というとらえ方は近代国家に広く見られはするが、そもそもの徴兵の論理が違っている点は重視すべきであろう。軍事・防衛の責任をはなから政府に預けているという点は、兵農分離以来まったく変わっていないと言うべきであろう。であるが故に、戦場での行為は上からの命令によるものであり、それに従った自分はまったく責任がないという理屈が公然とまかり通ることになる。国家の構成員として、国民としての責務は微塵も感じない兵隊が作り出されることになる。

おわりに

日本近代における国民とは、あくまでも「客分」としての「国民」であった。[26]そして、国家への奉仕者として、国家から様々な義務を賦課される客体として位置づけられた。その際、イエが重要な負担の単位として最大限動員されたのである。生きて親に孝行することよりも、死んで国家に忠誠を尽くすことがあるべき姿とされ、それはイエの名誉とされたのである。しかしながら、同時に忘れてならないことは、政府および国家官僚が国家の主体になることによって、強力国家を実現する義務を負ったという点であり、それが実現できなければ、民衆の攻撃にさらされることになったという点である。そうした民衆の行動は、十分な正当性を持ちえたのである。

であるから、逆に政府は強力国家の実現を旗印に、民衆をより強力に統合することが可能ともなった。近世の国制と同様に、「外来」と「在来」が「万国対峙」と強力国家の実現によって結びついている以上、軍事行動を中心とした対外強硬路線は、国家構造上必然的な路線とならざるをえなかった。それは、シベリア出兵やアジア太平洋戦争に見られるように、合理的な判断として早期の撤退が望ましいにもかかわらず、執拗に軍事行動を長引かせる要因にもなっていたのかもしれない。

明治維新によって、武士―平人―かわたという譜代門閥制に基づいた身分制度は解体されたが、官僚―平民―「新平民」という身分制度に置き換わり、近世で形成された国制の大枠に従って、近代の国家と社会が形成されていった。「文明の精神」の実現は、「外来」=近代的な国際秩序に触れる側面から開始されていったが、それは社会の表層を変えるにとどまった。近世において形成された「日本的社会」の基本構造＝「在来」は維持され、地域社会における階層構造とイエという社会の紐帯が弱まることはなかった。むしろ、イエという観念が経営体から離れたことによって、より大衆的基盤を拡大することになった。

註

（1）陸奥宗光『新訂蹇々録―日清戦争外交秘録―』（岩波書店、一九八三年）一七八～一七九頁。
（2）小松裕『日本の歴史14　「いのち」と帝国日本』（小学館、二〇〇九年）一五七～一五八頁。
（3）拙稿「都市『下層社会』の形成とナショナリズム」（『日本史研究』三五五号、一九九二年）。のちに拙著『神戸における都市「下層社会」の形成と構造』（兵庫部落問題研究所、一九九三年）に所収。
（4）ここで言う「固有な歴史的基盤」との表現ははなはだ曖昧であるが、生活文化や社会関係、および国家と社会のあり方の特質を含んだ広い意味で用いていると理解していただきたい。
（5）荒野泰典『近世日本と東アジア』（東京大学出版会、一九八八年）。
（6）水林彪「近世の法と国制研究序説（2）―紀州を素材として―」（『国家学会雑誌』第九〇巻第五・六号、一九七七年）五二頁。
（7）豊臣秀吉掟書・刀狩令、島津家文書2―16―10。
（8）そうした理解の先駆的な業績としては、深谷克己『百姓一揆の歴史的構造』（校倉書房、一九七九年）があげられる。
（9）仁政をほどこす主体は様々であり、近世後期にそうした多様化の傾向は著しくなる（倉地克直『日本の歴史11　徳川社会のゆらぎ』小学館、二〇〇八年）。
（10）趙景達「政治文化の変容と民衆運動―朝鮮民衆運動史研究の立場から―」（『歴史学研究』第八五九号、二〇〇九年）、深谷克己『江戸時代の身分願望―身上りと上下無し―』（吉川弘文館、二〇〇六年）二二頁などを参照。
（11）拙稿「ネットワーク論の可能性―ネグリ、ハート『マルチチュード』に学ぶ―」（『新しい歴史学のために』二七六号、二〇一〇年）。
（12）水林彪「近世の法と国制研究序説（1）―紀州を素材として―」（『国家学会雑誌』第九〇巻第一・二号、一九七七年）三〇頁。

(13) 拙稿「都市化と都市問題の成立」(歴史学研究会・日本史研究会編『日本史講座第8巻　近代の成立』東京大学出版会、二〇〇五年)一九八〜二〇二頁。後に拙著『近代日本社会史研究序説』(広島大学出版会、二〇〇九年)に所収。

(14) 安丸良夫『日本の近代化と民衆思想』(青木書店、一九七四年)。

(15) 芝原拓自『日本の歴史23　開国』(小学館、一九七五年)三一六〜三一七頁。

(16) 佐々木潤之介『世直し』(岩波書店、一九七九年)四九頁。

(17) 同前、五〇頁。

(18) 『福山市史　近現代編』(一九七八年)一九頁。原史料は、「備後福山藩編年史料」所載の多木家文書である。

(19) 同前。頼祺一「〝世直し〟情勢下の〝支配〟の特質と世直し」(佐々木潤之介編『村方騒動と世直し』下、青木書店、一九七三年)。

(20) ひろた・まさき『文明開化と民衆意識』(青木書店、一九八〇年)。

(21) 水林彪『日本通史Ⅱ　封建制の再編と日本的社会の確立』(山川出版社、一九八七年)。

(22) 前掲深谷克己『江戸時代の身分願望—身上りと上下無し—』。

(23) 宮地正人『天皇制の政治史的研究』(校倉書房、一九八一年)七〇頁。

(24) ヨーロッパ史研究においては、国制史的な視点からいわゆる市民革命を再検討する試みが早くから始まっている。必ずしも国制史的研究ではないが、G・ルフェーブル『一七八九年—フランス革命序論—』(岩波書店、一九七五年)は、複合革命としてフランス革命をとらえている。

(25) アメリカ合衆国で銃規制が問題になった際に、それに反発する議論を正当化する論理を見れば、一目瞭然である。

(26) 牧原憲夫『客分と国民のあいだ—近代民衆の政治意識—』(吉川弘文館、一九九八年)。

第二章　歩兵第四十一連隊の福山転営と市制施行への動き

はじめに

近年、軍隊の存在と地域社会の動向との相互関係を明らかにする研究が盛んになっている。[1]そうしたなかで、軍隊の存在を抜きに、日本の近代都市を考察することはできないという見方も提起されている。[2]

一九〇八（明治四一）年、岡山に第十七師団が新設されたことに伴い、七月二〇日、福山に歩兵第四十一連隊が転営され、その隷下に入った。この連隊が創設されたのは、一八九六（明治二九）年一二月一日のことであったが、当初は、広島の第五師団隷下の連隊であり、広島で創設され、尾道連隊区管内の壮丁をもって編成されていた。したがって、一九〇八年の連隊転営は、福山にとって初めて本格的な軍事施設が建設され、多くの兵隊が生活するようになったことを意味していた。

このことは、一九一六（大正五）年の市制施行をはじめ、福山の近代史を考える上で画期となった出来事につながっていった。本章では、そのつながりに関わる史料を紹介し、若干の分析を加えていきたい。その際、福山とその周辺の地域社会の動向と連隊転営との関わりについて注目するわけであるが、地域社会という把握の仕方はいささか抽象的なので、連隊をめぐる様々な政治的な動向のなかで、誰が主導しているのか、という点をあえて見極めてみたい。

あらかじめ、使用した史料の特徴について、若干述べておきたい。本章では、行政文書や新聞資料以外に、財団法人義倉が所蔵する史料を用いている。財団法人義倉は、河合周兵衛ら福山近在の名望家が、福山藩の石見銀山に対する借財を肩代わりするかわり、その利子分を獲得し、それを元手に救済事業を行う団体として、一八〇四（文化元）年に創立され、その後現在に至るまで、様々な社会事業・公共事業への援助を行っている。義倉は、一八九九（明治三二）年に財団法人となり、近世以来の事業をさらに発展させ、明治期においては、学校設立や経営の援助、災害時の貧困家庭への援助、道路や橋梁建設への援助など様々な援助活動を展開し、福山とその周辺地域の公共的な活動を下支えしている。その結果、財団法人義倉には、そうした事業への援助申請書類が膨大に残ることになり、その書類を見ることによって、事業の性格が把握できるのである。連隊をめぐる動向に関しても、すでに援助を申請した主体が消滅、あるいは残存していても史料を残していないなかで、財団法人義倉には史料が残っているという幸運にめぐまれたわけである。

一　軍隊誘致の先駆け——西海鎮守府誘致運動

歩兵第四十一連隊の転営にあたり、福山では誘致運動が展開された。その誘致運動について、当時の新聞は次のように報じている。

福山の師団運動　備後福山は師団設置候補地の一として数へらるゝ処にして、同地有志は右師団設置運動に関し先頃より密々運動中なりしに、今回愈々大活動を始め、元深安郡長岡田吉顕、現町長青木研蔵、町会議員大久保末男、上野久之助の四氏上京し盛に運動を開始し、又町民は十万円までは献納すべしと決議し、期成大会を設く

る等頗ぶる熱心に奔走しつつありと云ふ。(3)

深安郡福山町は従来師団設置候補地の一つとして数へられ居る処にて、過般来密々運動中なりしに、今回更に大に活動を始め、元深安郡長岡田吉顕、町長青木研蔵、町会議員大久保末男、同上野久之助の四氏上京して盛んに運動を始めたるが、町長は師団設置に関し十万円までは其筋に献納すべしと決議し、期成同盟会を設くる等非常に熱心なる運動を開始したり(4)

これらの記事から、当初は師団の誘致が目論まれていたことがわかる。そして、運動の中心人物として、元深安郡長の岡田吉顕、福山町長の青木研蔵、福山町会議員の大久保末男・上野久之助らの名前があがっている。また、運動を進めるために一〇万円の献納が決議され、期成同盟会が設立されるなど、積極的な取り組みがうかがわれる。

福山およびその周辺地域で軍隊の誘致がめざされたのは、この時が最初ではなかった。呉海軍鎮守府が開庁したのは、一八八九（明治二二）年のことであったが、呉に鎮守府を置くことが決定されたのは、一八八三（明治一六）年二月、海軍水路部員であった肝付兼行少佐と三浦功大尉による呉近海の測量によるとされている。(5)その第二鎮守府設置をめぐって、福山およびその周辺地域が名乗りを上げたのである。

一八八一（明治一四）年四月、当時深津・沼隈両郡の郡長であった岡田吉顕が、広島県知事千田貞暁を通じて、海軍卿榎本武揚に対して、「西海鎮守府」の設置について建言している。具体的には、沼隈郡深草村へ「西海鎮守府」を設置してほしい旨を、要望したのである。以下に、岡田郡長の建言を掲げる。(6)

西海鎮守府設置之儀ニ付建言

吉顕再拝謹ンテ書ヲ海軍卿閣下ニ奉ス、夫レ皇国ノ地勢タルヤ海水四周シ恰モ島嶼ノ海中ニ漂出スルカ如シ、必スヤ海軍ノ備ヘ急且要ナラサルヘケンヤ、陸軍ハ已ニ六所ニ鎮台ノ設ケアリ、海軍モ亦嚮ニ東海鎮守府ノ設ケアリ、然リ而テ近頃尚西海鎮守府ヲ本県下備後国三原港ニ設置セラレ、漸次海軍ノ拡張ヲ図ラルヽト聞キ欣喜雀躍措ク能ハサリシカ、又聞ク所ニ依レハ該港海水遠干ニシテ艦隊ヲ備フルニ便ナラス、為ニ此挙中止セリト、豈失望歎息ノ至ニ堪ヘサランヤ、抑軍旅ノ事ハ吉顕等ノ得テ知ルヘキ所ニ非スト雖トモ、幸ニシテ沿海ノ地方ニ在リ其景勢ヲ熟知セハ、苟モ之レヲ黙々ニ附スルニ忍ヒス、聊知ル所ヲ陳シ、以テ廟議万分ノ一ニ供セント欲ス、熟テ近海沿海ノ地形ヲ案スルニ、東備前ニ起リ西安芸ニ至リ海路大約五十里、其著名ナル海港曰岡山、曰玉島、曰笠岡、曰福山、曰尾道、曰三原、曰忠海、曰御手洗、曰竹原、曰広島ナリ、就中三原ノ如キハ港湾広ク地勢雄偉ナリト雖トモ、如何セン海水遠干ノ不便アリ、其他諸港ノ如キハ僅々海ニ接ルモ、概ネ海口埋没港内浅隘ニシテ船舶其出入ニ困ミ、巨船ノ如キハ固ヨリ寄ル能ハス、唯リ鞆津ハ近方ノ良港ニシテ港内常ニ深ク巨艦艨艟以テ碇泊スヘキモ、是亦高山西北ヲ塞キ前面僅ニ仙酔島アルノミニシテ、其狭隘以テ該府ニ供シ難シ、而テ該港ヲ去ル西方一里ニシテ阿伏兎内ト称スル海湾アリ、其地勢タルヤ東阿伏兎ノ岬ニ起リ其海峡僅カニ四丁弱ニシテ、深サ十丈強而テ其湾内ニ数村落アリ、曰能登原、曰草深、曰常石、曰浦崎、南面海ニ接シ其海上南北一葦水ニシテ広袤二里許ノ田島アリ、青山峨々東西ニ横リ、西ニ百島・横島ノ二島アリ以テ暴風ノ衝トナスヘシ、湾内爰ニ至テ尽ク其海口ノ西百島ト横島ノ瀬戸経凡十丁余ニシテ、深サ五丈強一ハ百島ト浦崎トノ対岸ニシテ、経凡十三丁余深サ四丈余アリ、東阿伏兎ノ海峡ヨリ西百島・横島ノ海口ニ至ル、東西凡二里強南北消長平均壱里弱ナリ、其地形略図ノ如ク、湾内ヨリ之ヲ望メハ出ルニ海路無キニ似タリ、故ニ無口湾ノ称アリ、其海口ヲ出ルヤ直チニ燧灘ニ連リ、南四国ヲ望メハ烟波渺茫一髪ノ視ルヘキナシ、而シテ三島（田島・横島・百島ヲ云フ）ノ山岳海湾ヲ囲繞シ、常ニ暴風激浪ノ害ヲ防キ最モ船舶ヲ繋クニ便アリ、加之湾内海水深ク概シテ十丈強アリ、且往昔高倉院後白河院両帝ノ厳島へ御幸アルヤ、此地ニ御船ヲ繋セラレタル優事アリキ、又関ヲ此地ニ設ケ俊寛僧都平判官康頼等船ヲ寄セシ事歴々古史ニ出タリ、吉頴以為ク此湾ノ如キヤ海水深クシテ風濤ノ害ナク、艦隊ノ出入自由ニシテ海峡ノ嶮岨アリ、実ニ西海鎮守府ヲ設置セラルヘキ要地ナリト、而シテ其地方村落ニ於ケル草深村ヲ其位置ノ巨擘ト云フヘシ、其地広漠ナラサルモ、凡七十五丁歩平坦ニシテ人家ナキ地面アリ、加ルニ山南ノ郷地十ヶ村之レニ連続セリ、仮令造船製鉄ノ設ケアルモ近傍適応ノ地ニ当リ、且此辺ハ海水ノ干満ニ丈余ノ差異アリ、故ニ鞆津ノ湾内ノ東北ノ巨船来聚シテ常ニ船底ヲ焼キ、常石村ノ海岸ニ於テハ又常ニ大船ヲ造レリ、以テドックヲ築クニ便ナルヘシ、然リ而テ其需用品ニ於ケル鉱鉄ハ固ヨリ我広島県産出ノ多額ナルモノニシテ、緒綱尚之ニ次ク、粮米ハ膏沃ナル山南郷アリ、食塩ハ松永アリ、以テ之ニ応スルニ足ル銅木材如キハ其需用ヲ愛媛県ニ要スルモ、敢テ不便ト云フヘカラスト雖トモ、山南村ニモ試掘ノ銅坑アリテ漸次盛山ノ徴候ヲ顕セリ、又向島ニハ巨多ノ石材ヲ出シ、煤炭ノ如キハ地方ニ良質ヲ欠クモ、沿海ノ商船常ニ運搬ヲ業トシ九州地方、航海スルモノ数十艘ノ多キ今ヲ以テ始トセス、其他鞆津ニ鉄工アリ、草深浦崎ニ帆布ノ産物アリ、故ニ之ヲ他ノ地ニ比スレハ需用ノ便以テ知ルヘキナリ、且東北福山ヘノ距離四里余アリ、尾道鞆津ノ如キハ海路僅ニ二里内外ニシテ、凡百ノ需用弁セサルナシ、夫レ前陳ノ如ク天嶮地理需用ノ三事已ニ備具シ、殊ニ陸路ノ位置海湾ノ形勢実ニ内海無二ト云フヘシ、愚以為ク西海鎮守府ノ要地ナリト、故ニ該地ノ景勢略図シ、併セテ閣下ニ奉呈ス、閣下吉頴カ微衷ヲ憐ミ、監覧ヲ賜リ、裁決アラセナハ、唯リ吉頴ノ幸栄ノミナラス、海軍ヲ拡張スルノ基礎ニシテ、何人カ之ヲ喜ハサランヤ、依テ威厳ヲ冒瀆シ、敢テ微衷ヲ書シテ奉スル所ナリ　恐懼再拝

明治十四年四月

広島県備後国　深津沼隈郡長　岡田吉頴（印）

海軍卿榎本武揚殿

（略図省略）

これによれば、当初三原が西海鎮守府の有力候補となりながら、「海水遠干」なので、艦隊を収容することが困難であるという難点が浮上していた。そこで岡田は、岡山から広島までの瀬戸内海の地形、経済活動、歴史などを具体的に説明し、沼隈郡草深村附近が最も相応しいと提案するのである。岡田が推奨している地域は、沼隈半島の南部の地域であり、東は阿伏兎の岬、西は百島・横島に囲まれた地域である。岡田の「建言」によれば、充分に艦隊を収容する規模をもち、海軍工廠での造船や多数の人口を支える物産に恵まれており、歴史的にも由緒のある土地で、交通の便にもめぐまれているという。鎮守府という機能をしっかりふまえた上で、総合的な所見になっている。

そうした周到な理由づけもさることながら、岡田が深津・沼隈郡長であったという点に注目したい。おそらく、「西海鎮守府」を誘致することによって、ありきたりな言い方ではあるが、地域経済の活性化をはかろうとしたことは、充分に考えられるのである。一八八一年という時点で、岡田郡長は福山とその周辺地域をカバーする相当大規模な地域開発の構想をもっていたと考えてよいのではないだろうか。

二　歩兵第四十一連隊の福山転営

1　師団誘致運動と連隊設置の決定

歩兵第四十一連隊の福山誘致をめざす運動の中心にいたのも、やはり岡田吉顕であった。福山町会は、師団誘致運動を進めるために期成同盟会を組織したが、岡田吉顕はその会長に就任した(7)。中央政府や旧藩主家とも深いつながりをもつ大物郡長であったため、おのずと運動の中心になったと言える。また、今回は町会も相当積極的であった。

新師団設置運動続聞（福山）　備後福山町に於ける新師団設置運動に就ては、曩にも記載したるが、尚ほ其後の消息を聞くに、同町にては最初町会に於て新師団設置請願を可決し着々運動に従事せんとの動議ありしが、該件は固と之れ国家事業にして、町会に於て云々すべきものにあらざれば、此事は停止する事とし、結局其筋に於て同地方に設置せらるゝ事となりたる場合は、敷地買入金中へ五万円を寄付する事とし、町内挙て賦課出金することに決定せしが、斯くの如くする時は一戸平均四十五円の負担なる由にて、此程有志者上京之が請願運動に着手し居る由(8)

この記事によれば、当初は福山町会が師団設置請願運動を積極的に展開する予定であったが、師団の設置は国家事業であって、町会が口を挟むべき問題ではないということになり、福山に師団が設置されることが決まった暁には、敷地買入資金に役立ててくれるように、五万円の寄付金を集めることに落ち着いた。確かに請願運動というかたちはとらないにせよ、敷地買入資金の寄付を餌に師団を誘致しようとする意図は明白であり、広い意味での誘致運動と言って間違いない。

五万円の寄付金の割当であるが、深安郡内の各町村長が協議した結果、福山町が三万五〇〇〇円、福山町を除く深安郡が一万円、鞆町および沼隈郡東部が五〇〇〇円となった(9)。これはあくまでも深安郡内の町村長の合意であって、鞆町を含む沼隈郡は参加していない。

福山町や周辺各町村は師団の誘致を目標としていたが、結局、歩兵一個連隊が設置されることになった。

福山聯隊設置準備（郡長其他の出広）　深安郡福山町に今回歩兵一個聯隊設置の事に決定したる由にて、之れが為め本県二部長白坂栄郎氏は過日来長谷川県属を随へて上京陸軍当局者と打合せ中なりしが、同部長は一昨日午後七時四十五分広島駅着の列車にて帰広したり、尚本県より可児深安郡長及青山福山町長に対し電報を以て呼寄せたるが、右両氏及び衛戍地設置期成同盟会の岡田前郡長並に町会議員三名は何れも昨日来広県庁に出頭し、宗像知事、白坂二部長等と知事官房室に於て陸軍用地寄付其他に関して秘密に協議を凝すところありたるが、右福山に設置せらるゝ聯隊は多分当地にある歩兵第四十一聯隊が移さるゝ者ならんと聞く(10)

連隊設置が決定されると、広島県第二部長であった白坂栄郎は長谷川県属を引連れ、陸軍省との打合せのために上京した。そして、帰って早々に可児深安郡長と青山研蔵福山町長を電報で県庁に呼び出し、期成同盟会の岡田会長、三名の町会議員とともに、宗像知事を交えて連隊設置のために用地寄付などについて協議を行っている。

福山には歩兵第四十一連隊が転営することになった。それまで歩兵第四十一連隊は、広島の第五師団の管轄下にあったが、岡山に第十七師団が新設されたのに伴って、その管区に編入されたのである。

師管変更に就て　福山聯隊　徴兵管区改正　召集兵増加　屢報道したる新師団敷地も愈確定発表されたるが、県下福山町には一個聯隊設置せらるゝこととなり、為に師団管区に変動を生ずるに至れり、第五師団管区は旅団を広島、松山に置き浜田の聯隊は新設第十七師団に編入し、松江に聯隊を設け福山新聯隊は第十七師団の管区となれり、其結果左の如し

▲五師団（広島）　旅団（広島、松山）　聯隊（広島二、松山、山口）

▲十七師団（岡山）　旅団（岡山、松江）　聯隊（松江、福山、浜田、岡山）(11)

その結果、管区は右記のようになり、県行政管区と陸軍管区にズレが生じることになった。

2　用地の選定と献納金

①当初の候補地

歩兵第四十一連隊の福山転営が決定されると、次は深安郡内のどこに設置されるのか、ということが問題になった。新聞では、連隊転営の決定直後から、その設置候補地が取り沙汰されていた。

福山聯隊の位置　新設福山聯隊の位置に就ては、読者の逸早く知らんと欲する所なるが、今本社の採聞する所に依れば、福山城の西南にて国道北側に位置する三吉村と深津村の□□地九万坪か、又は其南側に位置する三吉村の二畑地九万坪かを買入て兵舎敷地とする由にて、目下評価委員三名を用いて評価中なるが、北側の方は一段歩二百円乃至二百五十円位、南側の方は同上四百円位なるを以て、多分其北側の方に決定するならんといふ、又射的場は二千坪戸の地価凡そ四百円にて、既に国道の南方に決定したる由、因に此聯隊設置に就ては深津村四千戸、三吉村三百戸、野上村二百戸、吉津村百五十戸中より五万円の寄付をなさしむる予定なりと(12)

この記事によれば、最大の面積を必要とする兵舎の敷地については、福山城の西南で国道の北側にあたる三吉村と深津村の土地九万坪と、国道の南側にあたる三吉村の土地九万坪の二ヵ所が候補にあがっていたようである。そして、この記事では、地価の安い北側の土地に落ち着くのではないかという予測が述べられている。また、「射的場」（射撃訓練場か）については、国道南側の二〇〇〇坪の土地がすでに決定していると報じられている。しかしながら、その後、候補地については大きな変更が見られることになった。

②臨時陸軍建築部の設置

師団・連隊の増設と管区の大幅な変更は、兵営をはじめとする施設の大規模な新築・改築事業を伴っていた。それはあくまでも陸軍管轄下の軍事施設であったため、陸軍は各地に臨時建築部支部を設け、監督にあたらせることになった。(13) その広島支部が、福山の歩兵第四十一連隊の施設建築を監督することになった。臨時陸軍建築部広島支部長には、前広島連隊区司令官であった太田米丸中佐が任命され、部員として少佐一名、尉官三名、主計二名、そして技師などが配属されることになり、広島偕行社に仮事務所が置かれた。(14) そして、福山にはその出張所が置かれることになった。(15)

③三つの候補地に

福山町と周辺諸村においては、おそらく臨時陸軍建築部広島支部と連絡を取りながら、地価をはじめとした候補地の調査が行われ、一九〇七（明治四〇）年五月一八日付で、その調書が広島県知事から陸軍大臣宛に宛てて、以下のように上申された。

土第三七六〇号　陸軍省受領壱第一〇一八号

明治四十年五月十八日

広島県知事　宗像　政（印）

陸軍大臣　寺内正毅殿

兵営設置ノ義ニ付上申

県下深安郡福山地方へ兵営設置ニ関シ、曩ニ本県事務官ヲ出省セシメラレ親シク御下命ノ趣モ有之実地ニ就キ各候補地ヲ調査候処、其反別価格等ハ左記ノ通ニ有之、尚ホ福山町長ヨリ右候補地ノ内、金五万円ニ相当スル土地

献納ノ義別紙ノ通申出候ニ付、速カニ御設置相成候様致度、別紙調書図面等相添ヘ此段上申候也

追テ本文五万円ニ相当スル土地ハ、数千人ノ有志者ヨリ献納スルモノニシテ、便宜上福山町長之ヲ代表シタル儀ニ付、其人名等ハ追テ上申可致候

深安郡三吉村深津村所属（第一）

一　民有地反別弐拾九町壱反七畝廿五歩　兵営候補地

此買収予定価金八万七千百九拾九円七拾銭

壱反歩ニ付金弐百九拾八円八拾五銭強

同郡三吉村所属（第二）

一　民有地反別弐拾八町七反四畝廿七歩　同上

此買収予定価格金拾万六千弐百七拾五円参拾六銭

壱反歩ニ付金参百六拾九円六拾六銭六厘強

同郡野上村所属（第三）

一　民有地反別弐拾九町六反七畝拾参歩　同上

此買収予定価格七万四千八拾弐円九拾参銭九厘

壱反歩ニ付金弐百四拾九円六拾五銭参厘強

同郡福山町所属（第一）

一　民有地市街宅地面積四百坪　憲兵屯所候補地

此買収予定価格金六千円
壱坪ニ付金拾五円
一　同郡同町所属（第二）
一　民有地反別壱反参畝拾歩　同上
此買収予定価格金千弐百円
壱反歩ニ付金九百円
同郡深津村所属
一　民有地反別八町八畝拾六歩　射的場作業場候補地
此買収予定価格金弐万五千五百九拾七円拾三銭
壱反歩ニ付金参百拾六円五拾八銭七厘強
以上候補地ノ内兵営敷地ニ当リ三ヶ所ヲ調査シタリ、其内第一候補地ニハ従来直接公用ニ供シ来リシ墓地火葬場隔離病舎アリテ、実際之レカ移転ニ関シテハ種々至難ナル問題ヲ惹起スルノ虞ナシトセス、第二候補地ニ当リテハ如此至難ナル問題ヲ惹起スルノ虞ナカルヘシト雖モ、土地買収価格ハ多少ノ高価ヲ払ハサルヲ得ス、然レトモ地上物件移転等ニ関スル補償価格ニ当リテハ第一候補地ノ半価タリ、而シテ便宜調査シタリシ、第三候補地ハ第一第二候補地ニ比スレハ土地高燥ニシテ、該地買収価格等モ亦タ大ニ低価ニシテ買収スルヲ得ヘシ、又憲兵屯所ニシテ第二候補地ハ兵営ノ位置ニ伴ヒ便宜調査シ置キタリ、其詳細ハ別冊調書並ニ参考書ニ記載セリ(16)

この上申書においては、特に広い面積をしめる兵営敷地について、候補地が三ヵ所に増えていることが注目される。また、兵営敷地に比べれば、さほど大きな金額ではないが、憲兵屯所については二つの候補地があがっており、射的場については、一つしか候補地があがっていない。問題は、兵営敷地を三ヵ所のうちのどれに決定するかということになるが、なぜ新たに野上村の第三候補地が加えられたのかということも考えながら、その決定過程を追ってみたい。

④候補地の絞り込み

その際、五月一八日に提出された上申書のなかに、候補地が一つに絞り込まれるような見解が述べられていることに注目したい。第一候補地については、墓地・火葬場・隔離病舎があって、その移転が困難であると述べており、実質的に候補地から外すように仕向けられている。第二候補地については、第一候補地のような困難な問題はないが、地価が高いことがあげられている。しかし、地上物件の移転などにかかる費用が第一候補地の半値であるという有利な条件があるので、候補地として残すことにしている。第三候補地については、さしたるマイナス要因が述べられておらず、第一第二候補地にくらべ「土地高燥」で、土地買収価格が「大ニ低価」であることが強調されており、上申書においては、第三候補地が明確に推薦されていることがわかる。

各候補地の調査結果を、調書からより詳しく見てみたい[17]。兵営用地の第一、第二候補地の「調書」では、次のように述べられている。

本調書ニ掲ケタル買収価格等ハ、其土地ノ良否水利其他行通（ママ）ノ便否等ヲ考査シ、就中宅地ノ如キハ商業上ノ関係ヲモ参酌シ之ヲ査定ス、而シテ其査定ノ根拠ト為スヘキ実際売買ノ価格ヲ調査スルニ、福山地方ハ輓近工場等設置ヲ企図スルモノ続々起リ、為メニ土地ノ価格日々騰貴シ、随テ三吉深津ノ如キモ亦同一ノ状況ナリトス、偶ニ一二売買ヲ為シタルモノアルモ、僅少ノ土地ナレハ一ノ参考ニ過キス、兵営候補地ノ如キ広大ナル土地ノ買収価格ノ標準トナスヲ得ス、故ニ近時民間相互ニ相当ト唱フル価格ヲモ斟酌シ之ヲ査定シタルモノナリ、又地上物件ニシテ移転ヲ要スルモノハ其移転費ヲ、移転シ得サルモノハ相当ノ補償ヲ、其他耕地毛上ハ収穫前ニ買収セラルヽモノトシ夫々之ヲ査定セリ

福山周辺に工場などが立地しはじめ、地価が高騰していることに触れ、候補地もその例外ではないことが述べられている。また、地上物件の移転費用や農地の収穫物の補償費用などにも触れている。広島県知事の上申書は、費用負担を最優先に考えていることがわかる。

一　陸軍省ニ於テ所用総面積ヲ予定セラレタルハ拾弐万参千八百坪ナルモ、各地域ニ就キ丈量ノ結果、憲兵屯所予定地ヲ除クノ外何レモ坪数ノ増加ヲ見ル、此増加ハ在来官有道路溝渠ヲ管理換受領セラルヘキ箇所アルヲ以テ、更ニ道路溝渠ヲ設ケ内務省ニ返付セラルヘキモノト認メ、其敷地ヲ見込ミタルモノナリ

一　三吉深津ノ両村（南部）ニ跨ル兵営敷地予定ニ関スル図面ニ依レハ、右両村境界ニアル溜池ヲ埋築セラルヘキ予定ナルモ、該溜池ハ従来数ヶ町村内ニ於ケル耕地灌漑ノ用ニ供シ、已ニ水利組合ヲモ設ケ修理保存費ヲ負担シ来レルモノニシテ、頗ル重要ナル溜池ニ之レアリ、今之ヲ埋立テムトスルニハ先ツ他ニ相当ノ位置ヲトシ変更ヲ為サヽルヲ得スト雖モ、如何セン之レニ代ルヘキ相当ノ位置アルヲ認メス、故ニ該溜池ハ陸軍省ヘ管理換受領セラレ難キモノト認メ、別紙図面ノ如ク該溜池ヲ控除スルノ方針ヲ執リ、為メニ深津村部分ヲ大ニ減縮シ、之ヲ三吉村部分ニテ補塡スル目的ヲ以テ丈量シ予定ノ面積ヲ得タリ

ここでは兵営敷地に含まれる道路・溝渠の管理換えに注意を促し、施設建設によって潰れた道路・溝渠を設営して、内務省に返付する必要があることを述べており、この点でも費用負担を考慮しなければならない。また、第二候補地については、水利組合によって管理運営されている溜池があり、農業上で「頗ル重要」なので、潰せないということが述べられている。これは敷地としては、大きなマイナス要因となったはずである。

それに対して、第三候補地についての調書は、次のように述べている。

三吉深津村ノ両村（南部北部）ヲ調査後、尚ホ参考ノ為メ調査シタル野上村ニ於ケル兵営予定ノ面積ハ、三吉、深津ノ両村ノ例ニ依リ九万三千九百坪トシ、其位置ハ同村耕地中最モ地盤高燥ノ箇所ヲ撰ヒ、別紙図面ニ描写セル区域内ニ於テ予定ノ面積ヲ得タリ

一　予定区域内ニ介在セル道路並用水路ハ、陸軍省ニ管理換受領セラレ、之レニ代ルヘキ道路並用水路ハ其周囲ニ新設シ、之ヲ内務省ニ還付セラルヽモノトシ、其敷地ヲモ調査シ置キタリ

一　予定区域内ニ介在セル用水路ノ内、野上村ヲ経テ川口村大字多治米等ニ属スル耕地灌漑用ニ供スル幹水路アリ、若シ茲ニ兵営設置ノコトニ決定サラルヽトセハ、忽チ流路ニ不便ヲ見ルヘキ依リテ、図面中甲乙間幅員三間ニシテ、此延長七拾壱間五分（外ニ官有道路ニ属スル部分二間三分アリ）民有地ノ買収ヲ要スルモノト認メ、之ヲ調査シタリ

一　買収価格ニ於テハ、三吉村北部ニ比スレハ参万弐千百九拾弐円余、又三吉村外壱ヶ村南部ニ比スレハ壱万参千百拾六円余ノ低価ニテ買収スルヲ得ヘキモノト認ム

第三候補地についても、道路と用水路の管理換えと新設の負担が生じ、とりわけ幹水路としての灌漑用水を新設する必要があった。しかし、「地盤高燥」である点、そして何よりも、最後にあげてある第一、第二候補地に比べて三万円、あるいは一万円ほど地価が安い点が強調されているのである。広島県知事の上申書が、第三候補地を推薦していることが、より明確になったと思われる。

これに対して、臨時陸軍建築部支部はどのような見解をもっていたのであろうか。広島支部長に就任した太田中佐は、新聞に次のような談話を寄せている。

兵営敷地実査談（下）　しかし兵営の敷地を決定するということは決して二三候補地の運動の結果ではない、必ずや其由て来る所がなければならぬ、即ち其具備すべき要件としては、第一地盤の良好なること、及び射撃場設置等の関係乃至飲料水の供給又は排水の景況等を顧慮するを要するので、単に土地其物が安価だとか土地献納の多少如何に拘泥する訳に行かぬ、無論之が臨時的作業として建造するものとすれば、如上の土地の価格献納の多少等を大に斟酌しなければならぬけれども、言ふ迄もなく兵営の設置は永久的であるから已むを得ない、そこで仮令松江と米子が競争して松江に其位置が決定した処で、松江市民が喜ぶのは当然だが、米子町民が之が為に不平を抱いたり不満を起すやうなことはあるまいと思ふ、固より松江旅団設置の暁には、米子方面亦少なからざる利潤を得ることを鏡にかけて看るが如しで、殊に松江米子を連絡する鉄道も昨今着々其歩を進めて、近き将来に其竣工を告ぐる日を見んとする、今日私は誠心誠意相互の関係の融和円満ならんことを希望し且つ期待するのです、部員及び技師ですが、之は私が松江岡山福山を去るに際して松江には清水工兵大尉、岡山には深井工兵少佐、福山には大林輜重兵大尉、之に技師各二三名をつけて置いたが、此廿五六日頃には一先づ当地に帰つて来る筈なので、何れ来月上旬開設すべき出張所の長に任じ、技師は夫々其出張所の在勤を命ずる予定です、既に敷地の決定した処は土地の測量を畢へて標杭を各地点に樹立し、部分部分毎に其土地の買収に着手しつゝあるのですが、福山のみは前申述べた如くまだ三候補地中何れと決定するに至らないが、元来此福山という地方は旧藩時代から芦田川の水を利用した飲用水を目下尚ほ用ひて居るので、水質は至つて佳良の方だが、どうも一種濁りを帯びて居て一寸湯に入つて見ても初風呂ですらモウ十何人も入浴つた後のやうで、終始鉄管の水を使ひつけた私共には慄つとする程気味が悪い、こゝ等はどうか丁度聯隊設置の此好時期を幸ひに広島の如く上水を敷設して貰ひたい、尚ほ敷地実査の残つて居る処は岩国で、此には聯隊区司令部を置かれるのですが、何れ不日其方にも行て見やうと、又建物の位置等も決る必要上在広各部隊、殊に最近の建物たる広島湾要塞砲兵聯隊を取敢へず視察したいと思つたので、既に参謀長より許可を得たから技師を各部隊に手分けして視察せしむることとし、尚私も余暇のある毎に行つて見やうと考へますが、何分店の開き始めと同様に非常に忙殺されていますから、今日は之れで失礼致しましせう(18)。

太田支部長は、敷地の選定にあたり、その土地の地価を考慮する必要もあるが、それ以上に地盤が良好であること、軍事訓練に向くかどうか、飲料水の供給や排水の状態等を優先すると述べている。そして、松江と米子の関係を例に出して、旅団設置は双方に利益をもたらすから、対象地域からはずれたとしてもさほど不満はでないであろうという観測を述べているが、「関係の融和円満」を希望していることから、地域対立を生じるような誘致運動があったことを物語っている。

また、臨時陸軍建築部支部の庶務主任である平田大尉は、次のように述べている。

世間往々兵営敷地の決定を土地の購買価格如何に因るとするものがあるが、国家を擁護すべき軍人其軍人を収容すべき兵営を設置するに、区々たる土地の価格如何に因るべき筈のものではない、現に岡山松江は言ふも更なり、福山の如き曩に三候補地の競争等があつた様だが、我臨時建築部は此際情実価格等に拘泥することなく精彩に地形地理土質等を実査したる結果、野上村が百四十年前の開鑿地にて土地も高燥だし敷地に適する処から決定したのである、敷地は何れも既に標杭を植て拡張をなし松江の如きは既に地均し工事に着手して居るやうであるが、岡山福山の方は認可あり次第開始する筈で、入札は工事の進行上或は主要なる部分より逐次に行ふに至るかも知れないが、兎に角本年十二月一日（或は十五日）新兵の入営期日迄には是非共地均し、建築とも竣工せしむべき予定で、夫迄に毛布、藁布団を除く外悉皆所轄師団経理部の手に交付しなければならぬから非常に忙しい、夫は

無論一般新設師団がそうなので、官報で入札の広告が出て居たのは仙台と盛岡の出張所ばかりである云々[19]

平田大尉の見解は、太田支部長の談話の内容と同じであった。すなわち、兵営の敷地は国家を擁護する軍人を収容すべき重要な施設であるから、地価にこだわってはいられないというものである。平田大尉は、三つの候補地で競争があったと明確に述べた上で、野上村が一四〇年前の干拓地で地盤が安定していて、水はけもよいという理由をあげている。

しかしながら陸軍省は、太田支部長や平田大尉の発言とは異なる見解を表明していた。

副官ヨリ広島県知事へ通牒案

土第三七〇六号ヲ以テ貴県下深安郡福山地方へ兵営設置之義ニ付上申相成候処、右兵営敷地ハ何レトモ未タ決定相成不居候ニ付、確定ノ上ハ御通報可致候間、該指定地内ニ於テ福山町長ヨリ申出ニ係ル金五万円ニ相当スル地所買収之上献納相成候様致度、此段予メ申進候　五月廿六日[20]

この史料によれば、陸軍は福山町とその周辺地域から献納される五万円を、敷地購入資金として考えていた。であるが故に、敷地の購入はこの献納金額によって制約されることになる。つまり、地価にこだわらざるをえなかったのである。

結局、陸軍省は五月二七日に、第三候補地に決定する旨を広島県知事に通知した。前述したように、陸軍臨時建築部は地価を優先して考慮したわけではなく、軍事施設としての観点で選定した旨を強調したのであるが、実際のところは、最も地価の安い野上村の土地に落ち着いた。これは、五万円の献納金という地元負担を考慮した結果であると推測できる。陸軍省としては地元負担に依存して、最も安価に連隊施設の建設を進めることが可能となり、地元としては、五万円を負担しても、連隊のもたらす経済効果が大きいと判断したのであろう。

前述した太田支部長の談話のなかで、福山についてもう一つ注目すべき点は、飲用水の問題であり、芦田川から引いた旧藩時代以来の施設が古くなって、水がかなり濁っていたようで、広島のように上水道を早く敷設してほしいという明確な希望が述べられている点である。これは、市制施行問題とも絡み合って、後に大きな問題となる。

⑤献納金寄付運動

以上述べてきたように、第四十一連隊の福山転営の成否は、地元からの五万円の献納金にかかっていたのである。そのため、組織的な献納金寄付運動が取り組まれた。町村別の寄付の割当については、各村の戸数があげられ、一戸当たりの寄付金額が明示されていた(21)。最初は対象地域としてあげられていた沼隈郡諸村は、完全にはずされていた。それは、鞆町と沼隈郡東部に負担してほしいと思っていた五千円の話が、まとまらなかったからであった(22)。それは、一戸当たりの負担が増したことを意味する。そうした状況をふまえてのことかもしれないが、旧福山藩主であった阿部正桓が一万円の寄付を申し出ている(23)。それがきっかけになったのか、個人の寄付もさかんとなり、町村の割当が少なくなったと報じられている(24)。

その町村での動きであるが、献納金の寄付は深安郡内各町村の字単位で、かなり組織的に進められたようである。

明治四十年八月十九日

一　金参拾円也

右ハ福山兵営設置献納金賦課福山町字府中町後藤佐七外廿四名、貧者ニテ別紙賦課金額出金難致候付補助ノ義町内有志者ヨリ依頼ニ相成候処、本件ハ重要ノ件ニ付本行金員補助御出金相成度候

明治四十年八月拾九日通知

明治四十年八月廿六日支払済

兵営設置献納金賦課

一　金壱円〇弐銭　後藤佐七

一　金弐円三拾八銭　岡本定吉

一　金三円七拾四銭　不在中　杉野国太郎

一　金弐円七拾弐銭　広川新六

一　金壱円三拾六銭　松岡虎吉

一　金壱円〇弐銭　杉野原正次

一　金弐円七拾弐銭　磯村シナ

一　金四円七拾六銭　富屋政吉

一　金壱円七拾弐銭　福田ミチ

一　金壱円三十六銭　小川助次

一　金四円〇八銭　浦隅代吉

一　金壱円〇弐銭　酒井タツ

一　金弐円〇四銭　占部久吉

一　金弐円三拾八銭　東佐吉

一　金六拾八銭　尾崎孝三

一　金四円四拾弐銭　田辺金助
一　金壱円七十銭　前田岩吉
一　金壱円〇弐銭　安部野兵五郎
一　金壱円三拾六銭　神野シゲ
一　金弐円〇四銭　渋谷チカ
一　金三円四十銭　永井タミ
一　金弐円三十八銭　藤井和一
一　金拾壱円廿八銭　山本長十郎
　　但シ不在者
一　金三円四拾銭　尾崎益三
一　金壱円〇弐銭　山本コウ
〆　金六拾四円八拾五銭
　　内　金弐拾円五拾五銭　入金
差引残額　金四拾四円三拾銭(25)

これは、財団法人義倉が、法人が立地する福山町字府中町の町民有志の求めに応じて、福山兵営設置献納金として三〇円を寄付する決定をした際の記録である。町民有志の寄付金総額が六四円八五銭であるが、四四円三〇銭が未納となっており、割当に近い寄付であったことを物語っている。

連隊関係の用地面積とその場所については、兵舎建設用地は四万坪、練兵場用地は五万坪、衛戍病院の建設用地は三六〇〇坪となり、野上村の土地が充てられ、また、連隊区司令部の建築用地は三〇〇坪、憲兵分隊は四〇〇坪となり、福山町南端の土地が、射撃場用地は二万五〇〇〇坪、陸軍墓地の用地は一五〇〇坪となり、深津村の土地が充てられた。(26)

福山聯隊設置余談　深安郡野上村なる福山聯隊（歩兵第四十一連隊）の兵営敷地買収は目下七八分進捗し、残りは憲兵隊敷地等にして、福山町の市街宅地に属する部分なれば地価も村落よりは高く、且つ移転料等の問題もありて目下地主及び現住者と交渉中なるが、兵営設置に関する五万円の寄付金は一応調段に至りしが、現金支出の間際に至りて纏まり兼ねる由、又聯隊新設に伴ひ市内電話の必要を感じ、此程其筋に架設を請願せしが、若許可せられざる場合には特設にて架設せんとの意気込にて、目下申込者八十名なりと(27)

この記事によれば、福山連隊で最も広い敷地を必要とする野上村の敷地については、七、八割の買収が進んでいるが、福山町の市街地に設置されることになった憲兵隊敷地等については、地価が農村部に比べて高く、建物の移転料などもあるので時間がかかっていることがわかる。用地買収のための献納金寄付については、予定額としては五万円に達しているが、現金支出が遅れていると報じられている。とりわけ興味深いことは、連隊が新設されたことを理由に、電話の敷設が計画されていることである。軍隊関係施設の建設は、情報通信分野での近代化を急速に進める契機となった。さらに、連隊設置に伴って、福山電燈株式会社は、それまで福山町一円であった供給区域を、連隊と関係の深い野上村、吉津村などに拡張したい旨の出願をしている。(28)

三　連隊設置による公共事業の活性化

1　招　魂　祭

歩兵第四十一連隊の福山転営は、福山町をはじめとする関係町村が公共事業を展開していく上で、大きな影響を与えることになった。例えば、これは公共事業とは呼びがたいかもしれないが、招魂祭の開催場所の変化があげられる。

拝啓　春暖之候益々御清栄慶賀之至リニ候、陳者本年ヨリ当福山練兵場ニ於テ備後招魂祭（備後国一円）左記日割之通リ執行セラレ、尚福山招魂祭ヲモ同時ニ執行之コトニ相成候、就テハ其費用当町負納額金七百九拾九円貳拾銭配当セラレ候、近時公共之寄付頻繁之折柄ニ付、何角御困難之御事情モ有之候ハントハ察入候得共、吊祭之大礼ハ同胞当然之義ニシテ余事トハ相異リ、一ハ当町発展ノ起因トモ可相成候、然ル処細民迄ノ寄付金募集候ニ付テハ一方ナラズ困難ノ次第ニ有之候間、資産家及各会社官衙銀行ヨリ寄付ヲ以テ右分担額ニ充タスル計画ニ有之候、御含之上応分ノ御寄付被成下度、不日吏員派遣申入候間、予メ御依頼申上置候　匆々敬具

福山町長　市来圭一

義倉財団　御中

左記

五月五日　神式

五月六日　仏式(29)

上記の史料は、一九〇九（明治四二）年四月、福山町長市来圭一が、財団法人義倉に対して、招魂祭への寄付を要請した文書である。そこで第一に注目すべき点は、それまで福山公園で行われていた招魂祭を、福山練兵場で行うことにした点である。そして、備後招魂祭と福山招魂祭の双方を同時に開催しようとしている。福山町は招魂祭開催費用として、町財政から七九九円二〇銭の支出を決めているが、不足分を会社・官衙・銀行などからの寄付で賄おうとしており、その一環として義倉にも寄付を要請してきたのである。それらの団体に寄付を求める理由として、「細民迄ノ寄付金募集候ニ付テハ一方ナラズ困難ノ次第ニ有之候間」と述べている点が興味深い。本来町民全体に寄付を募るべきであるが、細民の負担が困難なので、その分をそうした団体に肩代わりしてほしいという理屈なのである。義倉はこの要請に対し、三〇円の寄付を決定した(30)。

福山町は、招魂祭を「当町発展ノ起因」ととらえている。それは、練兵場で開催してこそ起因となるのであって、連隊を町発展のための基盤として位置づけていたことを物語る。

2　道路・橋梁の整備

明治期における道路の拡幅と延長は、物流の基盤を支えるものとして、急速に進められた。そうしたなかで、連隊転営後の福山地域では、連隊と結びつけて道路の敷設を目論む動きが目立つようになってきた。

明治四十二年七月二日

一　金参拾円　　　補助

福山町長外二ヶ村長ヨリ、別紙ノ通野上村ヨリ川口村ニ通スル道路改築費ノ内へ寄付方別紙依頼ニ応シ、前額ヲ

寄付スル事

寄付願之義副申

本郡野上村妙法寺沖ヨリ川口村ニ通スル里道改修ハ、軍隊ノ利便ト地方発展ヲ画スル重要事業ニシテ、昨年来陸軍建築支部長ヨリ之レガ完成之義度々交渉ニ接シタルモ、近来寄付行為多キト且ツ延長五百二十有余間ノ道路ニ近傍シタル人家ナキ等ノ為メ、有志数度ノ集会モ容易ニ纏ラズ居候処、今回福山町、野上村、川口村ノ関係有志者発起シ之レガ完成ヲ期スベク協議相調ヒ、別紙関係町村長ヨリ願書差出候処、近頃御出費御多端ノ際誠ニ心外ノ至ニハ候得共、何卒事情御賢察ノ上願意御採納相成候様致度、此段副書候也

明治四十二年六月廿六日

深安郡長　吉田弘蔵

義倉財団　御中

寄付之義願

野上村妙法寺沖（福山町接続）ヨリ兵営裏門ニ通スル里道ハ、従来車馬ヲ通ゼス僅カニ耕耘ノ用ニ供セラレ居候処、兵営新設後軍需品ハ兵営正門ヲ右ニ取リ練兵場ヲ迂回シテ炊事場附近ノ裏門ニ搬入シツヽ有之候処、斯クテハ急速ヲ要スル場合時間ヲ徒費シ不便尠カラズ、殊ニ一朝動員発令等非常ノ場合ニ於テハ人馬交通頻繁大ニ雑踏ヲ極メ軍需品ノ供給上不都合ヲ来スナキヲ保セズ、就テハ其筋ニ於テモ頻リニ該妙法寺沖ヨリ兵営裏門ニ達スル道路及川口村ニ達スル道路改修之儀ヲ認メラレ曩ニ計画ヲ立テラレタルモ、予算ノ都合上遂ニ廃止ノ止ムナキニ

至リタル結果、昨年来陸軍建築支部長ヨリ地方庁ヲ経テ度々之レカ改修ノ交渉ニ接シ、且地方一般ノ公益ニ関スル次第ニ有之候間、陸軍ノ要求ト地方交通発展ノ便益トニ鑑ミ、種々地方有志者協議致候得共、如何セン此道路ハ延長五百二十有余間、而モ近傍人家皆無ナル場所ニ有之、為メニ此重要里道ノ改修モ費用ノ醵集上頗ル困難ニシテ、数度ノ集会協議モ容易ニ熟議ニ至ラズ居候処、漸ク今回道路敷地ハ各地主ヨリ、工事費ハ地方有志ノ寄付ヲ仰キ以テ此事業ヲ遂行セシムル事ト相成候、就テハ刻下御喜捨御多端ノ折柄甚ダ恐縮ノ至ニハ候得共、前陳陸軍及地方ノ不便ヲシテ一日モ早ク除去シテ相互ノ利便発展ヲ計リ度事情御洞察ノ上、金五拾円御寄付被成下度此段相願候也

明治四十二年六月廿六日

福山町長　市来圭一
野上村長　吉岡清市
川口村長　多木達次郎

義倉財団　御中(31)

上記の史料は、福山町長・野上村長・川口村長が連名で、道路敷設のための寄付を請願した文書である。この道路とは、野上村と連隊の兵営裏門を結ぶもので、軍需品の円滑な搬送のためという理由がつけられている。とりわけ、「一朝動員発令等非常ノ場合ニ於テハ人馬交通頻繁大ニ雑踏ヲ極メ軍需品ノ供給上不都合ヲ来ス」と述べており、戦時における軍需品の輸送の便宜という理由を持ち出しているのである。さらに注目すべき点は、町村長が「軍隊ノ要求」と「地方交通発展ノ便益」のためとしており、地方の利益を持ち出してはいるのだが、「陸軍建築支部長ヨリ地方庁ヲ経テ度々之レカ改修ノ交渉ニ接シ」という事情を述べている点である。この点については、深安郡長吉田弘蔵

からの副申において、「昨年来陸軍建築支部長ヨリ之レガ完成之義度々交渉ニ接シ」ていると述べていて、そこのことを裏書きしている。陸軍の建築支部長から、前年、すなわち連隊転営の年から、たびたび郡長に要請があったのである。したがって、「地方交通発展ノ便益」とはいいながら、それを主導していたのは、陸軍であった。

明治四拾三年十二月二日

一　金拾円

別紙ノ通リ、芦品郡宜山村ヨリ芦田川橋梁費ノ内へ寄付出願セシニ依リ、本金額ヲ寄付候事

〔名刺大厚紙貼付〕

上山守下橋総代
花田喜兵治
石川竹四郎
石川徳助
清水甚七
早川忠五郎

橋梁架設ニ付御寄付願

芦品郡宜山村字上山守芦田川筋永代橋ハ本村東部ニ位シ、北ハ神石甲奴ヨリ南ハ松永尾道ニ通ジ東ハ旧十万石ノ都タリシ福山ヨリ府中上下ニ相往来スル頗ル要路ニ当リ、頗ル交通頻繁ニ衝リテ甚年古クヨリ架橋シアリテ、維

新前ハ福山藩ヨリ下賜金ニテ経営シ、維新後ハ永代橋係ノ一小部落ニテ経営スルコトニナリ至テ、従来ハ規模不完全ニテ常ニ修繕ヲ要シ、剰ヘ近時土砂流出ニテ河床堆ク従テ僅少ナル雨水ニテモ浸水シテ数日間交通ヲ途絶スルノ有様、況ンヤ本村ヨリノ御領地小作人ハ大多数ハ之レガ甚大ナル不幸ヲ見ル事年中計ルニ不遑ノ様、尚一般公衆ニ対シテモ忍ビザルノ念慮ハ日夜庶民ノ不忘ノ処ナリキ、斯クテハ御領地永久的保存一般公衆ノ利便上納米運搬ノ便利福山聯隊ノ演習等ニハ国民的国家的ニ大ニ考慮シ、如上ノ不便ヲ除去セン為有志者相謀リ、橋長ヲ高ク橋台ヲ堅固ニ橋梁及橋脚ヲ更改シタリ、架橋中常ニ堅固堅牢ヲ主トシテ成工セシ処予算超過ヲ来シ、庶民分担セントスレトモ最早重キ負担ヲ成セシ事故、今回大方諸賢ノ喜捨ヲ仰グノ意、茲ニ別紙支訳書ヲ添付シテ拙書ヲ陳述ス、篤ト御同情ノ上御寄付アランコトヲ伏シ翼フ

明治四十三年十月三十一日

広島県芦品郡宜山村大字上山守

橋組総代　石川佐吉
同　豊田隅蔵
同　豊田庄三郎
同　石川宇三郎
同　石川幸三郎
同　石川竹四郎
同　馬場藤助
同　早川玉右衛門

同　花田喜平治
同　清光甚七
同　早川真一郎
同　石川市助
義倉財団　御中[32]

上記の史料は、芦品郡宜山村の上山守で芦田川に架かる永代橋について、「橋長ヲ高ク橋台ヲ堅固ニ橋梁及橋脚ヲ更改シタリ架橋中常ニ堅固堅牢ヲ主トシテ成工」したところ、工事費に不足を生じたので、義倉に寄付を求めた文書である。工事をした背景には、土砂の流出によって河床が高くなり、雨が降ると橋が浸水してしまうという事情があった。義倉に寄付を求めた理由は、「御領地小作人ハ大多数ハ之レガ甚大ナル不幸ヲ見ル事年中計ルニ不遑ノ様」と述べているように、この地域に義倉の小作地があり、小作人が困っているからというものであった。注目すべき点は、そうした理由と同時に、「福山聯隊ノ演習等ニハ国民的国家的ニ大ニ考慮シ」という点に触れていることである。この場合は、橋梁工事を急いだ理由は別にあったのであるが、「福山聯隊ノ演習」が口実に使われている。

四　市制施行への動き

1　市制施行を求める最初の意見

市制施行を求める意見が、本格的に出はじめたのは、明治末年であった。次の史料は、「虎眠山人」の筆名で記された「福山市制施行意見」である。

無爵の者男爵を授けられ、子爵の者伯爵に陞る、其の名に於て異りと雖も其の実に於ては一也。福山の地、已に人口三万を超え市制施行地たるべき要素を備ふること、何人も異議なきところ、而して未た之を果さず。惟ふに町と云ひ市と謂ふ五十歩百歩の差のみ。無爵の者男爵を授けられ、子爵の者伯爵に陞ると何の撰ふところかこれあらむ。師団長たりし桂太郎も、首相公爵に進みし桂太郎も、其実に於ては一也。然れとも師団長たりし桂は、師団長たるへき職権を行ふに過ぎず、首相に進めは首相の事を行ひ、大は廟議を決して日韓の併合を敢てし、小は財政の操□に任して経済界を左右す。事の利害と成敗とは姑く言はず、其の名に伴ふ実権の大なること是の若し。爵位に於ても亦其の軌を同しくす。伯爵は伯爵公爵は公爵の待遇を享ること固より云ふ迄もなし。此の理を以て之を推せば、福山其のものが町たると市たるとに於て、蓋し取引上世間より受くへき信用に等差なきや否や、一考に値ひすへき問題たるを失はず。

　想ひ起す客歳九月、全国商業会議所事務協議会の為め、山梨県甲府市に至り、土地の豪商紳士に接するの光栄を得たり、談偶々我が福山のことに及ぶ、中には其の名を知りて其の地が岡山尾道の何れに在るかを知らざるあり、甚しきに至りては其の名をさへ知らざる向ありしを。吁、阿部伊勢守は老中をして其名高く、幕末の史上を飾るに足ると雖も、彼が福山の城主たりしを知る者は、阿部正弘の名を知る者よりも少きは事実也。況や其の城下たる福山今日の地理商況をや。世間既に福山の地理商況を知る者少なし。何を以てか信用を博くし因て以て取引の旺盛を期待すへき。然則我福山を世間に紹介して其地理商況を周知せしむるの策如何、他なし、一面商工会の活動に倚藉すること勿論なりと雖も、一面速かに市制を施行し、商工業者の心機を一転して奮闘努力の機会を造るに在り。已に是の若くなれば下院議院の選挙に於ても、独立選挙区として一人の代議士を選出することを得べく、以て大に福山を世間に紹介するの端を啓き、福山の殷賑昌栄の基礎を固くすべし。師団長たりし桂が、首相に進みし桂の其れと同じく、町たる福山は市たる福山と其の取引信用に異なるものあるに至るや必然也。已に無爵の者男爵を授けられ侯爵の者公爵に進むが如く、市制を福山に施行するの有利なるを認めは、三年の後と今日と何の撰ぶ処ぞ、速かに之を施行して可なり。人或は曰はむ、市制を施行することは費用の増加を如何せむと。決して然らず現に福山の支出しつゝある費用は、尾道市に比して□□なるべく、小学教員俸給の如きも相当の額を支給しつゝあるにあらずや。□□□之を観れは費用の増加は恐るへき問題にあらず、況や現任町長の如きは其の人物、其の閲歴、優に市長たるへきに於ておや。是れ我輩一家の私言にあらず、公衆の認めて以て然りと為す所なるを疑はず事態斯の如し。市制施行の機已に熟せんと、其の準備の自然に整頓せること議□を俟て後識るにあらざる也。

我輩は敢て望む、福山繁栄策の第一着手として、速かに市制を施行すべきことを。而して市制施行後の福山は、中国の都会として岡山を超え尾道を凌き、覇を広島と争ふの勇気なかる可らず。無爵の福山、一躍して都市の班に列し、男爵より順次公爵を羸ち得るの覚悟ありや否や。一に我が親愛なる福山士民の奮闘努力に待つ而已。(33)

この意見書では、市制の施行によって自治団体としての格と知名度をあげることが可能となり、それが経済発展につながるという考え方が述べられている。具体的には、衆議院選挙において市部は独立選挙区となるので、福山から一名の衆議院議員を送り出せるようになるとしている。この意見書において、商工会から市制施行を求める意見が明確に表明されるようになったということは、注目しなければならない。

2　福山町と野上村・三吉村の合併

商工会が前述のような意見書を出した背景には、明治三〇年代以降の商工業の発展、明治四一年の歩兵第四十一連隊の福山転営、大正初年の鞆軽便鉄道・両備軽便鉄道の開通[34]などによって、福山町は急速に都市化の方向をたどっていたことがあった[35]。そうした状況のなかで、野上村と三吉村の福山町への合併が計画されたのである。福山町と野上・三吉両村の合併は、当時の郡長の推奨によって具体化した[36]。したがって、福山町と野上・三吉両村が主導したわけではない。では、どのような理由で合併が進められていったのであろうか。

次の史料は、一九一三（大正二）年に福山町長・野上村長・三吉村長が、広島県知事宛に提出した上申書である。

町村合併之義ニ付上申

深安郡野上村三吉村ヲ廃シ同郡福山町ニ合併之義、別紙ノ通リ関係町村会ニ於テ議決致候条、該合併方至急御詮議相成候様致度、此段上申候也

大正二年三月五日

福山町長　市来圭一
野上村長　吉岡清市
三吉村長　藤井忠恒

広島県知事　寺田祐之殿

町村合併意見議決事項

一　左記ノ通リ、町村合併ニ関スル意見ヲ其筋ニ上申スルモノトス

記

一　野上村三吉村ヲ廃シ、其区域ヲ福山町ニ合併ス
一　左ノ財産ハ福山町ノ所有ニ移シ基本財産トス
一　野上村基本財産全部
一　三吉村基本財産全部
一　前項以外ノ三吉村野上村所有財産モ、総テ福山町ノ所有トス

理由

近時福山町ニ於ケル商工業ノ発展ハ漸次近隣ノ村部ニ波及シ、就中野上村三吉村ノ如キハ民情風体共ニ大差ナク、人家等概ネ連擔シテ市街形ヲ成シ一見福山町ト区分シ能ハサルノ状態ヲ呈シ来リ、加フルニ福山聯隊設置以降益々密接ノ関係ヲ生シ、其施設経営スル所、概ネ相関セサルモノナキニ至レルヲ以テ、野上三吉ノ両村ヲ福山町ニ合併スルハ将来単ニ自治体ヲ強大ニシ其経営ヲ統一スルノ利便アルニ止マラス、商工業ノ発展ヲ促進スル上ニ於テ著シク効果ヲ奏シ、倶ニ共ニ民衆ノ幸福ヲ増進シ得ヘク、且経費ノ節約ト住民負担ノ釣衡ヲ得セシムルコトノ政策上極メテ有利ナルヲ認ムルニアリ(37)

この史料のなかの「理由」を見ると、「福山聯隊設置以降益々密接ノ関係ヲ生シ、其施設経営スル所、概ネ相関セサルモノナキニ至レルヲ以テ」と述べており、連隊設置が合併の背景にあったことがわかる。前述したように、野上村と三吉村は、連隊の敷地として選定され、用地の買収が行われて、兵営をはじめとした施設が建設され、兵士が生活するようになっていた。軍から働きかけがあったかどうかは確認できないが、前述した道路拡幅要求の経緯や、郡長が推奨したことなどから考えると、陸軍・広島県・深安郡長三者の合意によって進められていることは十分に考え

られ、連隊との関係で、関係行政団体を一つにした方がよいという判断が働いたであろうことが推測できる。この点は今後検討していきたい。

この上申書は合併を求める立場からの文書なので、合併を進めるための理由づけがなされている。上申書には詳細な「参考書」が付されており、「教育ニ関スル事項」、「伝染病院ノ設備」、「屠場ノ施設」などの項目で、各町村の状況が述べられている。「教育ニ関スル事項」について、野上村の場合、「高等小学校教育ニ付テハ福山町ニ委託セリ」、「校舎設備ハ近時漸ク改善ニ向ヒツヽアルモ経費ノ関係上未ダ全キニ至ラス」と記してあり、福山町への依存が強調されている。三吉村の場合も、「高等小学児童ハ福山町へ委託セリ」としており、福山町への依存が強調されている。そして、尋常小学校については、「明治四十二年ノ頃新築シタルモノナレトモ今ヤ狭隘ヲ感シ近キ将来ニ於テ増築スルノ必要アル」ことと、「六学年ヲ三学級ニ区分シテ教鞭シツヽアルヲ以テ教鞭上ノ不利少ナカラサルモ経費ノ増加ヲ許サヽルノ事情存スル」として、教育設備の不備が述べられている。つまり、高等小学校についてはすでに福山町へ依存している状態であり、他の教育設備についても福山町と合併すれば改善されるという説明になっているのである。

「伝染病院ノ設備」について、野上村の場合、隔離病舎の改築を命じられているが、財政状態が悪いので、「明治四十五年以降福山町ト契約ヲ締結シ報酬年額四十円ヲ支出シ同町ノ伝染病院ニ患者収容ヲ託シ」ていると述べられている。三吉村の場合も同様の事情で、福山の病院を利用していると述べられている。伝染病院についても、すでに福山町に依存している状況が強調されているのである。

その上で、「合併後事業異動ノ見込」として、次のような未来像が語られている。

一　教育ニ関スル事項

福山町、野上村、三吉村ハ其区域最モ密接ニシテ、且交通至便ナルヲ以テ、合併ノ後ニ至リテ児童通学上毫モ痛痒ヲ感セサル範囲内ニ於テ、現在ノ福山尋常小学校ニ収容シ得ヘキモノ少ナカラス、其結果三吉村小学校ノ如キハ之ヲ廃止スルヲ以テ却テ有利ナリト認メラル、又野上村尋常小学校児童ノ如キモ其一部ヲ現在ノ福山尋常小学校ノ一部ニ収容スルヲ以テ極メテ利便トスル所ナルヲ以テ、是等ハ合併後当然其実行ヲ見ルニ至ルヘク信ス、而シテ現在ノ福山町尋常小学校各学級児童数ハ何レモ所定制限数ニ余裕アルヲ以テ、右等ノ如ク村ノ幾部児童ヲ収容スルモ為メニ学級ヲ増加スルコトナク、従テ教員ヲ増加スルノ要ヲ見サルノミナラス、在来ノ三吉村教育費ノ全部ト野上村教育費ノ一部トヲ減少シ得ヘク、換言セハ現在三吉村小学校ニ於ケル学級ノ全部（三学級）ヲ減少スルノ結果、之レニ要スル同村小学校費ノ全部ヲ節減シ得ルト共ニ、野上村小学校現在ノ八学級ノ中三学級ヲ減シ得ヘク、従テ之レニ伴フヘキ教員俸給其他ノ諸費ヲ節約スヘキ見込アリ

二　伝染病院ニ関スル事項

現在ノ伝染病院ハ前項ニ記載セルカ如ク其設備最モ完全ニシテ規模宏大ナルヲ以テ、合併後ト雖モ之ヲ拡張スルノ必要ヲ要セサルノミナラス、其位置モ亦不便ヲ感スルコトナク、既ニ已ニ野上村三吉村ヨリ患者ヲ収容シ居ルノ事実ヲ有シ、合併ニ依リテ毫モ支障ヲ生スルカ如キコトナシ

三　屠場ノ施設ニ関スル事項

合併後何等影響ヲ受クルコトナシ

四　水道改築ニ関スル事項

水道改築事業設計ハ野上村三吉村区域内ニ其幹線ヲ延長スルコトヽナリ居レルヲ以テ、合併後両村ノ区域内ニ当然給水スヘキモ、経費点ニ至リテハ格別増加ヲ来タスノ虞ナク、単ニ各戸ノ引込線ヲ要スルニ過キスシテ、其費

用ハ各戸自弁ノ途ヲ採ルヘキ見込ナリ

付言　前記ヲ町営トシテ水道計画ヲ実行スル場合ノ見込ナレトモ、将来私立会社ヲシテ水道事業ヲ経営シ得ヘキ法律案成立セルニ於テハ、機宜ニ依リ之レヲ私立ニ移スコトヽナルヘシ

教育に関しては、小学校の統合計画が語られ、経費の節減効果を強調している。また、伝染病院については、合併後さらに設備を充実する計画が述べられている。それから、水道については、町営として野上村・三吉村への延長が語られているが、将来私営化する計画も語られている。

そして、「参考書」は続けて、「合併スヘキ各町村ノ利益トスル事由」を、明確に述べている。

一　合併スヘキ各町村ノ利益トスル事由

甲　野上村

野上村区域内ニ於テハ別紙合併前後経費負担ノ状況調書ニ記載セルカ如ク、合併後ノ戸別割負担額ハ其以前ニ比シ一ヶ年度ニ約二千余円ヲ減少シ、従前負担額ノ半ニモ達セサルヘキ見込ニシテ、著シク部民ノ負担ヲ軽減スルノ利益アルノミナラス、教育衛生其他各種ノ施設上現在ノ村経済ノ下ニ経営スルニ対比シテ遥カニ完キヲ得ルト、商工業ノ発展ハ将来大ニ其面目ヲ改メ、為メニ地方民ノ利スル所亦尠ナカラサルヘシトスルニアリ

乙　三吉村

三吉村区域内ニ於ケル合併前後ノ経費負担ノ状況ハ別紙調書ニ記載スルカ如ク、戸別割一ヶ年度負担額約三百六十二円ヲ減少スルノ利益アルノ外、其事業恰カモ野上村ニ於ケル如キモノアルヲ認ム

丙　福山町

福山町ニ於テハ合併以前ニ比シ戸別割ノ負担約八百三十円ヲ増加スルモノアレトモ、商工業ノ発展ヲ期スル上ニ

於テ村部ヲ合併スルヲ以テ最モ利益アリト認ム、即チ現在福山町区域内ノ状況タル人家櫛比シテ土地価格著シク騰貴シ、為メニ比較的広大ナル敷地ヲ使用スル工場ノ如キハ経済上到底其区域ニ設置スルニ適セサルノ虞アリ、然レトモ之ヲ村部ニ設置セン乎商取引上ニ於テ土地ノ名称広ク世ニシ知ラレサルヨリ営業上不利ヲ来タスコト極メテ大ナルモノアルヲ以テ、之レカ設置ヲ躊躇スルモノ多ク、延イテ現在ノ福山町区域内発展ヲ障碍スルノ事実アルカ故ニ、仮令多少ノ負担ヲ増加スルモ村部ヲ福山町ノ区域ニ編入シテ大ニ商工業ヲ振興セシメントスルニアリ

合併の結果、野上村・三吉村は、前述した教育・衛生の設備充実のほか、戸数割負担が大幅に減ることが述べられている。一方、福山町は戸数割負担が増えるが、合併後の商工業上の利益が大きいことを強調しているのである。「参考書」を読む限りにおいては、福山町と野上村・三吉村が合併する条件は整っていたように見えるのであるが、郡長の推奨が発端であった点と、連隊設置が強調されている点は確認しておく必要がある。

一九一三（大正二）年四月一日、野上村・三吉村が福山町に合併された。そして、この野上村と三吉村の福山町への合併が、市制施行のための「予備的の施策」となったと言われているのである(38)。

3　市制施行への動きと水道問題

前述したように、連隊敷地の選定にあたって、臨時陸軍建築部広島支部の太田支部長は、旧藩時代以来の上水道の老朽化を指摘していた(39)。すでにそれ以前から、新しい上水道を敷設しようとする動きはあったが、福山連隊の設置が上水道敷設事業を喫緊の課題に浮上させたことは間違いない。同時に、衛生問題や産業用水の確保という点からも、課題となっていた(40)。

上水道の敷設は大事業であるため、地元の負担だけでは賄いきれないので、国庫補助を得られるかどうかが最も大きな問題であった。その際、上水道敷設に関わる国庫補助の申請は、町以下の水道新設には認めないとの内規にもかかわらず、連隊所在地という特殊事情からいったんは認められたことがあった。これは、一九一〇（明治四三）年の全国的な水害が原因となって、政府が補助を取りやめたため、計画は失敗したが(41)、連隊設置が上水道敷設にとって有利な条件となる可能性があったのである。

上水道敷設問題は、その後福山町政において大きな政治問題となり、市制施行が上水道敷設国庫補助の条件とされたため、市制施行を急がざるをえなくなるという顛倒した状況を生み出すようになった(42)。市制施行と上水道敷設問題の検討は今後の課題としたいが、連隊設置→上水道敷設→市制施行というつながりが、ある程度確認できる。もちろん、市制施行には様々な要因が絡んでおり、それらの諸要因を詳細に検討する必要があるが、歩兵第四十一連隊の福山転営が、市制施行という、福山の地域史を画するような重大な事柄を生み出す大きな要因となったことは、間違いないと考えられる。

おわりに

史料を羅列しただけの、なおかつ冗長な文章になってしまったことについては、読者諸兄姉のご寛恕を乞いたい。そして、今後検討しなければならない事項も極めて多く、未熟な作業になってしまったことも、率直にお詫びしなければならない。

そうしたはなはだ不充分は仕事ではあるが、連隊の転営が福山市制の成立の大きな契機になったであろうことは、ある程度確認できたと考える。同時に、そうした軍事施設を誘致する上で、郡長が主導的な役割を果たしていたことも確認できた。岡田吉顕をはじめとする歴代郡長が具体的にどのような活動をしたのか[43]、そもそも郡長とは構造的にどのような役割が期待されていたのか、そうした点の研究が今後必要であると考えられる。

同時に、軍事施設の誘致という、いわば極めて外在的なかたちで町村の活性化が図られた意味と、その影響についても見極めていく必要がある。

註

（1）代表的な研究としては、荒川章二『軍隊と地域』（青木書店、二〇〇一年）、上山和雄編『帝都と軍隊　地域と民衆の視点から』（日本経済評論社、二〇〇二年）、本康宏史『軍都の慰霊空間―国民統合と戦死者たち―』（吉川弘文館、二〇〇二年）などがあげられる。また、従来研究蓄積が薄かった軍港と地域社会の関係については、坂根嘉弘編『軍港都市史研究Ⅰ　舞鶴編』（清文堂出版、二〇一〇年）が上梓された。

（2）河西英通『せめぎあう地域と軍隊―「末端」「周縁」・軍都高田の模索―』（岩波書店、二〇一〇年）。

（3）「芸備日日新聞」（以下、「芸備日日」と略す）、明治四〇年二月一五日。

（4）「中国新聞」（以下、「中国」と略す）、明治四〇年二月一五日。

（5）呉鎮守府副官部編『呉鎮守府沿革誌』（あき書房復刻版、一九八〇年、初版発行は一九二三年）一頁。

（6）「西海鎮守府設置之儀ニ付建言」（国立公文書館所蔵、アジア歴史資料センターのホームページ　http://www.jacar.go.jp で閲覧）。

（7）「芸備日日」明治四〇年三月二一日。

（8）「中国」明治四〇年二月一八日。

（9）「芸備日日」明治四〇年三月二一日。

（10）「中国」明治四〇年三月二二日。

（11）「芸備日日」明治四〇年三月二七日。

(12)「中国」明治四〇年三月三一日。
(13)「中国」明治四〇年四月二六日。
(14)「中国」明治四〇年四月三〇日。
(15)「芸備日日」明治四〇年五月一四日。
(16)『壱大日記』明治四〇年、防衛庁防衛研究所所蔵、アジア太平洋歴史資料センターのホームページ(http://www.jacar.go.jp/)で閲覧。
(17)同前。広島県知事の上申書の付属文書。
(18)「中国」明治四〇年五月二四日。
(19)「中国」明治四〇年六月二二日。
(20)前掲『壱大日記』。
(21)「中国」明治四〇年三月三一日。
(22)「芸備日日」明治四〇年四月二五日。
(23)「中国」明治四〇年四月二八日。
(24)「中国」明治四〇年六月一二日。
(25)財団法人義倉「明治参拾九年四月ヨリ明治四拾年一月迄　会議案綴」(帳簿番号五八三)。
(26)「芸備日日」明治四〇年七月四日。
(27)「中国」明治四〇年六月二三日。
(28)「中国」明治四〇年七月一三日。
(29)「義倉　会議案綴　明治四拾弐年二月ヨリ」(帳簿番号五八八)。
(30)同前。
(31)同前。
(32)「義倉　会議決議案綴　明治四十三年度」(帳簿番号五九五)。
(33)『福山商工彙報』第一四号、明治四五年一月二五日。

（34）鞆軽便鉄道は一九一三（大正二）年一一月一八日、両備軽便鉄道は一九一四（大正三）年七月二一日にそれぞれ開業している。
（35）『福山市史　下巻〈近代・現代編〉』（一九七八年、復刻版・一九九三年）六〇九頁。
（36）同前、六一〇頁。
（37）福山市歴史資料室所蔵教育史関係資料「町村合併関係書類綴　福山町役場」大正二年。
（38）河合二一郎稿「福山市政回顧録」。
（39）「中国」明治四〇年五月二四日。
（40）前掲『福山市史　下巻』六一三頁。
（41）同前、六一四頁。
（42）同前、六一五頁。
（43）岡田吉顕の事蹟については、岡田純次郎編『岡田吉顕之伝』（一九三五年）があるが、郡長時代の資料は岡田家にほとんど保存されていないことなどもあり（同書、八〇頁）、周辺史料から詳細を明らかにしていく必要がある。

第三章　戦間期国際秩序構想と日本

——太平洋問題調査会における論議を中心として

はじめに

一五年戦争期の平和運動については、特定の価値規範からその思想的純粋性を極めて高く評価したり、一方で、その現実的影響力を極めて低く評価したりするなど、評価の振幅が非常に大きかった。今必要なことは、一五年戦争期の平和運動や平和構想に対する過不足のない評価であると考える。その際の評価基準は、たんに平和運動をリードする思想信条だけを問題とするのではなく、それが他の政治勢力や世論に与えた影響を含めて考慮すべきであり、いわば運動主体と他の主体とを同じ資格をもつ歴史主体としてとらえ、その主体の間の「間主観性」＝「関係性」の次元におかれなければならない。

ここで注意しなければことは、「間主観性」の次元で評価した時に、たんに他の主体には影響を与えていないという単純な結論に陥らないことである。例えば、他の主体を巻き込めなかったが故に意味のない運動であったという、いわば運動主体の側からのいわゆる「主体的」「実践的」な評価がなされがちであるが、ここで考えなければならないのは、マイナスの影響である。つまり、他の主体を巻き込めなかっただけではなく、運動主体の望む方向とはまったく別の反動が起こっている場合も多くある。そこまで含めて考え、さらに、総体としてどの方向にベクトルが作用するのかを見極める必要がある。

また、ベクトルの見極めにおいてもう一つ重要な点は、歴史的に評価するという点である。つまり、運動主体の作用を長いスパンで考える必要があるという点である。具体的には、戦争を阻止しえなかったとして評価をそこで止めてしまうのではなく、戦後への影響力も含めて考えてみる必要があるということである。

筆者は、一五年戦争期全体を俯瞰して日本における平和運動を考察したいと考えているが、とりあえず本章では満洲事変前後という極めて限られた期間に絞って考察している。また、平和運動全般ではなく、新渡戸稲造と賀川豊彦という二人の人物を平和運動の主体として措定し、彼らと他の諸主体との関係性に評価基準をおくことによって、当該期の平和運動の歴史的意義について考察している。分析の時期と対象とをこのように限定する理由は、第一に一五年戦争の開始という画期的な事件のもつ意味をとらえるためである。筆者は、満洲事変の勃発からアジア・太平洋戦争における日本の敗戦まで、日本の首尾一貫した中国侵略に焦点を当てる必要があると考えるので、あえて一五年戦争という言葉をもちいたい。もちろん、満洲事変や日中戦争がそれぞれ違った歴史的意義を有することを重視する立場があり、筆者はそうした考え方を否定するものではない(1)。ただ、平和運動に焦点を当てたとき、山東出兵に対する反対運動が「対支非干渉運動」と呼ばれたように(2)、中国侵略への反対運動として軍事行動に対峙し、それを抑圧するかたちで戦争が押し進められていったのであって、そうした観点からすれば一貫した中国侵略戦争、すなわち一五年戦争と位置づけて差し支えないように思われる。

理由の第二は、新渡戸稲造と賀川豊彦は連携して中国との具体的な交流をすすめた人物たちなのであり、中国侵略に反対する最前線に立ち、満洲事変の前後にその姿勢が明確に打ち出されてくるからである。新渡戸は一九三三（昭和八）年に亡くなっているので、この二人の人物の具体的な連携は満洲事変から間もなく終焉をむかえる。本章は、この連携に重要な意味を見出しているので、時期を絞らざるをえなかったわけである。

理由の第三は、二人の連携という問題とも深く関わるのであるが、二人を軸とした当該期の平和運動には、様々な主体が関与しており、それが極めて国際性に富んでいるからである。関与した人物の多くはクリスチャンであり、交流の鍵となる中国人はもちろんのこと、欧米のミッションに帰属するクリスチャンが数多く関与している。しかも、新渡戸稲造と賀川豊彦を含めそれらのクリスチャンは、世論ないしは政治に大きな影響を与える力を有していた。したがって、二人の連携を軸とした当該期の平和運動を考察することは、たんに平和運動をリードする思想信条だけを問題とするのではなく、それが他の政治勢力や世論に与えた影響を含めて考慮すべきであり、いわば運動主体と他の主体とを同じ資格をもつ歴史主体としてとらえ、その主体の間の「間主観性」=「関係性」の次元に評価基準をおくという筆者の立場から見て、格好の素材を扱うことになる。

この二人を主体とした当該期の平和運動に関するこれまでの研究は、断片的な言及も含めて極めて少ない。まして二人の運動が、思想だけではなく実践的な意味で国際性をもっていて、大きな影響力をもっていたことを明らかにした研究は、皆無と言ってよかった。新渡戸稲造に関しては多数の評伝が刊行され、『新渡戸稲造研究』という学術雑誌すら発行されているにもかかわらず(3)、日本国内では国際連盟時代も含めて新渡戸の国際的な平和運動に対する関わりを本格的に論じた文献は見当たらない(4)。新渡戸の太平洋問題調査会における役割に関しては、片桐庸夫氏が著書のなかで触れているが、その評価は、行動力の欠如、閉鎖的なエリート主義、アリストクラティックな態度という極めてネガティブなものに終始している(5)。むしろ、日本の学会を基盤としない研究者の方が、新渡戸の国際的な平和運動のポジティブな側面について関心が高い(6)。とりわけ、新渡戸が設立と運営をリードした「国際知的協力委員会」に関しては、各国の指導的知識人の連帯と知的協力によって国際平和の実現をめざしたものとして注目されている(7)。さらに最近では、ジュネーブにある国際連合図書館（The Library of the United Nations Office at Geneva）の国際連盟アーカイブ（The Archives of the League of Nations）が所蔵する国際連盟事務局ファイル（The Secretariat of the League）の内、書記次長をつとめた新渡戸稲造のファイルに収められた一次史料を駆使した本格的な研究が登場するようになった。(8) このように、欧米では新渡戸の国際的な平和運動に対する関心が高まりつつあり、新渡戸の国際連盟における功績が今になって再認識されているようにも受け取れる。かたや日本では、『武士道』ブームがおこってはいるが、新渡戸の国際的な平和運動に関しては見事に捨象されている現実がある。本章がそうした現実に対して一石を投ずることができれば幸いだと思っている。

賀川豊彦の思想と運動についても、新渡戸の研究と同じように、世界的に高い評価と日本の評価とのズレがある。(9) しかし近年、米沢和一郎氏によって本格的な光があてられることになった。氏の二〇年以上に及ぶ調査と、それによって得られた膨大な書誌情報は、賀川研究の未来を大きく切り開くものとなっている。(10) また、氏は最近賀川の平和思想について注目すべき成果を発表しつつある。(11) この成果は、今後の平和思想と平和運動研究の導きの糸となるであろう。本章も米沢氏の蓄積された資料とその研究成果に大きく依存している。とりわけ、本章は新渡戸と賀川の連携を重視しているが、米沢氏の研究によって、新渡戸と賀川の接点が具体的に明らかになりつつある。他にも、賀川の国際協同組合の実現による世界平和という考え方と戦後の世界連邦建設運動に注目した研究や、(12) 開戦前の日米交渉における賀川の役割を明らかにした研究など、注目すべき研究がある。(13)

本章は、こうした研究状況のなかで、繰り返し述べるように新渡戸と賀川の連携を軸として、太平洋問題調査会とその周辺の人的関係に焦点を当てながら、当該期の国際的な平和運動の具体的な有様を明らかにしたい。前述したように片桐庸夫氏は、新渡戸を含む太平洋問題調査会に集う日本の知識人の行動力の欠如、閉鎖的なエリート主義、アリストクラティックな態度を指摘しているが[14]、はたしてそうした評価が当っているのか、本章はさしあたってその点について考察していきたい。

一　新渡戸と賀川の連携

1　東洋キリスト教国際会議の構想と太平洋問題調査会第四回総会

新渡戸と賀川とが平和運動において連携していたということを、如実に物語る史料がある。

75 Kobinata Dai machi 1-chome
Koishikawa Tokyo Japan
February 16, 1931

Dear Dr. Cheng:

We are glad to have your letter and suggestion of an international conference of Oriental Christians, for the purpose of knowing each other better, and of exchange views and ideas. We have common problems to consider, - economic, political, traditional, and connected with the growth of our Christian movements.

In the new Christian International of Prayer and Friendship, we may have a vehicle for the linking of ourselves with one another in vital and creative fashion in a network of intercession which will be as you say the strongest thing to bind the world together in unity. But in order to give content and reality to this fellowship we need to have a face- to-face meeting at its outset, such as you have suggested in the Conference.

We should like to correspond further with you as to arrangements. It seems that since October 21 to November 4 are the dates of the Institute of Pacific Relations, which is to take place in some Chinese city, it might be wise to consider having the Christian Internationale conference immediately afterward, in some place that would be fairly convenient, to take advantage of the presence of delegates who might attend both conferences, as well as of the presence in China from India of Dr. Stanley Jones in November, and possibly of other Indian Christian Leaders.

We are with hearty Christian greetings, Yours sincerely

(signed)　Inazo Nitobe
Toyohiko Kagawa（15）

この書簡は、一九三一年二月一六日、新渡戸稲造と賀川豊彦が連名で、中華全国基督教協進会（中華民国基督教連盟、the National Christian Council of China, 以下、NCC-China と略す）の総幹事であった誠静怡（C. Y. Cheng）に宛てたものである。新渡戸と賀川は、誠の東洋クリスチャン国際会議（an international conference of Oriental Christians, 以下、東洋会議と略す）開催の呼びかけにこたえ、同年一〇月二一日から一一月四日に杭州での開催が予定されていた太平洋問題調査会第四回総会にあわせ、その直後に国際会議を開催してはどうかと提案している。その大きな理由は、太平洋問題調査会に参加する予定の東洋各国のメンバーと、東洋会議に参加を呼びかけるメンバーが重なっていたためであった。誠はこの新渡戸と賀川の提案について、"I think your suggestion is an excellent one"と返信し[16]、積極的に受け止めている。東洋会議は、中国と日本を中心としたアジア諸国のクリスチャンが相互理解と意見交換をするために開催されるもので、「祈りと友愛のための新しいクリスチャンの国際連帯」(new Christian International of Prayer and Friendship, 以下、クリスチャン・インターナショナルと略す)を実現しようとする壮大な構想の一環であった。

ここで注目すべきなのは、太平洋問題調査会とクリスチャン・インターナショナルの関係である。この二つの組織が人的関係において重なっており、いわば表裏一体の関係にあったことが想像されるのである。例えば、一九三一年三月二九日、やはり新渡戸稲造と賀川豊彦が連名で、誠静怡に宛てたものである書簡では、次のように述べている。

We shall be waiting to hear from you as to this suggestion, and ready to back you up in any way in our power. We know of half a dozen Japanese people who may be able to attend the Conference, since they will probably to delegates at the Institute of Pacific Relations: - Mr. Nagao Hampei, a leader in the Church Unity Movement in Japan, who heard of the international conference with great delight; Miss Michi Kawai; Mr. Soichi Saito; Dr. Takagi of the Imperial University. Including ourselves this makes six people, and we should like to include also Mr. and Mrs. Sakamoto of Shanghai, who may be able to be useful to you in the work of preparation.[17]

ここでは、太平洋問題日本委員会の代表として太平洋問題調査会第四回総会に参加するメンバーのなかで、東洋会議に参加すると考えられる個人名があがっている。具体的には、統一教会運動の指導者である長尾半平、河井道、日本YMCA同盟総幹事の斎藤惣一、東京帝国大学教授の高木八尺、そして新渡戸稲造である。河井は北星女学校で新渡戸の教えを受け、高木は第一高等学校で新渡戸の教えを受けている。長尾は台湾時代から新渡戸との関係があり、斎藤も新渡戸との強い接点をもっている。したがって、ここで二つの会議に参加することが予定されていた人々は、明らかに新渡戸人脈によって構成されていたと言ってよい。賀川は東洋会議への出席が予定されているが、太平洋問題調査会の代表ではなかった。しかしながら、この書簡が発せられた東京小石川小日向台一丁目とは新渡戸の邸宅の住所であり、賀川の秘書であったヘレン・タッピングは、ここから書簡を発送し、賀川の仕事を支えていたのである。したがって、新渡戸人脈と賀川人脈は大きく重なっていたと見てよい。

太平洋問題調査会は、各国の知識人が政治や経済などの具体的な問題について意見交換しながら国際平和を実現する役割をもっているものであり、クリスチャン・インターナショナルはその精神的な絆を形成するものというとらえ方が可能である。上記二通の書簡から、その二つの組織の中軸に新渡戸と賀川がいたことが確認できるのである。

2　新渡戸と賀川の接点

それでは、新渡戸と賀川の接点は、いつどのように形成されたのであろうか。新渡戸と賀川との接点の形成、および新渡戸の賀川に対する思想的影響について、米沢和一郎氏は極めて含蓄の深い指摘をしている。[18]ここでは、米沢氏の指摘に依拠しながら、新渡戸と賀川の出会いと思想的影響について考察したい。

米沢氏によれば、確認できる新渡戸と賀川の最初の出会いは、一九二五（大正一四）年六月、当時国際連盟事務局次長であった新渡戸が、ジュネーブの私宅に渡欧中の賀川を招いて、歓迎午餐会を開催した時であった。この新渡戸が国際連盟に関わる人々を招いて、[19]賀川のために歓迎午餐会を開催したということは、極めて注目すべきことである。これは私的な午餐会ではあるが、明らかに国際連盟事務局次長としての新渡戸が賀川を歓迎するセレモニーであった。

新渡戸がこうしたセレモニーをあえて開催した理由は、賀川の日本における社会改良家としての活動に対する欧米における高い評価があったと考えられる。[20] すでに、ロマン・ローランやジェーン・アダムスといった人々が、賀川の活動に注目しており、ガンディーやシュバイツァーと同列に賀川を評価する事例もあった。[21] 賀川はこの年の三月、アメリカからイギリスに渡った。[22] その際、賀川はロンドンで強制徴兵制度に反対する識者の署名に参加した。その署名者の中には、ガンディー、タゴール、ノーマン・エンジェル、アインシュタインらの名前があった。賀川はこの時、のちにイギリス労働党の党首となるジョージ・ランズベリー（George Lansbury）と行動を共にしたと述べている。[23] ランズベリーは、愛を教えの基本とし、「キリスト教の教理の適用が労働者階級と世界を救うという強い宗教的信念」をもっており、[24] 賀川の平和思想と大きな共通項をもっていたと考えられる。また、ランズベリーと深い関係にあった「国際戦争反対者同盟」（War Register's International, 以下、WRIと略す）や、それと連帯していた「国際友和会」（The International Fellowship of Reconciliation, 以下、IFORと略す）と、この時点で賀川が接触していた可能性が高く、賀川自身が既に加入していた可能性がある。[25]

新渡戸は強制徴兵制度反対の署名には加わっていない。おそらく、国際連盟事務局次長としての立場があったのだと考えられる。しかしながら、後述する動向から考えて、新渡戸がこれらの組織と何らかの関係をもっていた、あるいは少なくともこれらの組織に対して強い関心をもっていたことは疑いない。これはあくまでも仮定であるが、筆者は一九二五（大正一四）年六月、ジュネーブの新渡戸邸（レザマンドリエ）における賀川豊彦歓迎午餐会こそ、平和運動における新渡戸と賀川との連携が成立した証として位置づけてみたい。午餐会に参会した人物の回想からは、その場で平和運動についての会話があったことは確認できない。したがって、より限定的に述べるとするならば、平和機構である国際連盟といういわば外面において新渡戸と賀川の連携が成立したというべきかもしれない。内面における連携は、翌一九二六年に明確に姿をあらわす。

二　日本友和会と中国

1　新渡戸と太平洋問題調査会

新渡戸稲造は、国際連盟の事務局次長の職を退いたあと、太平洋問題調査会日本委員会の代表に就任した。新渡戸にとって、国際連盟と太平洋問題調査会とは深く結びついていた。新渡戸は国際連盟事務総長ドラモントに次のように述べている。

There are indications, however, that the P.P.U. is launching on a more ambitious enterprise. Encouraged evidently by its success in tackling with some legal problems connected with the conservation of fish in the Pacific area, the Union is looking forward to cope with legal questions of wider reach. It has now in prospect the convocation of two conferences; one on the legal questions affecting the countries bordering the Pacific and the other on "International Cooperation, there is lurking in his hand a desire of sounding the opinions of Pacific powers as to the feasibility of starting a "Pan Pacific League of Nations" separate from the World League. It has been my constant belief that a regional union of nations will be more practical and useful in many ways than the universal League, provided it moves strictly within the orbit of the latter. Only with this provide, I should like to see the P.P.U. take what steps it can towards the formation of a Pan Pacific League, and hence when the projected meeting should take place, it seems not only advisable but important that the League of Nations should closely follow its proceedings.(26)

〔拙訳〕しかし、「汎太平洋連合」(Pan Pacific Union, 以下、ＰＰＵと略す)は、より意欲的な企てとして始まったように見える。太平洋地域における漁獲に関する話し合いに関わる法的な問題への取り組みが成功したことに勇気づけられて、ＰＰＵはより広範囲な法律問題に対処することを期待している。現在、二つの会議を招集することが予定されている。一つは太平洋で国境を接する国々に影響する法的な諸問題に関するもので、もう一つは、世界連盟から分かれた汎太平洋国際連盟(Pan Pacific League of Nations)を発足させることの実行可能性について、太平洋諸国の意見を広めようとする意図をもった国際共同体に関してである。多くの点において、世界的な連盟の範囲内で厳格に動くのであれば、それよりも地域的な諸国の連合体の方が実際的で役に立つのではと、私は常に考えてきた。こうした考え方に基づき、ＰＰＵが汎太平洋国際連盟を結成する方向へ手立てを講ずることを、好ましく思う。そしてそれ故に、しかるべき会合が開かれる際に、国際連盟が親しくその段取りを見守ることが望ましいだけではなく、重要である。

ここで注目すべきことは、新渡戸が国際連盟という世界規模の国家の連合体よりも、地域的な国家の連合体の方が実際的であると考えており、国際連盟の太平洋地域版として、汎太平洋国際連盟(Pan Pacific League of Nations)を構想していたことである。

In order to avoid any confusion likely to arise between two organizations of somewhat similar names and objects, let it be stated at the outset that the Institute of Pacific Relations (I.P.R.) with which the present correspondence deals, is an entirely private body, whereas the Pan-Pacific Union (P.P.U.) though also private is subsidized by the U.S. Government and by the prominent citizens of Hawaii. Both are active in their lines. The I.P.R. was originally started by the Y.M.C.A. in 1919 but has since become an autonomous organization. Largely because of the participation in the beginning of religious people and the meeting being conducted in an unbiased spirit, the Institute has been successful as a field for the frank but congenial exchange of opinions, and some governments, e.g. Japan, have helped the attendance of their nationals in a semi-official capacity. Such delegates were, I think, never officially recredited, and hence they could speak the more freely. That explains the success of the "Round Talk", as Mr. Duncan Hall says. The Institute has now become a permanent Organization to hold a meeting every other year; it has now assumed the form very much like the Institute of Political Affairs in Williamstown.[27]

〔拙訳〕若干似たような名前と目的をもった二つの組織の間におこりそうな悶着を避けるため、太平洋問題調査会（ＩＰＲ）は、文書上は完全な民間団体であり、一方、汎太平洋連合（ＰＰＵ）は、民間団体ではあるけれども、アメリカ政府とハワイの名士の補助を受けている、ということを予め述べさせてもらう。双方の団体とも、それぞれの分野で活発に活動している。ＩＰＲは、本来一九一九年にＹＭＣＡによって創設されたが、次第に自律的な組織になってきた。主として、当初は信心深い人々が参加し、偏見にとらわれない精神によって会議が運営されたため、ＩＰＲは率直だが気心の知れた意見交換ができる場としてうまくいき、日本のように、いくつかの政府は、半ば公式な権限をもった同国人が参加することを援助してきた。（しかし）そうした代表は決して公式な委任を受けているわけではなく、それ故、より自由に意見が表明できると私は思う。ダンカン・ホール氏が言うところの、「円卓」の成功と言える。現在、ＩＰＲは二年に一度総会を開催する恒久的な組織になっていて、ウィリアムスタウンの政治問題研究所と非常に良く似た形態をとっている。

新渡戸はＰＰＵを太平洋国際連盟の前提となる政府間組織として位置づけ、ＩＰＲはあくまでも民間団体であり、「円卓」会議における自由闊達な意見交換が信条だと考えていた。しかし、この文章から即断するのは危険かもしれないが、新渡戸は両者を無関係なものとして考えていたのではなく、あえていえば、国際連盟と知的協力委員会の関係のように、ＰＰＵのレベルで太平洋の国際関係が円滑に進むためには、すなわち、太平洋の国際平和が実現するためには、ＩＰＲのような自由闊達な意見交換のできる民間団体が不可欠だと考えていたのではないであろうか。でなければ、新渡戸があえて太平洋問題調査会の日本委員会の代表になるはずがないと考えられる。したがって、新渡戸においては、国際連盟事務局次長の役職と太平洋問題調査会の役職はしっかり結びついており、これら二つの役職は国際平和の実現という点で共通の目標を担っていたのである。

2　日本友和会の結成

筆者は、一九二五年に賀川がＩＦＯＲの会員になっていた可能性を指摘した。ＩＦＯＲは、第一次世界大戦に際し、イギリスの絶対平和論を唱えるキリスト教徒たちが一九一五年の初めにケンブリッジのトリニティ・ホールで結成した組織で、大戦中に支部を世界各国に広げ、一九二〇年にはオランダのビルトホーベンで第一回国際大会を開催している。

そして、新渡戸と賀川の連携が成立した年の翌年、一九二六（大正一五）年二月二三・二四日の両日、鎌倉の松岡旅館で会合があり、それを受けて、同年三月二九日に東京小石川の新渡戸邸で日本友和会（ＦＯＲ日本支部、以下、友和会と略す）が結成された。(28)友和会の運動に関わった高良とみは次のように回想している。

一九二六（大正一五）年二月に、私を含めた日本のクリスチャンは、新渡戸稲造氏や賀川豊彦氏に呼びかけられ、鎌倉の新渡戸氏の別邸（松岡旅館のことか—筆者註）で、「日本友和会」という組織を作りました。（中略）組織はＦＯＲ（Fellowship of Reconciliation）というキリスト教徒による平和団体の日本支部という形をとりました。ＦＯＲとは、自ら戦争を拒否するだけではなく、お互いに憎しみあっている敵同士を和解させようという絶対平和の思想を意味し、この団体はヨーロッパやアメリカを根拠地として活動していました。第一次世界大戦前後に良心的兵役拒否や、孤児救済など多彩な活動で注目をあび、当時日本にもＦＯＲ関係の外人宣教師ギルバート・ボーレスやウォルサーらが数多く来ていたのです。私ども日本のクリスチャンも時どき彼らと集会を持っていましたが、ぜひともこれらの活動に加わる必要を感じ、「日本友和会」の設立に至りました。会長は小崎道雄氏に決まり、私は書記長をつとめることになりました(29)。

高良によれば、友和会の結成を呼びかけたのは新渡戸と賀川であった。とするならば、この友和会こそは、新渡戸と賀川との内面における連携の産物であった。友和会結成時、新渡戸はジュネーブにいて、国際連盟事務局次長としての仕事にきりをつけようとしていたが、英文の日記では日本友和会の結成について「盛会を聞き及んだ」と記しているように(30)、結成には大きな役割を果たしたことがうかがえる。また、高良の回想には、友和会の平和運動の基本的な考え方が述べられており、大変興味深い。キーワードは「友和」＝Reconciliation である。敵対するもの同士の和解をどのように実現していくのかという問題意識の中には、例えば対立する国家におけるナショナリズムを前提としていたかのような趣がある。

3　中国との関係

①ホッジキン博士の来日

友和会との直接的な関係は不明であるが、賀川が最初に本格的な平和運動に取り組んだのは、一九二八（昭和三）年の山東出兵に対する反対運動であったと考えられる。この年の夏、NCC-China の英国人書記であったホッジキン博士が来日している。

During the summer Dr. Hodgkin visited Japan at the invitation of missionaries and Japanese Christians there. He participated in four conferences: three in Karuizawa - one for missionaries, chiefly on the Jerusalem findings; one of a more general character on the spiritual life, and one with Mr. Kagawa for a more detailed discussion of social, economic and international questions. In Nojiri the fourth conference was held with Mr. Kagawa on lines similar to the last named. Dr. Hodgkin also addressed various meetings, including a conference of Methodists in Tokyo which was called to consider the possibility of drawing up a social creed for the churches in Japan.

During this visit Dr. Hodgkin had opportunities of meeting with the National Christian Council and with other Japanese especially interested in the relationships of China and Japan. It was able to emphasize the Chinese point of view in regard to such matters as the Tsinan incident, the Manchurian question and the Sino-Japanese treaty, but his chief emphasis was laid upon the fundamental question of securing, through a developing public opinion, real understanding between the two countries. He found individual Japanese and groups in Japan keenly alive to the dangers in the present situation and eager to find how it might be improved. The National Christian Council in Japan feels less able to express itself on public affairs than can similar Councils in other countries, and while eager to understand the position of Chinese Christian leaders, did not hold out any expectation that they would be able to do much in a public way in regard to these questions. They did feel, however, that the Council could call Christians in Japan to earnest prayer and could take steps within the Christian movement to secure a fuller understanding of the Chinese point of view. They were extremely anxious that fraternal delegates from China and Japan should visit the annual meetings held by the Councils in these two countries, and were considering the possibility of altering the date of their annual meeting so as to avoid the clashing which seemed to be almost inevitable.(31)

この史料は、NCC-China の機関紙に掲載された記事であるが、ホッジキン来日の目的が具体的に書かれている。ホッジキン博士は来日して、四つの会議に参加している。その内、三つは軽井沢で開催され、一つは野尻で開催されている。軽井沢における三つの会議のそれぞれの議題は、①エルサレム宣教会議の決議をうけた宣教師のあり方について、②精神生活のより一般的なあり方について、③社会的、経済的、国際的な諸問題について賀川との討論であった。野尻では、賀川とともに会議を開催し、軽井沢における最後の議題が引き続き討論された。

注目すべき点は、ホッジキン博士が、NCC-Japan およびとりわけ日中関係に強い関心を抱いている人々と会合の機会をもったことである。そこにおいて、ホッジキン博士は済南事件、満洲問題および日清条約に関する中国人の立場を強調したが、特に世論を通じて日中間の真の相互理解を築き上げるという基本的な問題を主として強調したのである。当時、NCC-Japan は中国のクリスチャンの指導者たちの立場を理解したいと強く思っていながら、他の国の同様の組織に比べ公の問題について意見表明しにくく、日中間の重要な諸問題について公式に多くのことをなしうるという期待を示しえなかった。しかし、NCC-Japan のメンバーたちは、NCC-Japan が日本のすべてのクリスチャンに真剣な祈りを呼びかけ、クリスチャンの運動の範囲内で中国人の立場を完全に理解するための手立てをほどこすことができるのではないか、と感じていた。日本の山東出兵、その最中におこった済南事件という軍事衝突、そして、そのような状況下で中国のクリスチャンの立場を理解したいと思いながら、なかなか明確な意見表明のできないNCC-Japan の状況をふまえた上で、ホッジキン博士はあえて世論を通じた相互理解の重要性を強調したのである。

②全国非戦同盟と「神の国運動」

このホッジキン博士の来日、そして軽井沢と野尻における賀川との話し合いは、具体的な平和運動として結実することになった。次の史料は、そのことを物語っている。

Kagawa was also the founder of the National Anti-War League at the time when the Tanaka Cabinet was planning to send an army into Tsinan, China, in 1928. Supported in this by the left-wing political parties, he courageously led the movement in spite of the misunderstanding and oppression of the Government. Before the meeting of this league in Tokyo, bills urging an attack upon his life were circulated, and during the course of the meeting he was placed under arrest to prevent his assassination. The league is still continuing its work but mainly through the platform of proletarian party and the Kagawa evangelistic program.[32]

一九二八（昭和三）年一〇月一五日、全国非戦同盟（the National Anti-War League）が結成された[33]。上記の史料は、竹中勝男が満洲事変後に寄稿した記事の一部であるが、それによれば、全国非戦同盟の創設者は賀川であり、賀川は左翼政党に支援されて、政府の無理解と弾圧がありながらも、勇敢に運動を指導したと述べられている。とりわけ、全国非戦同盟の東京での会合の前に、賀川の命を奪うという趣旨のビラがまかれ、会合の間に、賀川の暗殺を予防するために、賀川が拘束される事件も起こった。

従来、山東出兵に反対する、いわゆる「対支非干渉運動」については研究が蓄積されており、とりわけ、労働農民党や日本労農党などの無産政党を中心とした運動として評価されてきた。しかし、クリスチャンの関わりや全国非戦同盟についての言及は皆無と言ってよい[34]。特にホッジキン博士を媒介として、クリスチャンの全国組織である日中両国のNCCが世論を通じた相互理解を実現しようとする運動に着手したことは、極めて注目すべきである。しかも、前述した竹中勝男の記事によれば、全国非戦同盟は一九三一（昭和六）年一二月時点、すなわち満洲事変後にも活動を続けていた。そして、その活動は、無産政党の演説会や賀川の福音伝道計画を通じて、活動を継続していたのである。むろん、日本友和会の活動も考えられるが、残念ながらそれを物語る具体的な史料がない。

竹中の言う賀川の福音伝道計画とは何か。一九二九（昭和四）年七月に行われた国際伝道会議の委員会（International Missionary Council Committee Meeting）で、中国の「五ヵ年運動」（Five Year Movement）と日本における伝道の努力（the evangelistic effort）が並んで取り上げられている[35]。この the evangelistic effort こそが、「神の国」運動であった。

Dr. Wm. Axling, Secretary of the National Christian Council of Japan, writes:

"The Kingdom of God Campaign is still in the preparatory stage. The next step is to mobilize the pastors and church members and get this campaign into their hearts, prayers and programs of activity. As a means to that end and 10,000 copies of Japanese and 4,000 in English have been printed and are being distributed among pastors, key laymen and missionaries. One million handbills will also be broadcasted across Japan some time this Fall, challenging the attention of every Christian and interested person in the Empire, and appealing for their cooperation.

There is also a plan to hold in the near future a National Conference on Evangelism for the purpose of kindling the fires of evangelistic fervor, creating a spirit of cooperation and training lay preachers. Mr. Kagawa has set the goal of securing 5,000 lay preachers who in every section of Japan will give freely of their time to evangelize their friends and fellow townspeople.

The celebration of the Seventieth Anniversary of the Opening of Protestant Missions in Japan will be held in connection with the Annual Meeting of the Council in November. Missionaries and Japanese pastors who have served for fifty years or more will be given special recognition. It is hoped to make this anniversary occasion evangelistic in spirit and influence and to make it contribute mightily to furthering the work of the Kingdom of God Campaign."

In view of the Five Year Movement in China, this prospectus of what Christian friends in Japan are planning will doubtless be of interest to many in China and is given here in full.[36]

この史料は、一九二九年一一月、NCC-Japan の書記であったアキスリング博士が、一九三〇年から三一年にかけての「神の国」運動（The Kingdom of God Campaign）についての計画を、NCC-China の機関紙に書いたものである。それによれば、「神の国」運動は準備段階にあるが、次の段階では牧師や教会のメンバーを結集し、この運動をそれぞれの心、祈り、そして行動計画にしっかり位置づける。この運動の意味を記したものが和文一万部、英文四〇〇〇部印刷され、牧師、中軸となる平信徒、宣教師たちに配布されつつある。また、福音伝道の情熱に火をともし、協同の精神を創造し、平信徒を訓練する目的で、近い将来福音伝道の全国会議を開催する計画がある。賀川は、日本のあらゆる地区で、友達や仲間に伝道する時間を惜しみなく捧げることのできる五〇〇〇人の平信徒を確保することを目標とした。一一月のＮＣＣ年次総会に合わせて、プロテスタント伝道団の日本での伝道開始七〇周年の祝賀会が開催される予定である。その席で、五〇年以上奉仕してきた宣教師と日本人牧師は、特別に表彰されることになっている。この記念すべき出来事が、福音主義的な精神とその影響力を強め、「神の国運動」の働きかけをより発展させることに貢献できる契機となることが期待されている。中国における「五ヵ年運動」の観点から、日本のクリスチャンの友人たちが計画しているこの目論見が、疑いなく中国の多くの人々の関心を呼ぶであろう。

このアキスリング博士の説明から、「神の国運動」が思い切った伝道運動であり、多くの信徒を獲得しようとしていたことが理解できる。また、それは中国で進められていた「五ヵ年運動」とほぼ同様の趣旨をもっていた。したがって、日中両国のＮＣＣは、ホッジキン博士の来日を一つの契機として、強力な伝道運動を展開しはじめ、そして、おそらくその運動は日中の相互理解を進めるための運動として位置づけられていた。繰り返し述べるが、全国非戦同盟が the evangelistic effort を通して継続しているという竹中の指摘を考えた時、この「神の国運動」こそが全国非戦同盟の趣旨と深く結びついていたと言うことも可能なのではあるまいか。

③賀川の謝罪と日中交流―一九三一年

賀川は一九三一（昭和六）年初頭、中国を訪問した。それに関して、次のような極めて注目すべき記事がある。

Last winter Kagawa conducted a series of meeting in China, in which he lectured on his experiences in applying the Gospel to social conditions. First of all, however, he sought to make his position clear regarding the situation between two countries. The following sentence is from a sermon to Shanghai college students: "What we have to learn about Christ is the spirit of forgiveness. And in that spirit I ask your pardon to me to Japan. Many of you might think Japan is a terrible country, but I ask you consider that the fault of Japan is the fault of the leaders of the military party. I am not a militarist nor majority of our people[37]".

上記の史料は、前述した竹中勝男の記事の一部である。賀川は一九三一年初頭、中国で一連の会合を実施し、その会合において、自分の経験に照らし、福音を社会問題に適用することについて講演を行った。しかし、山東出兵、済南事件をふまえて、彼は最初に日中両国関係に関する自分の立場を明らかにしようとした。そして、上海の大学生に対する説教のなかで、次のように述べた。「私たちがキリストについて学ばなければならないことは、許すという精神です。そして、その精神に照らして、私は、私と日本に対して許しを乞いたいのです。あなた方の中の多くの人々は、日本が恐ろしい国だと思っているかもしれません。しかし、日本の過ちは軍部の指導者の過ちであると考えていただきたいのです。私も、多くの日本人も、軍国主義者ではありません。」

ここには、賀川が中国のクリスチャンに対して、明確に謝罪したことが述べられているのである。

Dear Brothers and Sisters: I want ask your pardon for my nation. Because of what are doing. I cannot preach in the Name of Christ... I ask your attention to this fact, however, that even in Japan at least the majority of the Japanese people were against sending any kind of troops to your province of Shantung. And we Christians were bitterly opposed to it. Therefore pardon us, pardon me especially, because our

Christian forces were not strong enough to get the victory over militarists. But the day will come when we shall be strong enough to do so, and when both nations will be harmonious and peaceful in the Name of Christ...

We Japanese love China. Do you know the origin of the city of Kyoto? There was a colony of Chinese farmers who possessed the villages on the site of modern Kyoto. And because they had the highest culture then known, the Japanese Imperial Household moved to that section. As the city of Kyoto grew up eighty percent of its many noble families came to be of Chinese descent. Among the immigrant strains is Japan, from the Southern Seas, from Korea, from Siberia, from Mongolia, the one which has contributed the dominant factor to Japanese civilization is from China. Therefore we love China.

But unless we become more religious in both Japan and China, we shall never have permanent peace... Sometimes we are very selfish and do not see the need of praying... It is quite true, when you are contented, and have no holy ambition to build up the nation, you may have no desire to pray... But can you forget the misery of the nation, and of the poor? If you are contented with the sort of world we have at present, there is no use of praying. But if we want real peace, and real humanity, there are many problems for the solution of which we must pray. We must pray for each of the nations, for Africa, for India, and for our countries of China and Japan. We must pray for world peace, for the uplifting of the poor, for the desert to be made green, for the New Age, for the New Society. We must pray for Science to be controlled by Conscience...

If you pray, world peace will be realized; the poor will be emancipated. Abraham Lincoln prayed through the night before he wrote his emancipation proclamation. Do you consider that kind of prayer superstitious? Nevertheless I believe it was because he prayed that the four millions of poor slaves were emancipated.(38)

〔拙訳〕親愛なる兄弟姉妹。私はあなた方に私の国民に対する許しを乞いたい。日本が行ったことのために、私はキリストの名で説教することはできない。しかし、少なくとも日本人の多くが山東地方にいかなる軍隊を派遣することにも反対していたことに注目してほしい。そして、私たちクリスチャンは激しくそれに反対をした。だから、私たちクリスチャンの力が、軍国主義者に対して勝利を得るための十分な強さをもたなかったのだから、私たち、特に私を許してほしい。しかし、軍国主義者に勝利を得るための十分な力を得、両国の国民が、キリストの名の下に仲良く平和である日が、必ず来る。

私たち日本人は中国を愛している。あなたたちは京都という都市の源流をご存知だろうか。いまの京都がある場所には、そこに村落を所有していた中国の農民の植民地があった。そして、彼らは当時最も水準の高い文化をもっていたので、日本の宮廷はその場に移動してきたのである。（中略）

しかし、日中双方で私たちがより信心深くならない限り、私たちは恒久平和を得ることができない。時々私たちは自分勝手になって、祈りの必要性を考えなくなる。満ち足りているとき、国を造り上げようとする神聖な意志のないとき、祈りをまったく求めなくなるのは、まったくの真実だ。しかし、国民と貧しい人々の悲惨さを忘れることができるだろうか。もし今のような世界に満足するのであれば、祈る必要はない。しかし、本当の平和、本当の人間性を欲するならば、その解決のために祈らなければならないたくさんの問題がある。私たちは、アフリカの、インドの、中国の、日本の国民のために祈らなければならない。私たちは、世界平和のために、貧しい人々の生活向上のために、沙漠を緑にするために、新しい世代のために、新しい社会のために祈らなければならない。科学が良心によって管理されるように祈らなければならない。

祈れば、世界平和が現実のものになるであろう。貧しい人々は解放されるであろう。エイブラハム・リンカーンは、奴隷解放宣言を書く前に、夜通し祈り続けた。そうした祈りを迷信的だと思うだろうか。それでも、私はリンカーンが四〇〇万人の貧しい奴隷が解放されることを祈ったから解放されたのだと信じる。

ここに見られる賀川の謝罪は、極めて主体的なものである。つまり、自分が軍国主義者に勝つことができなかったことについて、中国の民衆に許しを乞うているのである。誰の責任でもない、私自身の責任だと。軍国主義者に責任を転嫁していない点で、戦前戦後を通して稀有な例と言ってよいのではないだろうか。

それでは、この賀川の行動に対する中国側の反応はどうであったのか。当時NCC-Chinaの総幹事であった誠静怡(C.Y. Cheng)は、賀川の訪中について次のように述べている。

For a number of years it has been my deep desire and prayer that God will lead us closer together, that Oriental people should get to know each other better. There are so many similarities along economic, political and traditional lines in our different countries, that need to be taken into account in considering the growth of the Christian movement. The coming of Dr. Kagawa to China may be the means of bringing about some closer relationship. I do not mean to exclude the Westerner, but here we are facing different set of problems, and by coming together to know each other better we can better solve them. The idea of a Christian Internationale of Prayer and Friendship therefore appeals to me very strongly. I think the relationship between the younger and older churches could be nothing better than such a fellowship of intercession, sharing our greatest problems. I hope it may shape out for Oriental Christian leaders to exchange views and ideas in a conference, which would at least form a beginning for such a continuing fellowship.

What I am keen about is that the movement should, from the start, be the result of a definite and positive spiritual awaking among God's people in these countries. I hope that in the not distant future China, Korea, Japan, the Philippines Islands, Siam, India, and other Oriental countries may form a spiritual link and periodically get together to consider the common problems. Such a network of intercession will be the strongest thing that binds the world together in unity.

We are indeed very thankful for Dr. Kagawa's visit to China, and are looking forward to seeing him in our midst again to help us in the spiritual welfare of the Christian Church in China. We shall not cease to pray for him and his associates, that he may be spared for many years to come to carry on the great work that God has been pleased to place upon his shoulders.(39)

〔拙訳〕何年もの間、神が私たちを近しいものになるように導き、東洋の人々がよりお互いを知るようになるということが、私の深い希望であり祈りであった。私たちのそれぞれ異なる国において、クリスチャンの運動の大きな発展が考えられるような、経済的、政治的、伝統的な面でのたくさんの類似性がある。賀川博士の訪中は、より親密な関係をもたらす意味があるかもしれない。私は西洋人を排除するということを言っているわけではないが、私たちは西洋とは異なる一連の問題に直面しており、お互いをよりよく知るために集まることによって、それらの問題をよりうまく解決できる。それ故、クリスチャン・インターナショナル（Christian Internationale of Prayer and Friendship）という考えは、私に強く訴えかけるのである。私は、新しい教会と古い教会の関係は、私たちの最も大きな問題を共有する、仲裁のための関係以上にはならないと思う。私は、クリスチャン・インターナショナルが、東洋のクリスチャンの指導者たちにとって、少なくとも継続的な仲間関係の始まりとなるような会議で、お互いの意見や考え方を交換できるように具体化することを希望する。私が熱望しているのは、私たちの国々において、神の子である人々の間で、この運動が初めから明白かつ積極的な精神的覚醒という結果になるべきだということである。私は、遠くない将来、中国、朝鮮、日本、フィリピン諸島、シャム、インド、そして他の東洋の国々が精神的な連帯を形成し、日常の諸問題を検討できる画期的な集まりを願っている。そのような仲立ちのネットワークは、世界を一つに結びつける最も強いネットワークになるであろう。私たちは実際に賀川博士の訪中にとても感謝しており、中国キリスト教会の精神的な幸福という点で私たちを助けてくれるために、私たちの真ん中に彼を再び見ることを期待している。神が彼の肩に乗られることをお慶びになっているような偉大な仕事を行うため、多くの歳月をそれに充てられるように、私たちは彼と彼の仲間のために祈ることを止めない。

また、誠静怡は次のようにも述べている。

The visit to China of Dr. Kagawa, of Japan, has been an event full of interest and promise. For more than twenty years this man of God has been working among the slums of Kobe and has devoted his talents and resources to helping of the poor and the unfortunate. He is the friend of proletariat. He has demonstrated to the world the possibility of applying the Christian religion to practical life. At the same time he is a man of personal devotion and a man of faith in God and Jesus Christ, a combination of personal religion and social passion. In reality the two aspects of the Christian Gospel cannot be separated. To Dr. Kagawa the Cross of Jesus Christ is the center of the Christian religion, which is the expression of the love of God for humanity. This Christian saint of the Orient was in our midst in Hangchow last summer and again in Shanghai, Shoochow, Tsinan, Weihsien and Tsingtao this spring. Conferences and retreats were arranged for him by the Church of Christ in China, and he was given opportunity to speak to selected groups of Christian leaders of various denominations. To behold the countenance of this "Friend of Jesus" and to listen to his words of wisdom was indeed a great spiritual treat to most, if not all, who attended these meetings. Further plans are being made to invite Kagawa to come over to help us again next year.(40)

〔拙訳〕日本の賀川博士が中国を訪問されたことは、関心と約束に満ちた出来事であった。二〇年以上、神の人である賀川は、神戸のスラムで活動し、自分の能力と持てる物を、貧しく不幸な人々に与えてきた。彼は無産者の友である。彼はキリスト教を実際生活に応用する可能性を、世界に示してきた。同時に、彼は献身の人であり、神とキリストに誠実な人であり、個人的な宗教心と社会的な情熱とが結合した人である。実際に、福音のこの二つの側面は、分かちがたいものである。賀川にとって、十字架上のイエスはキリスト教の核心であり、神の人類に対する愛を表したものである。この東洋のキリスト教の聖人は、昨年夏杭州で私たちの中心にあり、そしてこの春再び訪中し、上海、蘇州、済南、濰坊、青島をまわった。NCC-China は彼のために会議と静修を企画し、彼に選ばれた様々な宗派の指導者のグループと話をする機会を彼に与えた。この「イエスの友」の表情を見守り、彼の賢者の言葉を聞くことは、これらの会合に参加したすべてではないにせよ、ほとんどの人々にとって、本当に偉大な精神的慰めであった。来年は、再び私たちを助けに来るように、賀川を招待する計画がある。

誠静怡は賀川を「東洋のクリスチャンの聖人」(This Christian saint of the Orient) とまで呼んでいる。極めて高い評価と言わざるをえない。こうした賀川に対する高い評価の背景には、誠静怡が直接言及しているわけではないが、賀川の謝罪があったと考えられる。

4　協同組合の構想と平和

賀川は、協同組合の結成こそが、平和を実現するための重要な手段であると考えていた。例えば次のような解説は、それを良く示している。

For a decade Dr. Toyohiko Kagawa has been proclaiming that co-operative societies on the Rochidale pattern were the master-key to vexing problem of applying Christian principles to the world's economic life, and the surest road to international peace.(41)

これによれば、賀川は、ロッチデール型の協同組合が、クリスチャンの信条を世界の経済生活に適用し、国際平和を確実に実現するという困難な課題を解決する鍵だと訴えていた。

また、賀川自身は、次のように述べている。

If we could have one and a half million yen to invest as a fund in the Cooperative Movement, it could be used for Sick Insurance for Christian brothers and sisters, for starting an Educational Union, for Unemployment Insurance, and for many other needed varieties of Cooperatives. Later this Cooperative system could be extended to China, Korea, India, and population of Africa, as an organized Christian Cooperative International. This would serve as a great advancement to Kingdom of God Movement.(42)

〔拙訳〕もし、協同組合運動の基金として投資するため一五〇万円もっていたら、クリスチャンの兄弟姉妹のための医療保険、教育組合の立ち上げ、失業保険、その他様々な協同組合が必要とするものに使うことができる。最近、この協同組合の制度が、一つの組織されたクリスチャン・コーポラティブ・インターナショナルとして、中国、朝鮮、インド、そしてアフリカにまで拡大している。これは、「神の国運動」の大きな前進として、目的にかなったものである。

つまり、賀川は協同組合運動と「神の国運動」を一体のものとしてとらえていたのである。したがって、賀川の構想する平和運動は、中国の「五ヵ年運動」と日本の「神の国運動」という伝道運動、それと結びついたクリスチャン・インターナショナルの結成、そして、協同組合運動とが一体となったものであり、精神運動と社会運動が一体となったものであった。

一九三〇年、賀川は東京医療組合の結成をリードし、組合長に新渡戸稲造をすえた。これは、それだけ切り出してみると、協同組合運動の出来事としてしか見えないが、賀川の構想、そしておそらく新渡戸の構想でもあったと考えられ、彼らの平和運動の重要な柱として東京医療組合の結成をとらえなおすことができるのである。

三　満洲事変と平和運動

1　満洲事変の勃発と賀川への期待

最初に述べたように、一九三一（昭和六）年の春、新渡戸と賀川、そして誠静怡（C.Y. Cheng）の間で、クリスチャン・インターナショナルの結成を目指して東洋会議の開催が計画されており、同年一〇月二一日から一一月四日に杭州で開催される太平洋問題調査会第四回総会にあわせて開催する案が具体化しつつあった。

ところが、太平洋問題調査会の総会が開催される直前、九月一八日に満洲事変が勃発したのである。当然のことであるが、この事件によって日中関係は一気に冷却した。この事件について、NCC-China と NCC-Japan との間で次のようなやりとりがあった。

先般九州へ出張中の海老沢亮総幹事は、今回の満洲事件に対して同氏の知己多き中華民国基督教連盟に向って、基督者としての所見を表明すべく、同氏個人として左の如き電文を打電した。

「満洲事件の勃発を遺憾とす。熱心平和的解決を祈る。貴政府委員が水難の救護を拒絶されしを聞き悲しむ。吾等は両国民間の連鎖として民族超越の基督教的協同奉仕を希望す」

◇中華民国基督教連盟総幹事誠静怡博士より海老択幹事宛（九月二十九日上海発電）

御通電を深く感謝す。支那領土を侵し国際的紛議を定むるに武力を用いられたるを痛く悲しむ。重大なる結果を怖れ公正にして平和なる解決のため日本の基督教が最善なる努力を献げられん事を請う。(43)

NCC-Japan の総幹事海老沢亮《えびさわあきら》は、NCC-China の総幹事誠静怡宛に電報をうち、「民族超越の基督教的共同奉仕」の精神を確認しようとした。ところが、誠静怡からの返電は、満洲事変を明らかな武力侵略であるとして、その解決のためのクリスチャンの努力を乞うたのである。当然のことながら、誠静怡の返電の方が格段に厳しいニュアンスをもっている。

満洲事変勃発当時、賀川はアメリカにいた。NCC-China のケプラーはタッピングに宛てた手紙の中で次のように述べている。

When do you expect Dr. Kagawa back from America? We in China wish he were in the Orient now. We would like to hear his voice and message in view of the present critical situation. I am writing to convince my Chinese friends that there is no doubt what the nature of that message would be.(44)

〔拙訳〕賀川博士はいつアメリカから帰るのでしょうか。中国にいる私たちは、今、彼が東洋にいてくれれば良かったと思います。今の危機的な状況について、賀川の声やメッセージが聞きたいと思っています。私は、きっとそのメッセージに本質があることを、中国の友人たちを納得させるために書いています。

満洲事変によって日中の関係が危機的な状態に陥った際に、NCC-China の人々は賀川のメッセージに期待したのである。

このケプラーの手紙に対するタッピングの返信は、以下の通りであった。

As to what we are feeling and how we are praying at this time of the Hankow disaster and the Manchurian trouble on top of it, a words are so inadequate that it is hard to use them. Public opinion against war seems to be a stronger than ever before in Japan, in spite of censorship of the newspapers. We pray that God will cause even the wrath of man to praise Him, and so focus the thoughts of the world on this part of it through this occasion, that world public opinion and the prayers of untold millions may bring about a better situation.

It is significant that the young militarists in Manchuria felt desperately in need of striking now or never, - before disarmament. They felt their day was wanting and that it was their last chance. It may be true. Christian Century editorial on The Manchurian Muddle (Oct. 7) and paragraphs in the issue a week earlier is expressed that the military will lose influence through this occasion. Certainly the various groups in Japan do not think alike, and the peace elements are gaining over the militarist and imperialists. Perhaps Kagawa will be the saving factor in mobilizing for peace. Anyway we shall keep on praying.(45)

〔拙訳〕漢口の水害と、その上に満洲問題が重なったこの時、私たちが何を感じどう祈るのかということについて、言葉は相応しくないので、言葉を用いることは難しいと思います。新聞の検閲制度があるにもかかわらず、戦争に反対する世論は、日本で今まで以上に強いようです。私たちは、神が人々の怒りでさえ神への賛美に変え、そしてこうした悲劇的な出来事を通じて世界の人々の思考を満洲と中国に向けさせ、世界の世論と何百万という人々の祈りがより良い状況を生み出すことを祈ります。

満洲の若い軍国主義者たちは、軍縮以前に、今こそ戦う絶好の機会だと思っていることは明らかです。彼らは今こそ求めていた時期であり、最後の機会だと思っています。一〇月七日付の『クリスチャン・センチュリー(Christian Century)』では、この事件によって軍部が影響力を失うであろうと述べられています。確かに、日本の様々なグループが同じように考えているわけではないし、平和を求める人々が軍国主義者と帝国主義者に勝りつつあります。たぶん、賀川は平和へ人々を結集する救済因子になるでしょう。

タッピングは、日本において戦争反対の世論が強いという見方をしている。そして、賀川が世論全体を平和に導く救済因子（the saving factor in mobilizing for peace）になると述べている。これは、ケプラーと同様、平和運動における賀川の役割を非常に高く評価するものである。

2　太平洋問題調査会上海会議

太平洋問題調査会第四回総会は、中国の杭州を舞台にして開会される予定であったが、満洲事変の勃発によって、開会が危ぶまれる状態に陥った。特に、満洲事変を契機に中国全土で抗日運動が盛んになるとともに、日本も加わっている太平洋問題調査会を敵視する世論さえあらわれるようになっていた。

その危機を救ったのが、蔣介石をはじめとする国民政府の要人であった。

Speaking at the headquarters of the Central Kuomintang, at Nanking, September 14, General Chiang Kai-shek bitterly scored certain Kuomintang branches in China which, he said, were strongly opposing the coming conference of the Institute of Pacific Relations at Hangchow.

General Chiang definitely announced that the Conference would be held next month in Hangchow upon the invitation of the National Government.

"I have learned," said President Chiang, "that some members of the Kuomintang bitterly oppose the coming Conference on the ground that it is the tool of Imperialistic Powers. This is mere childishness. We have a wrong way of judging foreigners. Before the Boxer Rebellion Chinese viewed with contempt all foreigners, after the Boxer troubles Chinese viewed them with fear. While we should oppose those governments which have Imperialistic designs, we must co-operate with those governments and people who are friendly towards China.

“While the plan to hold the coming Conference in China was initiated by a number of Chinese Y.M.C.A. members, the actual invitations were sent by the National Government.”(46)

〔拙訳〕南京の国民党中央の代表によると、九月一四日、蔣介石将軍は、来るべき杭州での太平洋問題調査会総会の開会に強く反対している国民党支部を強く非難した。蔣将軍は、太平洋問題調査会総会は国民政府の招待の下に、来月杭州で開催されると言明した。蔣将軍は、次のように述べた。

「私は、国民党の何人かの党員が、太平洋問題調査会は帝国主義国家の道具であるとして、会議の開催に強く反対していることを知っている。しかし、それはまったく子供じみた行為である。私たちは外国人を見分けるのに、間違った見方をしている。義和団事件以前には、中国人はすべての外国人を軽蔑の眼差しで見ていた。しかし、義和団事件後は、彼らを恐れて見るようになった。私たちは帝国主義的な意図をもった外国政府に反対すべきであるが、一方で、中国に友好的な政府や人々とは協力しなければならない。

　来るべき会議の開催計画は、中国のＹＭＣＡのメンバーが首唱したものであるが、実際の招待は国民政府が行う。」

太平洋問題調査会に対する反発が、中国国民党にもあったことがわかる。しかし、国民党の指導者である蔣介石はそれを厳しく非難し、杭州における太平洋問題調査会を、国民政府がバックアップすると言明したのである。そうした立場を明確にした理由は、中国に友好的な政府や人々との協力が必要だという認識があった。おそらく、蔣介石は日本と欧米列強を帝国主義列強と見てはいるが、国際世論の果たす役割、あるいは国際的な公共性の意味を理解していたと考えられる。太平洋問題調査会総会の成功は国民政府が保証し、蔣介石をはじめ、張学良・王正廷・宋美齢・宋慶齢・朱子文・察延幹・周作民などの要人がサポートすることになった。

3　上海事変と平和連合

一九三二（昭和七）年一月、第一次上海事変が勃発して、日本租界をはじめ外国人租界が集中する上海で戦闘が始まった。新渡戸は同年二月四日、愛媛県松山市での講演を終え、新聞記者の前で、オフレコの約束で軍部を批判する発言をした。それが、オフレコの約束を知らなかったある記者によって新聞に発表されると、猛然と新渡戸批判が湧き起こった。右翼団体をはじめ、新渡戸に謝罪と発言撤回を求める意見が公然と発表された。これがいわゆる「松山事件」である。

こうした排外主義的な世論の盛り上がりのなかで、ついにＦＯＲが行動を起こした。次に掲げる史料は、賀川の秘書であるヘレン・タッピングが、一九三二年三月八日付で、アイダ・ベル・ルイスに宛てた書簡である。また、その次の史料は、『クリスチャン・ワールド』紙の同年三月一〇日号に載った記事である。

There is much more to be said. On March 6th the peace federation was at least started here in Tokyo, and Dr. Bowles who brings these bulletins will tell you, for he was the only foreigner present, that it began, in the fashion which has now taken place in man other places, at the Friends Meeting House. Takahashi San is one of the members of its executive, and Mrs. (Dr.) Kohra, who was recently in Shanghai, is another, the secretary of the Friends Meeting a third, and Mr. Hirose its fourth member. The latter has just been to see me asking help in translating. He says the purpose of the movement is to face the international crisis caused by the Manchuria and Shanghai incidents and meet it with an adequate peace movement, with the following items of activity:

1. A petition to the government to stop hostilities. This was signed and sent to the Premier by all present Sunday, who all became committee members, - about a dozen - and will be signed by many others.
2. To interpret the situation to the Japanese people in general.
3. To inform friends abroad of the peace movement, and that not all the Japanese have gone insane (!) but that there are many working for peace.
4. Education - through Christian churches, YMCA, YWCA, League of Nations Association and all available groups to promote a unified program of education.

Mr. Hirose went on to say that Japanese army is pushing this conflict not merely for imperialistic profit in China, but as a means of establishing the army in control of Japanese government in a fascist regime worse than that of Mussolini in that it would aim to go to war with foreign countries. They want to isolate Asiatic economies from the rest of the world, have an Asiatic Monroe doctrine, over China, Manchuria and probably Indochina. There is a great conflict at this point between the Japanese financiers and the army, between imperialism due to capital, and imperialism due to the old feudalistic spirit yet remaining in the army. It looks like the death throes of the idea of violence, desperately fighting for its place in the sun at the time of the disarmament conference.

Unofficially two of members of the executive of this new peace federation are preparing a report attempting to make this inner aspect of the war movement clearer both to the Japanese people and to friends abroad.

Meanwhile Dr. Kagawa and his colleague in rural work, Mr. Sugiyama, have been preaching every evening in Osaka, in the election campaign which elected the latter on February 20th, very strongly and openly against war and for peace.

When I asked Dr. Kagawa how it was that he was still at large when Dr. Nitobe has been forced to apologize to the military, and threatened with assassination for similar lectures on the island of Shikoku, he explained that so many of the laborers are of a common mind about peace, and that he explains the connection between peace and economics in his lecture, - so that nobody can attack the position. Surrounded by their large party, Sugiyama and Dr. Kagawa are safe so far, through very vocal on the subject.

A week ago Sunday Dr. Kagawa preached at his community church eight miles out of Tokyo, with three detectives present, a peace sermon on the prophet Daniel. He applied the 'Mene, mene, tekel, upharsin to Japan at the present moment, and warned his hearers that all the people would be in the midst of a terrible financial depression or panic by this coming August, because of the present militaristic effort.

Before he left on the night of March 3rd for a month's campaign in Formosa and Loo Choo Islands, Dr.

Kagawa signed the petition to the Premier above mentioned.

Michio Kozaki, my chairman, is another signer, and a member of the peace committee formed on Sunday, as are Miss Michi Kawai, formerly YWCA national secretary, and Mme. Motoko Hani, both prominent principals of girls schools maintaining a very progressive type of education. There is a professor from Waseda, another form Aoyama, another from the St. Paul's University of the Episcopalians, and there will be many pastors on the Committee.

All this detail may weary you, but we want you to know that Japanese Christians are getting really started in the positive peace work which we believe will turn the tide.

In Dr. Kepler's absence I must write you also about the sad data he sent in his last letter. This arrived safely, I want his office to know, and will write him separately. I am making copies of the facts he sent for Dr. Bowles and the members of the Commission, hoping they may be able to do something effective.

The Christian women of Tokyo are praying as never before, and we are praying in two groups of women missionaries, in a new, deep, way. All we can do is to assure you of our prayers.[47]

〔拙訳〕言わなければならないことがたくさんあります。三月六日、平和連盟（the peace federation）がここ東京でともかく発足し、ボールズ博士はそれに参加した唯一の外国人でしたので、彼はこの機関誌を携えていってあなたにお話しすると思いますが、他の場所で開催するというかたちをとって、フレンズ・ミーティング・ハウスで始まりました。高橋さんは幹部の一人であり、最近上海にいた高良さんがフレンズ・ミーティングの書記でもう一人の幹部であり三番のメンバー、そして、広瀬氏が四番目のメンバーです。広瀬さんは、私の翻訳の面倒をみてくれています。彼の言うところによると、運動の目標が満洲事変と上海事変によって国際的な危機に直面しており、次の行動目標によって、正当な平和運動にしていくということです。

1、政府に対して敵対行動を停止する請願。これに署名して、署名した全員で日曜日に首相に提出し、署名したメンバーは委員会のメンバーとなった（一二人）。他の多くの人々が署名するであろう。

2、一般の日本の人々に状況を説明すること。

3、外国にいる友達に平和運動のことと、すべての日本人が狂気にはしっているわけではなく、多くは平和のために行動していることを知らせること。

4、キリスト教会、ＹＭＣＡ、ＹＷＣＡ、国際連盟協会、そしてまとまりのある教育計画を進めることできるすべての役立つ団体による教育。

広瀬氏は、日本軍がたんに中国における帝国主義的利益のために攻撃をしかけているわけではなく、対外戦争に向かうことを目的としたムッソリーニのファシスト体制より悪いファシスト体制の下で、日本政府を統制できる軍部の構築をねらっているのだと言う。彼らはアジア経済を他の世界から分離し、アジアモンロー主義を、中国、満洲、そしてたぶんインドシナまで広げることを欲している。こうした点で、日本の財政当局と陸軍との間、そして、資本主義的な帝国主義と、いまだに陸軍に残る古い封建的な精神に基づく帝国主義との間に、大きな闘争がある。軍縮会議が開かれている時点で、暴力という考え方が断末魔を迎えるなかで、日の当る場所を求めて必死で戦っているかのように見える。

この新しい平和連合の二人の幹部は、非公式に、日本人と海外の友人の双方に、戦争の動きの内面を明らかにすることを企て、報告書を準備している。

少なくとも、賀川博士と、農村で共に働く仲間である杉山氏は、二月二〇日杉山氏を選挙した選挙運動で、公に戦争を批判し平和を求めて、大阪で毎晩伝道してきた。

新渡戸博士が軍部に謝罪を強要され、四国の講演で暗殺の脅迫にさらされたとき、私は賀川博士に、賀川博士がこのまま自由でいられるでしょうかと聞いたときに、彼は、実に多くの労働者が平常心では平和を求めており、講演のなかで平和と経済の関係を説明しているので、誰も攻撃することはできないと言いました。杉山氏と賀川博士は、その問題について発言することによって、今は安全です。

Upon the return of Mr. Kagawa to Japan after his visit to America last October the police suppressed and confiscated an entire edition of a magazine in which both Mr. and Mrs. Kagawa had appealed to a higher ethic than that war solution of Manchurian problems. The Government was especially solicitous in protecting Mr. Kagawa's life from the assaults which might have resulted from any attempt on his part to check the war psychology of the moment. Kagawa has, however, engaged the services of Motoichiro Takahashi as a full-time peace worker and has announced world peace as another of the definite goals of his "Friends of Jesus" and the Kingdom of God movement.(48)

昨年一〇月、賀川氏がアメリカ訪問を終えて日本に帰国したとき、警察は、賀川夫妻が満洲問題の解決のために戦争よりもより高い倫理の必要性を表明していた雑誌を発禁にし、すべての版を没収した。政府は、賀川氏が現在の戦争心理を抑えようとするのに対して生じる可能性のある攻撃から、賀川氏の生命を守るということを特に重視した。しかし、賀川氏は、フルタイムの平和活動家としての高橋元一郎を雇い、「イエスの友」と「神の国運動」のもう一つの明確な目標として、世界平和を提唱している。

これらの史料は、次の和文の史料と重ね合わせてみると、その事実関係がよく理解できる。「全国千七百六十の教会、十七万のクリスチャン団結せよ、平和のために。」というスローガンを掲げて、クリスチャン平和連盟の私案を天下に発表した。

A　軍縮　　B　日華親交　　C　国際連盟支持

顧問に尾崎行雄、新渡戸稲造、田川大吉郎、安部磯雄、吉野作造の名があげられ、委員長には賀川豊彦、副委員長には杉山元治郎、小崎道雄、久布白落実の名が掲げられていた。（中略）

「三月の初めに、賀川先生や帆足先生、林歌子さん、市川房枝さん、高良富子さんたちを動かして犬養首相に平和請願書を提出してきました。最近は『平和の種子』というパンフレットを発行して居ります。」(49)

ここで言うクリスチャン平和連盟とは、the peace federation を指すと思われる。政府に対して平和請願書を提出したという記事は一致する。タッピングの書簡では、ボールズが参加したということ、運動の中心メンバーが、高橋元一郎・高良富子・広瀬庫太郎らであることが記され、広瀬の軍部に対する興味深い認識も触れられている。そして、『クリスチャン・ワールド』の記事によれば、高橋元一郎は賀川が雇ったことになっている。また、賀川と杉山元治郎が、伝道活動のかたわら平和を呼びかけたことが記されている。

一方、和文史料では平和連盟の委員長として賀川豊彦、副委員長として杉山元治郎・小崎道雄・久布白落実の名前があがっており、さらに、顧問に尾崎行雄・新渡戸稲造・田川大吉郎・吉野作造など錚々たるメンバーが名を連ねている。二つの史料をつき合せてみると、運動の実働部隊は高橋・高良・広瀬といった人々が担い、賀川と杉山がリーダーになっていると考えて間違いないと思われる。顧問となっている人々が運動の表舞台に立つことはなかったと想像されるが、新渡戸については、タッピングの書簡を見てもわかるように、「松山事件」の衝撃があり、表に立てない事情があったものと想像される。しかし、明らかに新渡戸と賀川の連携、およびFORが運動に大きく関わっていたと見てよいのではないであろうか。

二つの史料があげている政府に提出した署名については、次の史料がより詳しい事実を示してくれる。

平和を呼ぶ　基督者有志の結成

日華紛争の時局を憂ふる基督者によって、左の如き「平和請願書」が犬養首相に提出せられた。なほ、左の有志たちは、さらに結成を堅うして、必要に応じて平和促進のために具体的運動をもなす筈である。

平和請願書

我等は現時日華間の紛争、特に上海事件の一日も早く平和に解決することを熱望し、政府が迅速に国際協調の精神を以て平和的解決の道を進まれんことを請願す。

昭和七年三月六日

署名発起人（ABC順）

林歌子　広瀬庫太郎　帆足理一郎　市川房枝　賀川豊彦　柏木義円
菊地酉治　小崎道雄　高良富子　木村米太郎　河井道子　加藤高子
丸山伝太郎　親泊康永　鈴木安邦　高橋元一郎　竹村豊太郎　田島進
竹中繁子　矢部喜好

事務所　東京府荏原郡松沢村上北沢六百参番地　賀川豊彦方(50)

これは「神の国運動」の機関紙であった『神の国新聞』の記事であるが、タッピングの書簡で一二名程度となっていた署名者が二〇名に増え、前掲の和文史料で名前があがっていた帆足理一郎・林歌子・市川房枝らが加わっている。小崎・高良といったＦＯＲの中心メンバーが加わっている点も注目すべきであろう。

平和連盟の活動は署名にとどまらず、タッピングの書簡にあった他の三つの活動計画もそれぞれ具体化していった。さらに、四つの活動計画には入っていなかったが、中華民国基督教青年会（YMCA-China）を訪問して、上海事変を詫びている[(51)]。

4　日中におけるChristian Internationaleの運動

タッピングの書簡に対して、アイダ・ベル・ルイス（Ida Belle Lewis）は、次のように返信している。

Thank you very much for your wonderful letter. I have circulated it among a number of like-thinking and like-praying friends. We are more thankful than we can say for the stand of Dr. Kagawa. We know that it is costing him heavily. You will notice that although many of our Christian groups have suffered terribly, loss of friends and loved ones as well as of property, yet there is surprisingly little bitterness, and again and again they reiterate the necessity of forgiveness and they pin their hope to people like Dr. Kagawa who is building a new world order on love. We are thankful that there is even this margin of meeting between the two peoples at this time.

Although I did not see the Japanese delegation who came from the Christian Council, yet we believe that their visit was a benefit. The Chinese Christians were sorry they did not express themselves more strongly, and yet we feel that probably this was impossible. The tales that are told to the two groups are so very different. We shall continue to do what we can by prayer and by correspondence. Although we may differ because of certain experience, yet our foundation remains the same, and we shall seek to bring about understanding and love, without which the Kingdom of God cannot come. I had a beautiful time with Bishop Roots recently and gave him your letter before I had read it myself. You can be assured of many friends here.[52]

〔拙訳〕あなたの素晴らしいお手紙、大変ありがとう。私はこの手紙を同じように考え祈っているたくさんの友達に回覧しました。私たちは、私たちが賀川博士の立場について説明すること以上に感謝しています。私たちは、賀川博士が酷い目にあっていることを知っています。私たちクリスチャンのグループが恐ろしく損害を被り、財産同様、友達と愛するものを失っていることはご存知でしょう。しかし、驚くほど苦しさがなく、彼らは何度も何度も許しが必要だと繰り返し、愛の上に新しい世界秩序を築きつつある賀川博士のような人々にかけているのです。

　NCC-Japanから来た代表には会っていませんが、彼らの訪中は有益だと思います。中国のクリスチャンは、自分たちの思いをより強く表明しないことを悲しんいますが、私たちは多分それは不可能だと感じています。二つのグループに対して語られる話が、あまりにも違っています。私たちは、祈りと文通によって私たちができることを続けるつもりです。私たちはある種の経験のために考え方が違うかもしれませんが、私たちの基盤は同じであり、「神の国」が訪れないことはなく、相互理解と愛を実現する道をさがすでしょう。私は、最近ルート司教とともに素晴らしい時間を過ごし、私自身が読む前にあなたの手紙を彼に渡しました。

賀川博士のような人々にかけている、という表現は、賀川の運動に対する全幅の信頼に基づくものであろう。また、日本と同じように、中国のクリスチャンもなかなか自由な意見表明ができないという情況のなかで、両国クリスチャンの相互理解を求めていこうとする真摯な意志が伝わってくる。

次の史料は、アメリカにおける日本の平和運動に対する期待を述べたものである。

Although Japan's militarists have swept the nation into the enthusiasm of war psychology, recent information shows that a saving "remnant" has not bowed the knees to Mars. A "Who's Who" of the peace movement, just received, gives the names of twenty-one valiant men and women, of whom Toyohiko Kagawa and Dr. Inazo Nitobe are the best known in the United States. The list of includes many other leaders well known in Japan, such as Rev. Michio Kozaki, pastor of one of the largest churches in Tokyo, several other pastors and Christian social workers, Miss Takako Kato, general secretary of the Tokyo Young Women's Christian Association, Miss Fusae Ichikawa, "the Mrs. Carrie Chapman Catt of Japan," and a number of professors in college and universities.[53]

〔拙訳〕日本の軍国主義者は、国民を戦争心理の熱狂へぐいぐい動かしているが、最近の情報は、残った救済者は、軍神マルスに膝を屈していない。平和運動の人名録は、今受け取ったところによると、二一人のすばらしい男女である。そのなかには、アメリカ合衆国で最もよく知られた賀川豊彦と新渡戸稲造がいる。人名録にはたくさんの著名な指導者がふくまれており、例えば東京で最も大きな協会の一つで牧師をしている小崎道雄師、他にいく人かの牧師と社会事業家、東京ＹＷＣＡの総主事である加藤高子女史、日本のキャリー・チャップマン・キャットと言われる市川房枝女史、そして多数の大学教授などがいる。

アメリカ側から見ると、運動の中心は賀川と新渡戸ということになる。新渡戸と賀川の連携が重要であるという本章の趣旨に照らせば、極めて明快にそのことを示してくれているのだが、この記事でも述べているように、二人がアメリカで最も著名だということが背景にあると考えられる。また、小崎・加藤・市川ら、政府に提出した平和請願書に署名した人名が現れることから、アメリカにクリスチャン平和連盟の活動が伝えられていたことを示している。

5　中国における反応

次の史料は、一九三二（昭和七）年三月一〇日に『クリスチャン・ワールド』紙に掲載された記事の一部である。

"Our national calamities," writes David Yui, General Secretary of the Chinese National Council of Young Men's Christian Associations, in a letter dated February 16, to the World Committee of Y.M.C.A.s in Geneva, "are driving some of our leaders and many of our people to their knees before God who rules over the nations of the earth. Mrs. Yui and I made a brief visit to Nanking not long ago and at the urgent request of President and Madam Chiang Kai-Shek we helped to organize a praying group of Christian men and women who meet every afternoon at five o'clock earnestly to pray to God. This group is still very active and faithful. Dr. C.T. Wang, until recently the Minister for Foreign Affairs, said that China could be saved only through Christianity. A number of other leaders, many even non-Christians, have arrived at the same conclusion. A wave of religious yearning is now sweeping among the students and young men of this land. We are conducting evangelistic campaigns in cities in different parts of China. Our old friend, Dr. Sherwood Eddy, plays a most important part. Hundreds of young people have decided to lead a Christian life and many more decided to make a serious study of the Christian religion.

Powerful Chinese evangelists are conducting several meetings among Christians in different cities. God is making wonderful use of them and the results are astonishingly great. If such unprecedented national catastrophes falled to stir up the very depths of the religion life of our people and to challenge the Christian to their sacred duty thereby leading them to prostrate before the Throne of God and to praise His Holy Name, what hope is there for China? I am most profoundly thankful for this wave of religious awaking sweeping across this country and for the spirit of revival in our Christian Movement today which will not only save China, but also build a new and progressive China altogether pleasing to Him."

*　*　*　*　*

"Let no one suppose for a moment," writes Rev. R. Haigh Fisher, correspondent in Yokohama, to The Baptist (Chicago), "that Japan is unitedly in favour of this latest exhibition of imperialism; there are a goodly number who are thinking independently and who are deeply concerned regarding the relations with China in the long future as well as in the immediate present." To illustrate this contention Mr. Fisher sends the replies of distinguished Japanese Christian, a Baptist, to the questionnaire on nationalism that was circulated last December by the Baptist World Alliance. "These replies," says Mr. Fisher, "are quite representative of the feeling of dissatisfaction and even humiliation in the hearts of many Christians here. Still others would go farther, even condemning the whole procedure of the militarists in no uncertain terms. They must, of course, be very guarded in giving expression to their feelings and ideas, for the authorities are exceedingly strict. This is not to say," Mr. Fisher adds, "that all are against what is going on in China; there are some in the churches who are through victims of the newspaper propaganda which whitewashes everything under the guise of self-protection from banditry, and who regard any criticism of the official course as a breach of loyalty." One of the replies by leading Japanese Baptist to the questionnaire says; "Christian in Japan are beginning to recognize the conflict between imperialism and Christian principles, and are trying to live up to the latter ideal. They are taking in international peace work through such organizations as the Woman's Christian Temperance Union, the Fellowship of Reconciliation, and the League of Nations Association of Japan. But Christian churches as a whole, though sympathetic, have done little for the promotion of international peace."

*　*　*　*　*

"For sheer righteous daring" (says Zion's Herald) "nothing in recent years goes beyond Kagawa's message sent to the Chinese Christians at Tsinan a few weeks ago, which appears in the latest issue of a little monthly publication sponsored by him in Japan, called Friends of Jesus. He said;

Dear Brothers and Sisters, —I want to ask your pardon for my nation. Because of what we are doing, I cannot preach in the name of Christ....I ask your attention to this fact, however, that even in Japan at least the majority of the Japanese people against sending any troops to your province of Shantung. And we Christians were bitterly opposed to it. Therefore pardon us, pardon me especially, because our Christian forces were not strong enough to get the victory over the militarists. But the day will come when we shall be strong enough to do so, and when both nations will be harmonious and peaceful in the name of

Christ....We Japanese love China.
Is there a parallel to this in all history?"(54)

〔拙訳〕ＹＭＣＡ中国全国委員会の総主事であった余日章（David Yui, Yu Rizhang）の、二月一六日付ジュネーブのＹＭＣＡ世界委員会宛の手紙によれば、「わが国民の苦難は、私たちの指導者のいく人かとわが人民の多くを、地球上の諸国民の境を越えて支配する神の前に脆かせつつある。妻と私は少し以前に南京を短時間訪問し、蔣介石総司令と夫人の緊急な求めに応じて、クリスチャンの男女からなる祈りのためのグループを組織することをお手伝いし、毎日午後五時に参会して神に熱心に祈った。このグループは、依然として活動的で、誠実である。最近まで国民政府の外交部長であった王正廷博士（Dr. C.T. Wang）は、中国はキリスト教によってのみ救われると言った。他の多くの指導者たち、クリスチャンではない多くの人々でさえ、同様の結論に達している。宗教的な憧れの波が、今、この国の学生や若者の間を吹き抜けつつある。私たちは、中国の異なる州の諸都市で、伝道運動を行っている。私たちの古い友人であるシャーウッド・エディ博士は、最も重要な役割を果たしている。数百人の若者が、クリスチャンの生活を送ることを決意し、さらに多くの若者が、キリスト教を真剣に勉強することを決意した。有力な伝道者たちは、いろいろな都市でクリスチャンと会合を開いている。神は彼らを見事にお使いになり、その効果は驚くほど大きい。このような過去になかった国家的な破局が、わが人民の宗教生活のまさに深淵を揺り動かし、クリスチャンを、神の王冠の前にひれ伏し、神の神聖な御名を賞揚するように彼らを導くという神聖な義務に挑戦するように仕向けるまでに深刻になっているのであれば、中国にはいかなる希望があるのだろうか。私はこうした宗教的覚醒の波がこの国を吹き抜け、神の喜びの下に、中国を救うのみならず、新しく進歩的な中国を建設する今日のクリスチャンの運動というあり方を示す復活の精神に、最も深く感謝したい。」

横浜の通信員であるR・ヘイ・フィッシャー師は、シカゴの『バプティスト』誌に次のように書いている。「日本が最近の帝国主義の発露をこぞって喜んでいると、ちょっとでも思うのは止めよう。独自にものを考え、目前のことと同様に遠い将来の中国との関係について、深く悩んでいる多くの人々がいる。」この意味を説明するため、フィッシャー氏は、この前の一二月にバプティスト世界連盟が配布したナショナリズムについてのアンケートに対して、きわだった日本人のクリスチャン（バプティスト）の回答を送る。フィッシャー氏が曰く、「これらの回答は、日本の多くのクリスチャンの心の中にある不満と屈辱の感情を端的に代表するものである。なおかつ、他の人々はよりもっと先に行っており、軍国主義者のやり方をはっきりと力強く批判するものさえある。もちろん、権力は極めて厳しいので、彼らは自分の感情や考えを表明する上で抑えなければならない」。フィッシャー氏はさらに付け加えて、「全員が中国で起こっていることに反対しているということを言うわけにはいかない。無法者に対する自衛という体裁をとりながら上辺を飾る新聞の犠牲となる教会や、忠誠義務に違反したとする公式な批判を考慮する教会などもある」。アンケートに対する指導的な日本人バプティストの一つの回答は、「日本のクリスチャンは、帝国主義とクリスチャンの原則との衝突を認識しはじめており、後者の理想に恥じぬ生き方をしようとしている。彼らは、女性キリスト教禁酒同盟、日本友和会、日本国際連盟協会のような組織を通して、国際平和のための活動をしている。しかし、キリスト教会全体としては、同情的ではあるが、国際平和を進めるためにほとんど何もしていない。」

『シオン・ヘラルド』は、次のように述べている。「まったくの清廉な勇気という意味で、近年、賀川が済南で数週間前に中国のクリスチャンに送ったメッセージ以上のものはない。そのメッセージは、『イエスの友』という、日本で賀川が発行している小冊子の最新号に載っている。賀川は言う。「私は、私の国に対してあなたがたの許しを乞いたい。私たちがしていることのために、私はキリストの名で説教することができません。しかし、日本でも、少なくとも日本人の多数が、あなたがたの領土である山東に出兵することに反対しているということに目を向けてください。そして、私たちクリスチャンが特に強くそれに反対しているのです。それ故、私たちクリスチャンが軍国主義者に勝てるほど強くなかったので、私たちを許してください、特に私を許しください。しかし、私たちが軍国主義者に勝てるぐらい強くなり、双方の国民が仲良く平和に、キリストの名の下にいる日が来ます。私たち日本人は中国を愛してします。」こうした事は、史上に類があるでしょうか。」

この史料でとりわけ注目したいのは、YMCA中国全国委員会の総主事であった余日章（David Yui, Yu Rizhang）の手紙である。それによれば、中国では蒋介石と夫人の宋美齢をはじめとして、国家の指導者が「キリスト教の教えこそ中国を救う」という認識を持ちはじめていた。その認識が、国民政府の外交部長をつとめた王正廷の発言に基づいているので、重要な意味をもっていると考えられる。

一方、横浜にいたフィッシャー牧師の口を通じて、日本のクリスチャンが難しい状況に立たされていることが述べられている。内心では軍部に強い反発を抱きながらも、なかなか官憲の取締りが厳しく自由に意見表明できない。そのなかで、日本友和会をはじめとするいくつかの団体が、国際平和のための活動をしていることが述べられている。

そして最後に、『シオン・ヘラルド』に掲載された賀川の謝罪が取り上げられている。これは、山東出兵と済南事件に際して、中国人民に向けて行われた謝罪であるが、あえてこれを取り上げることによって、賀川への強い期待を表明したものと受け取ることが可能ではないだろうか。

次に掲げる史料は、メソディスト派の神学者で、インドにおける伝道で著名なスタンレー・ジョーンズが、『クリスチャン・ワールド』紙に寄稿した文章の一部である。

I recognize that the Government of Manchuria was bad. But two wrongs never had made one right. They do not do so in this case. I recognize that all Japanese do not agree with this policy of aggression on another nation. I could speak of Kagawa of Japan in China, and the Chinese responded with affection and respect.（55）

〔拙訳〕私は、満洲国政府が醜悪なものであると考える。しかし、二つの間違いは、決して一つの正しさを生み出さない。彼らは、この場合、そうはしない。私は、すべての日本人が、他の国を攻撃する政策に賛成しているのではないと思う。私は日本の賀川が中国で何を言ったか語ることができるし、中国人はそれに愛情と尊敬の心で応えたのである。

スタンレー・ジョーンズは、おそらく中国での賀川の謝罪を知っていた。そして、賀川こそが中国と日本との平和の架け橋を作ることのできる人物だと認識していたのである。

おわりに

新渡戸の構想した戦間期における国際秩序構想は、汎太平洋国際連盟（Pan Pacific League of Nations）と言い換えてもよい。その母体が汎太平洋連合（Pan Pacific Union）であり、さらに、国家間関係のいわば潤滑油として、民間団体である太平洋問題調査会（Institute of Pacific Relations）を考えていた。そして、国際連盟や太平洋問題調査会で新渡戸があえて触れることはなかったが、そうしたいわば表向きの団体を支える内面的、精神的な保証として、クリスチャン・インターナショナルが位置づけられており、日本においては、新渡戸と賀川の連携こそが、その核となるべきものであった。本章では、新渡戸と賀川の連携の成立と、日本友和会（ＦＯＲ）の活動を中心としたその具体的な運動を、まだ極めて不十分ではあるが素描できたと考えている。

その際、本章が最初に掲げた問題、すなわち新渡戸と賀川を主体とする平和運動が、他の主体といかなる関係を構築しえたのかという問題が重要である。とりわけ、当該期の平和運動は中国の諸主体との関係が大きな鍵になるが、本章では NCC-China と NCC-Japan の表面的な関係には言及できたものの、新渡戸と賀川の連携においては友和会が重要なポイントであり、中国における友和会の活動と日本との関係が明らかにされなければならない。これは今後の重要な研究課題である。

さらに、中国のクリスチャンが国民政府要路との結びつきをもち、中国の諸政策に影響力をもっていたことを若干確認できたが、この点についてもより具体的にしていく必要がある。そして、賀川の謝罪を基盤として、賀川らの平和運動に対する中国のクリスチャンの期待も確認できた。一方、日本における新渡戸と賀川の平和運動が、当時の排外主義的な世論のなかで厳しい状況におかれていたことが確認できたが、他方で中国との連帯を求めるクリスチャンの姿も明らかになった。それが当時の政権や世論にどのようなかたちで影響したのかを測定する必要がある。この点も残された重要な研究課題である。

註

＊　引用史料の日本語訳について、本書第三章・第四章で、同一史料の訳文が異なる場合があるが、誤字の修正や文字遣いの統一以外は、原則として発表時のままとした。

（1）　小林啓治『国際秩序の形成と近代日本』（吉川弘文館、二〇〇二年）のとりわけ「第四章」は、東アジアの帝国主義体制の矛盾という観点から、満洲事変の独自の意義を明らかにしている。

（2）犬丸義一『日本人民戦線運動史』（青木書店、一九七八年）。
（3）『新渡戸稲造研究』は、盛岡市にある財団法人新渡戸基金が発行している。
（4）小川智瑞恵「国際連盟時代の新渡戸稲造」（『東京女子大学比較文化研究所紀要』第六八巻、二〇〇七年一月）は、当該期の新渡戸の平和運動について新たな側面を明らかにしている。
（5）片桐庸夫『太平洋問題調査会の研究』（慶應義塾大学出版会、二〇〇三年）一四一頁。
（6）管見の限りではあるが、ジョージ・M・オーシロ『新渡戸稲造―国際主義の開拓者―』（中央大学出版部、一九九二年）と、George Oshiro, Nitobe Inazo at the League of Nations: 1919-1926, edited by Teruhiko Nagao, *Nitobe Inazo From Bushido to the League of Nations*, Hokkaido University, 2006 は、国際連盟時代の新渡戸稲造について最もまとまった叙述をしていると思われる。しかしながら、太平洋問題調査会における新渡戸の活動については、八ページ程度の叙述しかない。
（7）入江昭『二十世紀の戦争と平和』（東京大学出版会、一九八六年）九三～九四頁。
（8）Nicolas Lanza, *Inazô Nitobe au Secrétariat de la Société des Nations*, 2003. この論文はジュネーブ大学に提出された博士論文である。筆者は幸いにも国際連盟アーカイブで閲覧の機会を与えられた。
（9）米沢和一郎『賀川豊彦の欧米での評価』（コープこうべ・生協研究機構、賀川豊彦研究会、一九九五年）。
（10）米沢和一郎編『人物書誌大系25　賀川豊彦』（日外アソシエーツ株式会社、一九九二年）、同『人物書誌大系37　賀川豊彦』（日外アソシエーツ株式会社、二〇〇六年）。
（11）米沢和一郎「Realistic Pacifist 賀川豊彦と中国」（『明治学院大学キリスト教研究所紀要』第三八号、二〇〇六年二月）、同『MICSオケイジョナル・ペーパー7　賀川豊彦の海外資料―光と影の交錯を読み取るために―』（二〇〇六年三月）、同「Strong Nationalist 賀川豊彦の主張」（『明治学院大学キリスト教研究所紀要』第三九号、二〇〇六年一二月）、同『MICSオケイジョナル・ペーパー8　賀川豊彦の海外資料Ⅱ―その意図したものを読み解くために―』（二〇〇七年一月）。
（12）松下泰雄「賀川豊彦の伝道と世界平和運動」（田畑忍編『近現代日本の平和思想』ミネルヴァ書房、一九九三年）。
（13）黒川徳男「日米交渉と賀川豊彦」（安岡昭男編『近代日本の形成と展開』巌南堂書店、一九九八年）。
（14）註5に同じ。

(15) この書簡は、賀川豊彦の秘書であったヘレン・タッピング（Topping, Helen）の史料群 Helen Faville Topping, Family Paper（HFTFPと略）に入っている。この史料群は南イリノイ大学カーボンデール校モリス図書館（Southern Illinois University at Carbondale, Morris Library, Special Collection）にあるが、米沢和一郎氏が蒐集されたものを、氏のご好意で利用させていただいた。なお、この史料群については、前掲米沢『ＭＩＣＳオケイジョナル・ペーパー７』に詳しい説明が施されている。
(16) Cheng to Nitobe and Kagawa, 1931.2.27., HFTFP.
(17) Kagawa and Nitobe to Cheng, 1931.3.29., HFTFP.
(18) 前掲米沢『ＭＩＣＳオケイジョナル・ペーパー８』一四～二五頁、同「〝啐啄同時〟のような二人」（『新渡戸稲造研究』第八号、一九九九年九月）、二二五～二四二頁。
(19) 出席者は、当時パリ在勤でありながら「国際連盟帝国事務局」次長として連盟総会や各種の委員会に参加していた杉村陽太郎、国際連盟事務局職員で新渡戸の秘書官であった原田健、国際労働事務局（ＩＬＯ）職員の鮎沢巌らであった（前掲米沢『ＭＩＣＳオケイジョナル・ペーパー８』一五頁）。
(20) 高い評価をしめす事実の概略は、拙稿「一九三〇年代における賀川豊彦の平和運動」（『日本史研究』四二四号、一九九七年一二月、五六～五七頁）を参照。
(21) Kenneth Saunders, *Whither Asia?—A Study of Three Leaders*—, The Macmillan Company, New York, 1933.
(22) 賀川の行動に関しては、前掲米沢編『人物書誌大系37　賀川豊彦』の「年譜」に詳しい。
(23) 「雲水遍路」大正一五年四月二〇日、『賀川豊彦全集』23巻、四二頁。
(24) ウィリアム・ウッドラフ『平和主義と戦争のはざまで—続・社会史の証人—』（ミネルヴァ書房、一九九七年）、二二八頁。
(25) 賀川がメンバーであった点については、前掲米沢『ＭＩＣＳオケイジョナル・ペーパー７』四一～四八頁を参照。
(26) Nitobe to Drummond, 1927.10.25. この書簡は、国際連合図書館（The Library of the United Nations Office at Geneva）の国際連盟アーカイブ（The Archives of the League of Nations）が所蔵する国際連盟事務局ファイル（The Secretariat of the League）におさめられている。
(27) 同前。

(28) 友和会『友和会パンフレット(二)　友和会とは何か』(一九二九年)。
(29) 高良とみ『非戦を生きる　高良とみ自伝』(ドメス出版、一九八三年)六七頁。
(30) 前掲米沢『MICSオケイジョナル・ペーパー8』二三頁。
(31) The Bulletin of the National Christian Council, No.30, November 1928, HFTFP.
(32) Katsuo Takenaka, Kagawa As a Pacifist, *The World Tomorrow*, December 1931.
(33) 前掲米沢編『人物書誌大系37　賀川豊彦』「年譜」。
(34) 中村政則『昭和の歴史2　昭和の恐慌』(小学館、一九八二年)は、一般向けの概説書であるが、「対支非干渉運動」について丁寧な叙述がなされており、一九二八年の三・一五事件による左翼政党弾圧後も、「国際反帝同盟」の活動があったという注目すべき指摘がある。しかしながら、全国非戦同盟についての言及はない。
(35) International Missionary Council Committee Meeting, 1929.7., The Bulletin, No. 34.
(36) The Kingdom of God Campaign in Japan 1930-1932, The Bulletin of the National Christian Council, No. 34, November 1929.
(37) Katsuo Takenaka, Kagawa As a Pacifist, *The World Tomorrow*, December 1931.
(38) *Friends of Jesus*, Vol. IV, No. 3, Tsinan Number, December 1931.
(39) C.Y. Cheng, On the Christian International, *Friends of Jesus*, Vol. IV, No. 2, February-April 1931.
(40) A letter from Dr. Cheng, Religion and Politics in China, *The Christian World*, June 4, 1931.
(41) Galen M. Fisher, Kagawa and co-operative societies as an economic panacea, International Review of Missions.
(42) Toyohiko Kagawa, Evangelism, Education, and Social organization, a working program for this Kingdom of God movement, *Friends of Jesus*, Vol. III, No. 1, April 1930.
(43) 『神の国新聞』第六六七号、一九三一年一〇月一四日。
(44) Kepler to Topping, 1931.10.21., HFTFP.
(45) Topping to Kepler, 1931.10.26., HFTFP.
(46) Chiang Kai-shek Backs Pacific Institute, *China Weekly Review*, Sep 19, 1931.

(47) Topping to Ida Belle Lewis, 1932.3.8., HFTFP.
(48) Kagawa and Manchuria, *The Christian World*, March 10, 1932.
(49) 本田清一『街頭の聖者　高橋元一郎』（関谷書店、一九三六年）。
(50) 『神の国新聞』第六八九号、一九三二年三月一六日。
(51) A Letter from Shanghai, *Reconciliation*, V. 12, No. 6, June 1934.
(52) Ida Belle Lewis to Topping, 1932.3.22., HFTFP.
(53) The Voice of Peace Heard in Japan, Federal Council Bulletin, May 1932.
(54) Japanese and Chinese Christians, How They Regard The War, *The Christian World*, March 10, 1932.
(55) E. Stanly Jones, What I Saw in Manchuria, *The Christian World*, November 3, 1932.

第四章　国際平和運動における新渡戸稲造と賀川豊彦の役割

はじめに

第一次世界大戦の悲惨な経験は、国際平和を求める世界的な世論の高揚をもたらし、国際紛争を仲裁し戦争を抑止する機関として国際連盟が設立された。さらに、国際連盟に加盟していなかったアメリカなどの大国も参加してパリ平和条約（The Kellogg Pact）が締結された。そして、国際連盟規約やパリ平和条約を支えとしながら、様々な傾向をもつ平和運動が取り組まれた。それらのなかで、本章で注目したいのは、「心」の国際交流によって平和を実現しようとした運動である。新渡戸稲造は、国際連盟のもとに各国の指導的知識人よりなる「国際知的協力研究所」を設立したが、その目的は宗教・教育・学術文化など精神的な面での国際交流を発展させることによって平和を実現することにあり、フロイトとアインシュタインの平和に関する公開論争などに取り組んだ[1]。さらに、「知的協力」や「心」の交流という発想の根底には、協同組合（co-operative）の思想があった。すなわち、個人の意志で参加し、全体に利益が還元されるように運営すべきであるという思想である。また、この平和運動は愛国心を否定するものではなく、むしろ各国民国家の価値を是認することから出発していた。この思想は、第一次世界大戦後に結成された様々な国際平和運動団体[2]に大きな影響を与え、太平洋問題調査会（Institute of Pacific Relations、略称ＩＰＲ）もそうした団体の一つであった。

こうした平和運動に対する評価は概して低い。もちろん、その最大の理由は第二次世界大戦を阻止できなかったことにある。しかし、あえて本章がその運動に注目しようとするのには理由がある。一つは、第二次世界大戦との関わりだけで評価するのではなく、戦後の国際政治への影響、さらには今後のあるべき国際関係との関わりで、そうした平和運動がもっていた重要な意義をすくい出すべきだと考えたからである。二つ目は、最初の理由の前提をなす考え方なのであるが、国際関係を規定しているものにある種の道義的な原則があり[3]、それを形成する上で右の平和運動が重大な役割を果たしたと考えるからである。

本章はこうした平和運動を日本で担った人物として新渡戸稲造と賀川豊彦を分析の対象とした。新渡戸は発足間もない国際連盟の事務局次長として国際知的協力研究所の設立などに活躍し、国際連盟を退任したあとは、一九二九年～一九三三年までＩＰＲ日本委員会の理事長をつとめた。新渡戸はＩＰＲ日本委員会の「影のような存在であり続け、彼の国際認識はその活動のいわば支柱をなしていた」のである[4]。賀川は神戸「新川」スラムでの社会事業や労働運動・農民運動などの社会運動における指導者として知られているが、欧米ではさらに平和主義者（pacifist）としての高い評価を得ている[5]。そして、この両者の思想と運動は強いつながりをもっていた。

本章は、とりわけ満洲事変前後の両者の活動と発言に注目した。欧米の世論は満洲事変を世界平和にとって深刻なダメージを与える問題として認識し、中国の知識人たちは、満洲事変が中国の国民のみならず、すべての諸国民に対する挑戦として位置づけた[6]。そうしたなかで、新渡戸はＩＰＲの活動においてその思想と運動の真価をためされ、賀川も同様に大きな試練に立たされた。当該期における両者の思想と運動は、戦前における日本の国際主義を考察する試金石になると考えられる。当該期の日本国内における国際主義者の動向については、それほど詳細な分析がなされていない。[7] そうしたなかで、新渡戸と賀川の思想と行動を明らかにすることは、戦前日本の国際主義について新たな知見を付け加えることになる。

一　第一次世界大戦後の国際平和運動と日本

賀川の欧米での高い評価は、すでに一九二〇年代には定着していたようである。それは必ずしもキリスト教会という枠内にとどまらなかった。例えば、ロマン・ロランは一九二四年一二月、詩人尾崎喜八にあてた手紙のなかで次のように述べている。

私は独逸系瑞西の雑誌でトヨヒコ・カガワに関する論文を読みました。君は彼を個人的に知っていますか。彼の道徳的個性と社会的事業とは讃嘆すべきものゝやうに思はれます。たゞ然し私は、人が皆基督の印璽の下に置かれる事を遺憾とします。[8]

ロマン・ロランが「讃嘆すべきもの」とした社会事業とは、神戸「新川」スラムにおける救済事業に他ならない。シカゴにハルハウスを設立してセツルメント運動を展開したジェーン・アダムスも早くからその事業に注目しており、一九二三年に来日した際、「新川」の賀川のもとを訪れている。[9]「新川」での救済事業は、ガンジーやシュバイツァーと同列に置かれて評価された事例もあるように、[10] 欧米の少なくとも良心的な知識人からは大きな共感をもって迎えられた。むろん、「新川」での体験を綴った自伝的小説『死線を越えて』が爆発的な売れ行きを示したように、[11] 日本でも賀川の事業は共感をもって迎えられたのであるが、欧米の場合はその事業の基礎にある思想的なものへの共鳴がより強く見られるように思われる。すなわち、ロマン・ロランが「道徳的個性」と表現したものの内容である。そうした思想のなかに「隣人愛」、賀川の表現を借りれば「善き隣人」という思想があり、キリストが十字架にかけられたことに示される「贖罪愛」の思想がある。この思想は、「贖罪愛」の対象である点において、あらゆる人がその人格を尊重され、人として平等でなければならないという思想につながっていく。さらに、平和と非暴力の主張の核となっている。(12)

こうした賀川の思想を理解した欧米の識者が、賀川を国際平和に大きく貢献しうる人物と判断したとしてもまったく不思議ではない。それは、具体的な形であらわれた。一九二五年ロンドンで強制徴兵制度に反対する識者の署名が行われ、やがてそれが世界各国に広まって国際連盟に提出されたのであるが、その署名者のなかに、ガンジー、タゴール、ノーマン・エンジェル、アインシュタインなどと並んで賀川豊彦がいた。(13) また、国際友和会（The International Fellowship of Reconciliation、以下FORと略す）と賀川との関係も重要である。FORは、第一次世界大戦に際し、イギリスの絶対平和論を唱えるキリスト教徒たちが一九一五年の初めにケンブリッジのトリニティ・ホールで結成した組織で、大戦中に支部を世界各国に広げ、一九二〇年八月にはオランダのビルトホーベンで第一回国際大会を開催している。日本では、一九二六年二月二三・二四の両日、鎌倉の松岡旅館での会合が行われ、同年三月二九日に新渡戸稲造邸で、約二五名が会合し、日本友和会（FOR日本支部）が結成された。(14) 日本友和会の結成の経緯については、友和会の運動に深く関わった高良とみが次のように回想している。

一九二六（大正一五）年二月に、私を含めた日本のクリスチャンは、新渡戸稲造氏や賀川豊彦氏に呼びかけられ、鎌倉の新渡戸氏の別邸で、「日本友和会」という組織をつくりました。「日本友和会」の名つけ親は私です。組織はFOR（The Fellowship of Reconciliation）というキリスト教徒による平和団体の日本支部という形をとりました。FORとは、自ら戦争を拒否するだけではなく、お互いに憎しみあっている敵同士を和解させようという絶対平和の思想を意味し、この団体はヨーロッパやアメリカを根拠地として活動していました。第一次世界大戦前後に良心的兵役拒否や、孤児救済など多彩な活動で注目をあび、当時日本にもFOR関係の外人宣教師ギルバート・ボーレスやウォルサーらが数多く来ていたのです。私ども日本のクリスチャンも時どき彼らと集会を持っていましたが、ぜひともこれらの活動に加わる必要を感じ「日本友和会」の設立に至りました。会長は小崎道雄氏に決まり、私は書記長をつとめることになりました。(15)

新渡戸や賀川の呼びかけで日本友和会が発足したとすると、新渡戸や賀川はそれ以前に国際友和会と深い関わりをもっていたと推測できる。キリスト教徒を中心としながら、第一次大戦を契機に国際平和運動の潮流が生まれ、国際知的協力研究所や徴兵制度拒否の署名に見られるように、各国の著名な知識人を核としながら運動が展開しはじめていた。そして、そうした国際的な平和運動を日本に根づかせるべく媒介となったのが、新渡戸稲造と賀川豊彦であった。そして、彼らはその後の日本の中国侵略に対して否応なく直面し、その平和運動の真価を試されることになった。

一九二七年から翌年にかけて田中義一内閣は北伐に対抗して三次にわたる山東出兵を断行した。それに対して賀川らは一九二八年に全国非戦同盟（The National Anti-War League）を結成して、無産政党の協力を得ながら反戦運動を展開した。この運動を警戒した政府は賀川の身柄を拘束した。(16)

賀川が弾圧を受けながらも中国侵略に抵抗しようとした背景には、国際平和運動への連帯という立場と同時に、国際平和を協同組合運動によって実現しようとする独自の考え方があり、中国のキリスト教会と連帯しながらすでにその運動に着手しはじめていたという事実があった。賀川はロッチデール型の協同組合（co-operative societies）を各国・地域に組織してその連帯を実現することが、世界の経済生活にキリスト教精神を浸透させて、国際平和を実現する最も確実な道であると提唱していた。(17)そして、その前提としてクリスチャン・コーポラティブ・インターナショナル、すなわち世界的なクリスチャンの協同運動を組織しようとしていた。その日本における具体化が「神の国運動」であった。一九三〇年四月の賀川の論説によれば、「やがて、この協同の仕組みは組織されたクリスチャン・コーポラティブ・インターナショナルとして、中国、朝鮮、インド、アフリカに広がっていくに違いない」と述べている[18]。そして、こうした賀川の提唱に積極的に呼応したのが、中華民国基督教連盟であった。誠静怡（C.Y. Cheng）は連盟の結成に指導的な役割を果たした人物で[19]、当時連盟の総幹事であったが、賀川に期待して次のように述べている。

日本の賀川博士の訪中は関心と期待に満ちた一つの出来事であった。この聖職者は二〇年以上にもわたって神戸のスラムで活動し、もてる才能と資力を貧しい人や不幸な人を助けるためになげうってきた。彼は無産者の友人である。彼はキリスト教が実生活に役に立ち得ることを世界に示してきた。（中略）この東洋の聖人は昨年の夏に杭州で我々の集まりに参加し、今年の春再び上海、蘇州、済南、青島で我々の集まりに参加した。会議と静修会が中国のキリスト教会によって賀川のために催され、彼は中国の様々な宗派の指導者からなる選ばれたグループに対して話す機会が与えられた[20]。

誠静怡は東洋の人々の相互理解を念願しており、賀川の訪中がその大きな契機になることを期待していた。何故ならば、誠静怡は賀川の唱えるクリスチャン・コーポラティブ・インターナショナルの考え方に共鳴しており、「近い将来に中国、朝鮮、日本、フィリピン、タイ、インドや他の東洋諸国に精神的な結びつきが形成され、定期的に共通の問題を考えるために集まることを希望」していたのである。そして、賀川の「神の国運動」と呼応して中国で「五ヵ年運動」に取り組んでおり、その一環として賀川を招いたわけである。中華民国基督教連盟をはじめ、中国のキリスト教会は蔣介石とその夫人である宋美齢をはじめ国民党政権の要路と強い結びつきをもち[21]、蔣介石と宋美齢はクリスチャンであった。中国のキリスト教会の動向はそうした意味で無視できない。

誠静怡が述べているように、賀川は一九三〇年の夏と翌三一年の春に中国を訪問しているのだが、その際、上海の大学生たちに説教を行い、次のように述べている。

我々がキリストについて学ぶべきものは、寛容の精神です。そして、その精神において私は私と日本に対するあなたがたの許しを乞います。あなたがたの多くは、日本が恐ろしい国であると思っているかもしれませんが、私はあなたがたに日本の過ちが軍部の過ちであるということをよくお考えいただきたい。私は軍国主義者ではありませんし、日本の人々の多くもそうではありません。(22)

この発言は、山東出兵を念頭に置いたものであるが、日中関係の現状に鑑みて、自分の立場を明確にした上で説教を始めたのである。その立場とは、軍部の過ちであるとしながらも、自分と日本に対する許しを乞うものであり、明確な謝罪の立場である。ここで注目すべきなのは、自分と日本に対する許しを乞うという姿勢のなかに、自分が日本国民であるという自覚があるという点である。こうした姿勢は満洲事変のなかでより明確に表明されることになる。

二　満洲事変

1　太平洋問題調査会の上海会議

太平洋問題調査会は、一九三一年の太平洋会議（Pacific Conference）を中国の杭州で開催することにしていたが、その直前の九月一八日に満洲事変が勃発した。中国では上海を中心に反日運動が高揚し、(23)日中関係は極度に緊張した。そうしたなかで、太平洋会議の開催があやぶまれ、電報の誤訳が原因だったのであるが、(24)日本の代表団が不参加を表明したという誤報が流れた[25]。しかし、ＩＰＲの中国委員会は、太平洋問題調査会の国際団体としての責任を果たすために積極的な姿勢を示し[26]、場所を上海に変更して開催することになった。その際、蔣介石が示した行動が注目される。国民党の一部には、太平洋問題調査会は「帝国主義列強の道具」にすぎないという認識から、太平洋会議の開催に反対する動きがあった。蔣介石はそれを叱りつけ、「中国に友好的な諸国の政府とは協力すべきである」と述べて、太平洋会議に積極的な姿勢を示したのである[27]。蔣介石は欧米の国際世論を強く意識しており、それを味方にできるかどうかが中国にとって重大な意味をもつと考えていた。それは、満洲事変における国際連盟への提訴という行動にもつながっていく。太平洋会議に関しては、反日運動が最も激しく展開されていた上海をあえて開催地に選んだことそのものが、そうした認識をあらわしている。そうした国民政府指導者の意向を背景に、太平洋会議においては、ＩＰＲ中国委員会の代表団は、日本の満洲侵略の不当性などを強く訴えていくことになり、さながら日中対立の舞台になっていった。

太平洋問題調査会はあくまでも表向き民間の調査研究団体であり、組織の理念は政治的中立を謳っていた[28]。上海における太平洋会議（以下、上海会議と略す）においては、満洲事変をめぐる政治的な議論を回避することが目指されていた[29]。しかしながら、太平洋会議の議論の場は、国際世論に対する有効な宣伝をする場であるという認識は広くあった。例えば上海のフランス当局は、太平洋会議に参加する中国の代表団が、租界の状況について衝撃的な暴露をするのではないかと恐れていた[30]。

上海会議において、日本の代表団の共通認識として、「満洲は中国のものであることを認める」と表明しており[31]、満洲に対する潜在的な中国の主権を容認していた。総合部会の第二分科会で、中国の代表団の一員が、国際連盟において日本の代表が財産と生命を守ると言っておきながら翌日錦州を爆撃したのは、日本政府の態度をどう理解したらいいか混乱すると述べた。それに対して、日本の代表団の一人であった鶴見祐輔は、「あなたの意見は正しい」と認めている。[32]すなわち、関東軍の独走とその国際社会における不当性はよく認識していたと思われる。

しかし、一方で鶴見は、中国には「近代的な政府が存在しない」と述べており、[33]この考え方は日本の満洲をはじめとする中国への内政干渉を正当化する根拠として、日本の代表団に受け入れられていた。さらに鶴見は、満洲の現状を混乱させたのは、中国の日本を排斥しようとする行動と熱望であり、「満洲を攻撃しているのは中国である」という間違った認識を表明している。[34]満洲事変に関する事実誤認は、日本の国際主義者にとって手かせ足かせとなったのである。当然、そのような認識に対して中国の代表団は強く反発した。問題はさらに遡及し、日本の関東州租借の根拠となっていた二一か条要求の妥当性についての激しい議論も展開された。また、関東州租借地における日本の警察権とその行使の実態についても激しい議論が展開されている。[35]議論の詳細な紹介は別稿に譲りたいが、事実認識の根本的な違いが随所に見られる。

日本代表団の団長であった新渡戸は、太平洋問題調査会の理念である政治的中立を守ろうとして、満洲問題をめぐる中国代表団の日本に対する攻撃に対して、不快感を表明した。[36]しかし、新渡戸自身も日本の立場を代弁していることは否めなかった。満洲事変直後の上海会議に見られた日本の国際主義者の認識は、関東軍の行動への懸念は確認できるものの、満洲における日本の権益を擁護すべきであるという点で一致していたのである。

2　上海事変後の賀川と新渡戸

満洲事変の勃発は、クリスチャン・コーポラティブ・インターナショナルの構想と運動にとって重大な障害となった。満洲事変が勃発すると間もなく、当時日本基督教連盟の総幹事であった海老沢亮は、中華民国基督教連盟に対して個人として次のような電報をうった。

満洲事件の勃発を遺憾とす。熱心平和的解決を祈る。貴政府委員が水難の救護を拒絶されしを聞き悲しむ。吾等は両国民間の連鎖として民族超越の基督教的協同奉仕を希望す。(37)

それに対して、中華民国基督教連盟の総幹事であった誠静怡は次のように返電した。

御通電を深く感謝す。支那領土を侵し国際的紛議を定むるに武力を用いられたることを痛く悲しむ。重大なる結果を怖れ公正にして平和なる解決のため日本の基督教が最善なる努力を献げられんことを請う。(38)

海老沢の電報には、日本の軍事侵略に対する謝罪の意識があまり感じられないのに対して、誠静怡の返電は武力侵略の不当性を正面から問題としている。クリスチャン・コーポラティブ・インターナショナルの理念に共鳴していただけに失望も大きかったであろうと想像される。おそらく満洲事変勃発直後の日本のクリスチャンも、関東軍の行動に対する危惧はもちながら、上海会議の代表団と共通の認識に立っていたと思われる。ところが、上海事変が勃発すると積極的な行動が展開されるようになる。

賀川とともに関東大震災後のセツルメント運動などに取り組んでいた高橋元一郎は、「全国千七百六十の教会、十七万のクリスチャン団結せよ、平和のために」というスローガンを掲げ、クリスチャン平和連盟を組織した。その委員長には賀川豊彦、副委員長には杉山元治郎・小崎道雄・久布白落実の名が、また、顧問には尾崎行雄・新渡戸稲造・田川大吉郎・安部磯雄・吉野作造の名が揚げられていた。そして、軍縮・日華親交・国際連盟支持の基本方針を掲げた。(39)この団体の最初の目立った活動は、第一次上海事変後に「平和請願書」を犬養毅内閣に対して提出したことである。その内容と署名者は以下の通りである。

平和請願書

我等は現時日華間の紛争、特に上海事件の一日も早く平和に解決することを熱望し、政府が迅速に国際協調の精神を以て平和的解決の道を進まれんことを請願す。

昭和七年三月六日

署名発起人（ABC順）

林歌子　広瀬庫太郎　帆足理一郎　市川房枝　賀川豊彦　柏木義円

菊地酉治　小崎道雄　高良富子　木村米太郎　河井道子　加藤高子

丸山伝太郎　親泊康永　鈴木安邦　高橋元一郎　竹村豊太郎　田島進

竹中繁子　矢部喜好

事務所　東京府荏原郡松沢村上北沢六百参番地　賀川豊彦方(40)

署名者のなかに、小崎道雄や高良富子の名前があがっていることから、日本友和会とこの運動との関わりが考えられる。さらに、アメリカに紹介されたこの運動の記事のなかでは、二一人の著名人が参加していると記されていて、請願書の署名人より一名多い(41)。その一名とは、新渡戸稲造である。日本友和会設立以来の流れが見て取れる。しかし、クリスチャン平和連盟の副委員長であったはずの杉山元治郎・久布白落実、顧問であったはずの尾崎行雄・田川大吉郎・安部磯雄・吉野作造らの名前が署名発起人のなかにないのは不思議である。吉野作造は一九三一年一一月二七日の「日記」のなかで来訪者のなかに高橋元一郎の名前をあげ、括弧を付した上で、「賀川豊彦君の助手と称する人先達満洲出征に憤慨して手紙を寄越したが一つの平和運動を起こしたいとの事也」と記しており、高橋元一郎とそれまで面識がなかったことがわかる(42)。おそらく、名前を貸す程度の顧問であったと見てよい。他の顧問については参加の事情が不明であるが、吉野と同じである可能性がある。この運動は、高橋元一郎が主導し、賀川の人脈を使いながら組織されたと考えられる。高橋の運動は確かに積極的であった。例えば、『平和の種子』というパンフレットを発行し、さらに中華民国基督教青年会に出向いて上海事変を詫びている(43)。

請願書が要求している「平和的解決」という言葉の内容は極めて曖昧である。また、上海事変を特に危惧している点に注目すべきである。すなわち、満洲占領は棚上げしておいて、欧米との利害衝突を危惧して、その可能性のより高い上海に重点がおかれているように見えるからである。あるいは、上海が中華民国基督教連盟の活動拠点であり、軍事衝突によって多数の犠牲者が出たことも影響している。

平和請願書の中で満洲占領という事実に対してあまり表だった批判がないことは、極めて重要である。確かに日本基督教連盟は、満洲占領という事実を棚上げしながら、その後教化政策の一環として満洲伝道を積極的に展開していった。例えば、次のような論説が掲げられている。

基督教による満洲国教化の急務　伝道権の獲得と実践へ！！！

最近満洲国の視察をとげて帰来された某氏の談話に曰く、満洲国の要路の大官で、我国人の基督者某氏に会見した時、要人某は同氏に対して心から慨嘆していふには、元来支那満洲は官吏の堕落する国と相場が決まっている。

満洲国に雇われる日本人も、その人選を得ざるのと、環境が、堕落するように出来ているので、日浅きにかゝはらずもう不仕だらな地金をあらはす者枚挙にいとまない程である。このまゝ打すてゝをいては由々しき大事であるとおもふ。

かゝる状勢をして再生せしめるの力は、キリストの十字架の宗教を措いて他にないことを私は信じている。どうか満洲国を霊的に更生せしめるため満洲国伝道を強化していただきたい。（中略）そして満洲が野心家や、暴

力や卑俗な風俗の侵入によって毒されることなく、信仰的復興のよき国を建設するやう祈り関心し、励みたいものである。(44)

ここには、満洲占領を批判するどころか、よりよい満洲国を建設すべきであるという考え方が明白に出ている。また、日本メソジスト教会の伝道局長であった吉岡誠明は、満洲人を巻き込んで満洲教化・伝道を進めるために、日満基督教懇談会なるものを組織したりしている。(45)

しかし、こうしたことから、当時の日本の基督教会が進んで満洲教化に協力していったと見るのは早計である。日本国内で表明される当時の様々な発言は、強い圧力がかけられたもので、必ずしも真意を伝えているとは言い難い。それは、欧米に流れた情報を見るとよくわかる。例えば、横浜にいたフィッシャー牧師は、一九三一年一二月に世界バプティスト連盟によって配布されたナショナリズムに関する質問用紙に対する日本人クリスチャンの回答を素材としながら、シカゴの『バプティスト』紙に日本人クリスチャンの苦悩を伝える次のような報告を寄せている。

これらの回答は、ここの多くのクリスチャンの内面における不満ないしは恥辱の感情までも明白に表明するものである。さらに、中にはそうした感情をはるかに越え、あいまいな要素の全くない言葉で、軍部のやり方すべてを非難しているものもある。もちろん、彼らは自分の感情や思想を表現することを強く抑制されているに違いない。というのは、官憲が非常に厳格だからである。

しかし、こうしたことを述べたからと言って、全てのバプティストが中国で進められていることに反対しているといっているわけではない。中には、匪賊に対する自衛というみせかけのもとに全てをとりつくろう新聞の宣伝の餌食になっている人々もいるし、全ての公式な批判を忠義を汚すものとみなす人々もいる。

日本の指導的なバプティストが質問用紙に対して寄せた回答の一つは次のように述べている。「日本のクリスチャンは、帝国主義とキリスト教の原理との間の相剋を認識し始めており、後者の理想を実践しようとしている。彼らは、キリスト教婦人矯風会、日本友和会、日本国際連盟協会などの組織を通じて、国際的な平和運動を受け入れつつある。しかし、キリスト教会全体としては、同情的ではあるが、国際平和を進めるためにほとんど何もしていない(46)。

当時の日本人クリスチャンの複雑な状況を、その内面的苦悩にまで踏み込んで的確にレポートしている。おそらく前述の平和請願書に表明された曖昧な言葉も、こうした状況のなかで綴られていたと思われる。この報告を前提とするならば、日本における国際平和運動の運命はいくつかの組織や人物にゆだねられていたと推測しうるのである。このレポートに揚げられた組織名と前述の平和請願書をめぐる人物とを重ね合わせてみると、キリスト教婦人矯風会と林歌子、日本友和会と新渡戸稲造・小崎道雄・高良とみ、そして、日本国際連盟協会と新渡戸稲造などの組み合わせができる。とりわけ、そうした組織や人物と深いつながりをもち、人脈の核とも呼びうる新渡戸稲造と賀川豊彦の役割が浮き彫りになってくる。

新渡戸は、一九三二年二月四日、講演のために松山に赴き、そこで、「わが国を滅ぼすのは共産党と軍閥である」と発言し、上海事変についての当局の説明は「詭弁」であると決めつけた(47)。新聞記事にしないという約束での発言とはいえ、新渡戸の上海事変についての強い危惧があらわれており、とりわけ上海会議でも表明されていた軍部への憤りがはっきり述べられている点が重要だと考えられる。

賀川への期待は、日本国内のみならず、欧米や中国の良心的知識人の期待でもあった。例えば、一九三二年に満洲を視察して傀儡政権の実体をレポートしたスタンレー・ジョーンズは、次のように述べている。

私は、すべての日本人が他国を侵略する政策に賛成しているわけではないことを認識している。私は、中国に

おける日本人賀川について話すことができたし、中国人は好意と尊敬をもってそれに応えたのである。(48)

また、こうした賀川への期待と役割を最も恐れたのは、日本の官憲であった。一九三一年一〇月、警察は賀川夫妻が関わっていた雑誌のすべての版を没収するとともに出版禁止とした。(49)その後も身柄を拘束するなどの厳しい抑圧が続く。

しかし、こうした弾圧のなかで、賀川は内外の世論の期待に対して、できうる限り応えていこうとした。この同じ時期にフルタイム・ピースワーカー(50)であった高橋元一郎に積極的に協力していること自体がその証拠なのであるが、さらにそれをよく示すものとして、賀川の中国におけるこの時期の発言の代表的な事例をあげてみたい。最初は、一九三四年に賀川の著作『愛の科学』の中国語訳が出版されるにあたり、それに寄せた賀川の序文である。

『愛の科学』の訳本に〝はじめに〟の文章を頼まれたとき、私は悲しかったです。何故ならば、我々日本人が中国に対し、愛の法則を破壊し続けてきたからです。

私は日本を愛しているのと同じように、中国を愛しています。さらに、私は中国に平和の日が早く来るように祈り続けてきました。日本軍のあちこちでのいやがらせで、私は異常なほどに恥じました。ところが、中国の方々は日本がどんなに凶暴だったかにもかかわらず、私の本を翻訳してくれました。私は中国の寛容さに驚かずにはいられませんでした。例え私が日本の替わりに百万回謝罪しても、日本の罪を謝りきれないでしょう。それで、私はこの〝はじめに〟の文章を書く勇気さえなくなりました。

私は無力すぎます。私は恥じます。私は日本軍閥を感化することができませんでした。中国の読者の方、私を無力者と思って、私を侮辱してもかまいません。それは私が受けるべきことです。

しかし、もし日本が悔い改めて中国と永久な友好関係を結ぼうと思ったら、それは愛の法則を借りるほか道がないのです。

いいえ、これは日本と中国の関係だけではなく、もし世界中のあらゆる人種の国民がもっと先進的な文化がほしいと望むなら、それも贖罪愛の原理に頼るほかに道がないのです。贖罪愛の法則は宇宙の法則です。

クロパトキンが言った本能愛だけでは足りません。

本能愛は民族を越えることができません。

民族を越えられるのはイエスの力強い贖罪愛です。それは宇宙の意識を持ち最も悲しい運命のなかに陥れた人類を救出するためのある種の力です。

日本民族はこの極めて大きな贖罪愛を知らないから、私はエレミアと同じような悲しみを感じています。

孔子や墨子を生み出した国民の皆様よ、お許しください。

日本民族は鉄砲を棄て、十字架の愛の上で目覚める日は、きっといつか来るでしょう。

現在私は謝罪することしかほかに何にも考えられません。もし中国の方々がこの本をめくって読んでくれたら、日本にも多くの青年の魂が、私と同じように悔やみ改めながら本気で謝罪を申していることを忘れないで下さい。

一九三四年二月八日　於フィリピン　ルソン海上
賀川豊彦(51)

この序文のなかには、賀川の謝罪の発言が溢れている。そして、その謝罪とは日本人として日本が中国を武力侵略したことについて謝罪するのみならず、日本の軍閥を感化できなかったこと、そして、日本国民に贖罪愛の思想を伝道しきれなかったということについての謝罪なのである。自分が国際平和運動のなかで背負っている大きな役割と責任に照らして謝罪している。

このような賀川の姿勢に対して、欧米や中国の識者は強く共感した。賀川はこの年フィリピンから帰国する途中上海に立ち寄り、フィッチ・メモリアル教会での説教を依頼された。フィッチ・メモリアル教会は、中国で最も大きな教会の一つで、上海事変の際に牧師夫妻らが日本の海兵隊に暴行を受けた場所であった(52)。反日気運の強い上海の、しかもそうしたいわくのある教会で説教を頼まれること自体、賀川に対する期待を示すものなのであるが、そこでの賀川の説教の内容が様々な反響を呼んだ。説教の内容は次の通りである。

親愛なる兄弟・姉妹、私は主に対してここに私を立たしめたまうことを祈りました。もし、私たちがキリスト教の信仰をもっていなかったならば、私がここに立つことはできなかったのです。私自身、我々が日本国民としてしまったことを残念に思います。あなたたちはクリスチャンであり罪を許す心をお持ちなので、私をこの説教壇に立たせてくださいました。（中略）私たちが愛の心を持ち、罪を許す心を持つ時、平和への道が敷かれます。イエスは二つの人民と国民を一つにしてきたし、また、することができるのです。それはイエスの精神です。イエス・キリストのみが、中国と日本の間にある壁をうち破ることができます。

世界中の軍国主義者は聖霊を理解しません。彼らは軍事侵略と植民地拡大の精神をもっています。私たちが他国に属する領土を侵略している時、私たちは神の国を侵しているのです。私たちは確固として神の精神に立たねばなりません。神の声が世界で聞かれ、そして戦争と軍国主義と革命がなくなることを祈りましょう(53)。

軍事侵略がキリスト教の精神を侵すものであることを明確に述べ、日本国民として軍事侵略に対して責任があることを自覚した上で、クリスチャンとしての連帯の重要性を説いている。

賀川の説教が行われた教会は、激しい雨にもかかわらず、中国のクリスチャンの会衆で埋め尽くされた。その会衆のなかに次のような人物がいた。

彼はやはり上海事件で愛する母と子を殺されてしまつた。その恨みが心に燃えてどうしても消えない。憎い日本、恨めしい日本人といふ心はいよいよ高まつた。その時、賀川豊彦氏がヒリッピン伝道のかへり道に上海に立寄ると聞いて、日本人である賀川も憎いとおもつた。しかし同じ神を信ずる同志をにくいと思う心を反省して悶えた。

キリストの福音は平和の福音であり、愛の福音であり、愛敵の福音である。それを今の自分はどうか？　恨みとにくしみで一杯になつている、これでよいのか、そこでまたなやみになやんだ。彼はつひに二十日といふものは一生懸命に祈りつづけた。祈りに祈つている中に、キリストの十字架のゆるし、あがなひの真理がひらかれ、「我等につみをおかすものをわがゆるすごとく、われらのつみをもゆるしたまへ」とある主のいのりを心からいふことが出来て、心はかつてない平安にみたされた。

賀川氏が上海に上陸したときには、かがやいた顔をして、同信同志として心から迎へることが出来た。そして講演会には、自ら通訳者として壇上に並んで日本語を支那語へ移すのであつた。賀川氏はその時、キリストの十字架のあがなひとゆるし、救ひを説いた。説くものも、通訳するものも、きくものも涙にむせんでキリストの十字架による大なるめぐみに濡らされた。(54)

これは、日本で発行されていた『神の国新聞』に掲載された記事なので、信仰美談として脚色されている可能性もあり、また、賀川の軍事侵略を否定した発言が見事に削られている。しかし、中国人の識者のなかで賀川の発言にわずかな救いを見た人がいたことに注目したい。クリスチャン・コーポラティブ・インターナショナルの灯火が、わずかに賀川に守られながら消え残っていた。

おわりに

以上の分析から、満洲事変期における新渡戸と賀川の思想と行動に関して、次のようにまとめることができる。

第一に、関東軍の独走に象徴されるような軍部の行動に対しては強い憤りをもち、時としてそれを表明する場合もあったが、日本の満洲権益を否定する発言はほとんど見られない。これは、中国に明確な謝罪を表明した賀川にしても同様であった。満洲権益は、日本の国際主義者にとって、手かせ足かせの役割を果たしたことが確認できる。

第二に、にもかかわらず、国際紛争の軍事的な解決については一貫して否定的であり、「心の交流」を中心とした国際交流こそが国際紛争を防ぐ最も重要な手段であるという強固な認識をもっており、上海会議や中国における宗教活動においてそれが生かされた。

今回は報告書の末尾に掲載した蒐集資料を十分活用できなかったが、以上の分析の到達点をふまえながら、今後細部にわたって新渡戸と賀川の国際平和運動における役割を検討していきたい。(55)

註

（1）入江昭『二十世紀の戦争と平和』（東京大学出版会、一九八六年）九三～九四頁。

（2）日本で結成されたそうした団体については、緒方貞子「国際主義団体の役割」（細谷・齋藤・今井・蠟山編『日米関係史3　議会・政党と民間団体』東京大学出版会、一九七一年）を参照。

（3）小林啓治「近代国際社会から現代国際社会への変容についての一試論」（歴史と方法編集委員会『歴史と方法1　日本史における公と私』青木書店、一九九六年）。

（4）中見真理「太平洋問題調査会と日本の知識人」（『思想』七二八号、一九八五年二月）一〇六頁。

（5）米沢和一郎『賀川豊彦の欧米での評価』（コープこうべ・生協研究機構、賀川豊彦研究会、一九九五年、以下、米沢A論文と略す）。同「暗い時代の真実の叫び—平和主義者賀川豊彦の言動—」（『火の柱』第五三六号、一九九四年七月、以下、米沢B論文と略す）。

（6）C.Y.W. Meng, China Disappointed by League's Action, *China Weekly Review*, October 10, 1931.

（7）Ian Nish, *Japan's Struggle with Internationalism*, Kegan Paul International, 2000.

（8）米沢和一郎「ロマン・ロランが記した賀川豊彦—書簡抄訳原稿の紹介—」（『賀川豊彦記念・松沢資料館ニュース』一五号、一九八七年七月一日）。

（9）『大阪朝日新聞』は次のように報じている。

斯くて女史（ジェーン・アダムス—筆者註）は更に自動車を飛ばして新川の貧民窟に賀川豊彦氏を訪れた。女史は賀川氏の事業を倫敦トインビーホールの副主事にして賀川氏の親友キヤッチホール氏から聞いて知つていたのである（大正一二年六月二二日）。

（10）Kenneth Saunders, *Whither Asia?—A Study of Three Leaders—*, The Macmillan Company, New York, 1933.

（11）横山春一「『死線を越えて』の記録」（『賀川研究』第四輯（ガリ版刷り）、一九四二年五月）。

（12）例えば誠静怡は、「賀川博士にとって十字架上のイエス・キリストはキリスト教の核心であり、それは神の人類に対する愛の表現である」と述べている（A Letter from Dr. Cheng, Religion and Politics in China, *The Christian World*, June 4, 1931）。

（13）米沢前掲註8論文。

（14）友和会『友和会パンフレット㈡　友和会とは何か』（一九二九年）。

（15）高良とみ『非戦を生きる　高良とみ自伝』（ドメス出版、一九八三年）六七頁。

（16）Katsuo Takenaka, Kagawa As a Pacifist, *The World Tomorrow*, December 1931.

（17）Galen M. Fisher, Kagawa and co-operative societies as an economic panacea, International Review of Missions.

（18）Toyohiko Kagawa, 'Evangelism, Education, and Social Organization,' a working program for this Kingdom of God movement, *Friend of Jesus*, Vol. III, No. 1, April 1930.

(19) Letter from China, *The Christian World*, November 10, 1927.
(20) 註12に同じ。
(21) Japanese and Chinese Christian, How They Regard The War, *The Christian World*, March 10, 1932.
(22) 註16に同じ。
(23) Anti-Japanese Meeting, *The North-China Herald*, September 29, 1931.
(24) Annex 1, Pacific Council Minutes, October 21, 1931.
(25) Japanese Stand Aloof From I.P.R., *China Weekly Review*, October 10, 1931.
(26) 同前。
(27) Chiang Kai-shek Backs Pacific Institute, *China Weekly Review*, September 19, 1931.
(28) 中見前掲論文、一〇四頁。
(29) Pacific Relations Institute Conference to be Held Here, *China Weekly Review*, October 17, 1931.
(30) Frederic Wakeman, JR., *Policing Shanghai 1927–1937*, University of California Press, 1995, p. 393, note 50.
(31) 10/27/31 R.T.4（「上海会議議事録｛7｝ China's Foreign Relations」, p. 5).
(32) Second Session, General Session at 12（同前, p. 60)。
(33) General Conference—China's Foreign Relations（同前, p. 9)。
(34) 同前。
(35) Round Table No. 1, October 29, 1931（同前, pp. 47-56)。
(36) General Conference—China's Foreign Relations（同前, p. 22)。
(37) 『神の国新聞』第六六七号、一九三一年一〇月一四日。
(38) 同前。
(39) 本田清一『街頭の聖者　高橋元一郎』（関谷書店、一九三六年）二一六〜二一七頁。
(40) 『神の国新聞』第六八九号、一九三二年三月一六日。
(41) The Voice of Peace Heared in Japan, Federal Council Bulletin, May 1932.

(42) 吉野作造『吉野作造選集15 日記三』（岩波書店、一九九六年）三一七頁。
(43) 本田前掲書、二一八〜二二〇頁。
(44) 『神の国新聞』第七三七号、一九三二年二月一五日。
(45) 同前、第七五九号、一九三三年七月一九日。
(46) Japanese and Chinese Christians, How They Regard The War, *The Christian World*, March 10, 1932.
(47) ジョージ・オーシロ『新渡戸稲造─国際主義の開拓者─』（中央大学出版部、一九九二年）。
(48) E. Stanley Jones, What I Saw in Manchuria, *The Christian World*, November 3, 1932.
(49) Kagawa and Manchuria, *The Christian World*, March 10, 1932.
(50) 同前。
(51) 米沢A論文、一二頁。
(52) A Charge Against Japan, *The Christian World*, April 14, 1932.
(53) Kagawa's Sermon in China, *The Christian World*, 1934.
(54) 『神の国新聞』第七九六号、一九三四年四月四日。
(55) 平成一二年度〜平成一四年度科学研究費補助金基盤研究(c)(2)研究成果報告書『国際平和運動における新渡戸稲造と賀川豊彦の役割』（二〇〇三年）。本章は、本報告書所収の同名論文を一部修正したものである。

Ⅱ　片隅から見た日本の近代

序章　「片隅」に込めた意味

はじめに

1　映画『この世界の片隅に』を観て

片渕須直監督の映画『この世界の片隅に』を観た時の衝撃はとても大きかった。いろいろな見方が可能であると思うが、筆者は日常生活から戦争をとらえたという点に注目した。従来は、戦時体制期に物資が極端に不足するなかで、人々は極端な耐乏生活を強いられたという語りが主流だった。もちろんこの映画でも耐乏生活がリアルにとらえられているが、筆者の印象に残ったことは、若い主婦が戦時体制のなかで様々な創意工夫をし、家族のために家庭生活に彩りを添えようと必死に生きていく姿である。そこには愛があり、美があり、笑いがあり、喜びもある。同時に、そうした必死に生きていく目標が戦勝にあったことが浮き彫りになっている。主人公は終戦の詔書を聞いて、何のための努力だったのかと叫び、それまでの主人公のおっとりした姿が消え、敗戦を激しく拒絶する。幼い姪を空襲で失い、自分も片腕を失い、親族が原爆症に苦しめられる姿は、よりいっそう悲惨なものとして観客に迫ってくる。耐乏生活がいかに苦しかったかを描いて戦争の悲惨さを描くのではなく、家庭生活で様々な創意工夫をして戦勝のために必死に生きていた「皇国民」が、敗戦という最悪の結果を突きつけられた時の衝撃が描かれており、であるがゆえにより戦争の悲惨さが伝わる。もちろん戦勝が実現されればよかったのかという問題ではない。最初からまったく勝ち目のない戦争に勝つかのごとく洗脳されて、いのちと生活をそのために進んで捧げた人々の悲劇が綴られているのである。

日常生活を過ごしている私たちと異なることのない人々が、「皇国民」を受け入れ、またそのように振る舞うことが求められている。こうした姿はいつ頃どのように作られたのであろうか。日本はアジアで最も早く近代国家を形成したという語りは、教科書を介して国民の共通認識になっている。一方、対外戦争を繰り返し、アジア諸国に多大な迷惑をかけたという点も共通認識になっている。しかし、この二つの共通認識は、私たちの生活からは遠く、かつ統一的にとらえられていない。現実には、立場によって、どちらかの認識に偏る傾向が強い。明治維新以後の近代史を侵略の歴史として否定的にとらえる見方に対して、アジア侵略と残虐行為を意図的に過小評価して近代日本を「美しい国」として肯定的にとらえる見方がある。映画『この世界の片隅で』は、こうした私たちとは縁遠い極端な見方の対立を克服する重要な手掛かりとして、具体的な人々の生活をリアルにとらえた。大げさな言い方をすると、当時の人々の日常生活の視線を通して、それを肩に背負う私たちの歴史として、人々が本当の意味での主人公の歴史として主体的にとらえる見方のヒントを出してくれたような気がするのである。主体はあくまでも一人一人の国民であり、国家ではない。日本では国家が中央政府と同義でとらえられている場合が多いので、この場合は「政府ではない」と言うべきかもしれない。したがって、日本は近代国家である、あるいは侵略国家であるという言い方自体、政治外交的な場面では判断が必要であろうが、私たちの歴史においてはあくまでもその一面でしかない。映画『この世界の片隅に』から学ぶ点は、非常に貧相な国家と豊かな生活の場を作り上げていた人々との関係性こそが解明すべき問題だということであろう。

生意気な言い方になってしまうかもしれないが、筆者は日本史研究者であるにもかかわらず、アカデミックな歴史学、特に日本史学の研究に自分がふさわしくないのではないかと常々疑問を感じてきた。その結果、限りなくドロップアウトに近い状態で、学界のいわば片隅で生きている。アカデミックな研究に馴染めなくとも、片隅の居心地はすこぶるよいし、主観的にはいろいろな創意工夫をしようと努力はしている。

2　片隅の歴史学

馴染めない理由は何か。日本史学が日本という国民国家を単位とした歴史であって、国民国家を肯定して、その体制を強めることに貢献しているから、といった言い方を期待されるかもしれないが、筆者はそうした言い方はできない。筆者は一人の日本国民であり、日本国憲法に示された日本国のあり方を誇りに思っているし、その歴史を明らかにすることは国民としての義務であろうと自負している。筆者が馴染めないという理由は、あえて日本という国のまとまりで歴史を考えることを肯定した上で、それを原始・古代・中世・近世・近代・現代に時代区分し、時代を通して見る観点をもたないことである。八世紀に国号として日本を名乗り、則天武后に律令国家としての確立を宣言した国のまとまり(1)、あるいはその意識は、沖縄に過酷な要求を押しつけ、アイヌの人々を公然と差別しながら、現在までつながっている。原始・古代・中世・近世・近代という区分は、すでに学問研究の分野として固定しており、現に筆者たちが教員を公募する際も、この区分に基づいて行っている。業績の評価もその時代の専門家に委ね、研究者は必然的にどれかの時代を選択しなければならない。時たま「移行期」という位置づけで、隣り合う時代が共同作業に取り組むことがある。しかし、これは筆者の偏見かもしれないが、移行期研究は結局それぞれの時代の縄張りを確認して終わるように見える。戦後歴史学が意欲をみなぎらせていた頃、農奴制の成立をいつと見るか、大規模な論争があった。奴隷制・農奴制、あるいは資本主義といった生産力と生産関係を主軸とする見方は、歴史を縦軸で通して見ようとする試みではあったが、ヨーロッパと同じものを見出そうとする営為であった。中世と近世のどちらが封建制かといった問題、あるいは資本主義がいつ頃から芽生えたのかといった問題とも関わり、とうてい時代の個性を表すものではなかった。(2) 幕藩制構造論や幕藩制国家論の議論は、そうした傾向に一石を投じようとしたものであった。同時にそうした議論が盛んになることによって、各時代区分の学問領域が固定化していったようにも見える。

そうした状況のなかで、一度時代区分の枠組みを取り払って、日本史の「個性」のようなものを議論しようと呼びかけることは、おそらく日本史研究者からまったく相手にされないであろう。あるいは、国粋主義的な試みとして危険視されるかもしれない。そうした反応を予想した上で本書であえてそのような呼びかけをしたいと思ったきっかけは、廃藩置県を受けて広島藩領一六郡の百姓惣代が、明治四(一八七一)年八月一一日に「御城御出勤御役衆中様」宛に提出した「一手歎願書」に触れたことが大きい。そこに示された歴史観に触れた時、日本史固有の思考が必要であり、とりあえず明治以降に入ってきた概念や思考の枠組みを棚上げして、内在的に考える必要があると感じたのである。それまでの日本史学の習慣的な思考が肌に合わなくなって、思考の枠組みそのものを問うような、非常に生意気な試みが首をもたげてきたのである。(3) 広島藩領一六郡の百姓の思考の枠組みを手掛かりにするということ自体、おそらく現在の日本人から見れば、とりわけ日本史学の世界にいる人々から見れば、片隅の思考であろう。

一　広島の殿様

昨年(二〇一六年)から約一年間をかけて、広島の平和運動をはじめとする社会運動を担ってきた楠忠之先生の聞き取り調査を、広島大学文書館の石田雅春先生に付き添うかたちで行った。楠先生は今年（二〇一七年）九二歳をむかえられ、修道中学、広島高等師範、海軍の軍歴を経て、戦後広島文理大で学び、中学校教諭を経て県会議員として活躍され、引退後も原水協や被爆遺跡保存の活動に旺盛に取り組まれている。楠先生は海軍の軍人として旅順に赴任され、敗戦の際にソ連に抑留された経験がある。聞き取りのはじめの方で、楠先生は小学校時代に演劇で海軍に志願する若者の役を演じたことが、海軍との最初の接点であったと述べられたのであるが、その際、筆者の関心を引くエピソードを語られた。それは、楠先生の出演された劇が大変評価され、その当時晩年を広島城近くの泉邸で過ごしていた最後の殿様浅野長勲が観たというお話であった。

浅野長勲は明治二（一八六九）年、長訓から藩主の座を引き継ぎ、最後の広島藩主となった。長訓が病気がちだったこともあり、世子として幕末維新の動乱期に重要な政治的役割を果たしている。慶応三（一八六七）年一二月九日の小御所会議において、岩倉具視と休憩中内談し、山内容堂を説得する役目を担うなど、幕末維新期における長勲の行動のハイライトと言えるかもしれない。昭和一二（一九三七）年まで存命で、その間様々な活動に関わり、その風格と相俟って「最後の殿様」として注目もされている。(4) 筆者は、廃藩置県後の殿様たちは秩禄処分で多額の金禄公債を得て、華族として東京で悠々自適の生活を過ごしているという単純なイメージをもっていた。しかし、浅野長勲は九〇歳の老体にして広島で晩年を過ごし、広島の小学生の演劇を鑑賞している。学校や図書館など、広島では多くの公共施設の設立も担っている。

「明治維新を担ったのは薩長土肥だけではない」という思いから、広島藩や浅野長勲の政治的役割を評価しようという向きがある。その心情は理解できるが、本書の目論見はそのような卑小なものではない。中央集権的な国家構造に支えられた歴史認識そのものを、根底からひっくり返したいのである。時代区分を超えることが縦の歴史認識を問い直すことであるとすれば、これは横の歴史空間の認識をひっくり返すことである。いわば中央集権的な歴史認識はもちろん律令国家の成立から強固にあったわけであるが、明治維新以後、西洋の学問と政治体制で味つけされて、より強まってきていると判断する。そもそも、「地方」という言い方がそうであるし、本書のキーワードである「片隅」という言葉は、そうした空間認識に対する根源的な抵抗の意志を表している。中央に対して地方を強調するのではなく、その認識構造そのものを根底から問い直そうとするものである。じつは、筆者が認識の根本的な変更を考えるきっかけを与えてくれた広島藩領一六郡百姓の一手歎願書の歴史認識は、当時の藩主であった浅野長勲が領内の人々に宛てて発した教諭書の歴史認識が基礎になっている。藩主と領民は歴史認識を共有していた。広島藩主の領民向け教諭書は、重要政策が発せられるとそのつど発せられている。明治四（一八七一）年に「武一騒動」と呼ばれる全藩一揆が発生した際にも、教諭書が領民に向けて出され、長勲は直接領民に語りかけることを重んじた。一方領民の側では、広島藩領一六郡百姓の一手歎願書が出され、各郡の割庄屋からそれぞれ歎願書が提出されている。割庄屋は広島藩領の各郡で数ヵ村をまとめた組の代表で、藩の命令を伝達し、一方で組内の村の総意を藩に伝える役割を担っていた。教諭書と歎願書は正規の情報伝達の形式に則った合意形成のやり方であった。明治二（一八六九）年藩主を襲封した直後、浅野長勲は阪谷朗廬を「客礼」をもって藩の学問所に招聘した。阪谷は当時著名な儒学者でありながら、西洋に「道理」があるとして、「会議」による「公論」を重視した。(5) 長勲は早くから阪谷を知っており、藩校の運営だけではなく、政治顧問としての役割を期待していた。もちろん、教諭書と歎願書のやり取りを、会議と公論に結びつけるのは乱暴であるが、長勲の政治手法と阪谷の思想とは合致していたに相違ない。広島藩では従来の情報伝達形式を継承しながら、新しい合意形成のあり方が模索されており、それは外から来襲した西洋文化の丸飲みではなく、藩領で培われてきた仕方に基づく内側からの変革であった。

二　戦争と諸隊

慶応二（一八六六）年六月、第二次幕長戦争において広島藩領の佐伯郡が戦場となり、領民たちは略奪や暴行を受けた。そもそも第二次征長に真っ向から反対していた広島藩は、長州藩に対しても強い抗議を行った。幕長戦争に関しては、第一次の段階から広島が幕府軍の集結する場所となり、多数の藩兵が広島に集結していた。これ以後、アジア太平洋戦争に至るまで、広島は兵士の集結場所となり、人員・物資輸送の中心基地としての役割を担わされた。それ故、原爆投下を正当化する根拠に利用されることになった。昭和二〇（一九四五）年五月一〇日から一一日にマンハッタン計画のなかで開催された目標委員会は、広島を an important army depot and port of embarkation in the middle of an urban industrial area と位置づけていた。そもそも、広島城の縄張りが秀吉の朝鮮侵略における兵の集結を念頭において行われたと言われており、「西の守り」としての位置づけを成立当初から担わされたと言ってもよいかもしれない。

第二次幕長戦争に際して、広島藩は藩をあげて正当性のない戦争であるとして反対し、ぎりぎりまで戦争の勃発を阻止しようと努力した。とりわけ、藩の学問所では若手藩士たちが長州藩を追い込むような幕府のやり方に強く反発し、決起を呼びかけるような動きが起こった。その動きはやがて、藩士と庶民からなる混成部隊「神機隊」の結成につながっていった。おそらく、幕末維新期の広島藩の自己変革運動は、学問所―神機隊に集約され、長勲はそうした動きの頂点に立っていた。興味深いことは、広島藩の軍事が戦争阻止ないしは防衛に向けて整えられていったことである。これは広島に衛戍地をおいた第五師団が担った役割とは対照的であり、一括りに軍事と言っても、性格がまったく異なる軍事が複数存在することに注意すべきであろう。広島が中国・朝鮮をはじめとしてアジア侵略の前線基地としての軍都であったことは否定できないが、それは歴史の一面であり、幕末維新期の広島藩の軍事をふまえて、多様な軍事の歴史を見るべきであろう。このことは、幕末維新期に掲げられた重要なスローガンである「攘夷」の意味を再考する場合、極めて重要である。

註

（1）吉田孝『日本の誕生』（岩波書店、一九九七年）四〜九頁。
（2）石井紫郎『日本人の国家生活』（東京大学出版会、一九八六年）三八一頁。
（3）竹田青嗣『自分を知るための哲学入門』（筑摩書房、一九九三年）序文。
（4）江宮隆之『昭和まで生きた最後の殿様　浅野長勲』（株式会社パンダ・パブリッシング、二〇一五年）。
（5）河野有理『明六雑誌の政治思想—阪谷素と「道理」の挑戦—』（東京大学出版会、二〇一一年）。

第一章　広島藩における海防の端緒と砲術

一　列強の接近と広島藩

広島藩における海岸防禦への取り組みは、文化五（一八〇八）年から本格化していた。この年、長崎でフェートン号事件が発生し、江戸幕府、および福岡藩・佐賀藩をはじめとして長崎防衛の任務を帯びる諸藩は、列強に対する防衛対策を具体化する必要に迫られていた。それ以前すでに、通商要求を掲げ長崎入港許可証（信牌）をもって長崎に現れたロシア使節レザノフは、江戸幕府の冷淡な拒絶に会う。それに対する報復として、文化三（一八〇六）年九月にレザノフを乗せた艦隊は、カラフト島南部の松前藩運上屋を襲撃、また、翌文化四（一八〇七）年にはエトロフ島の番屋などを襲撃し、松前・函館を大混乱に陥れた。それらの情報を幕府は抑えようとしたが、商業のネットワークを通じて、全国に広がっていった。とりわけ、ロシア使節の応接に当たった長崎においては、異国船による襲撃を念頭に、具体的な防備策が現場の船頭から献策され、石火矢・大筒の設置など一部は実行に移されていた。特に注目すべきは、従来福岡藩・佐賀藩といった大名家に防衛をまかせていた状況では、長崎の街の警備がおろそかになり、町民の動員が不可欠であるという判断が登場したことである。しかし、結局のところ、老中と長崎奉行との打ち合わせによって、異国との交渉地である長崎の位置づけを重視して、従来通りの対応にとどまってしまった。そして、文化五年八月一五日、イギリス船フェートン号がオランダ船の拿捕を目的に、長崎港に侵入し、オランダ人二人を拘束して食料を要求するという事件が起こった。長崎奉行松平康英はフェートン号の要求に屈せざるをえず、将軍の「御威光」を傷つけたという理由で切腹して責任をとった。この事件を契機に、砲台の建設をはじめとした防備策が本格的に実施され、将軍の「御威光」を最優先とする幕府の動きとは別に、地役人を中心に長崎の街を防衛する動きが具体化していった(1)。

このような状況のなかで、文化五年広島藩では瀬戸内海沿岸・島嶼部を役人が巡回し、沿岸防備に取り組みはじめたのである。そして、天保一二(一八四一)年のアヘン戦争は欧米列強が実際に軍事侵攻してきた事例として、幕府・諸藩にとって大きな衝撃をもって受け止められ、防衛政策・軍制改革などを具体的に模索する動きが各地で見られるようになる。

二 広島藩の砲術

広島藩には砲術師範が二家あり、御歩行組のなかにも砲術を担当する一家があった。砲術師範の一家は井上権之丞家であり、外記流の砲術を継承し、藩主の師となっていた。もう一つが奥弥衛門家であり、自由斎流を名乗っていた。奥弥衛門は早くから西洋の軍法を学び、岩国藩の有坂淳蔵(長良)が西洋流砲術に詳しかったので、彼から大砲射撃や鋳造法を学び、さらに、江戸で幕臣の下曾禰金三郎に入門し、隊伍編制操縦運動を学んだ。奥弥衛門はそうして得た情報に基づいて、藩に小銃や大砲の購入を要求したが、砲術師範の井上権之丞が西洋流の砲術を忌み嫌い、それが大きな障碍となって導入が進まなかった。井上は、幕府砲術師範井上家が「我宗家」であるという誇りをもち、宗家がその当時カノン法を改造して従来の大砲と折衷した「転製砲」を鋳造したと言われているが、それを用いればどのような石壁や鉄艦でも摧破でき、しかも自国製なので巨費を要しないと主張した。(2)

奥弥衛門が師とあおいだ有坂淳蔵と下曾禰金三郎は、高島秋帆の教えを受けていた。高島秋帆は長崎の町年寄の家に生まれ、オランダ人から西洋流の砲術を直接学んだ。彼が西洋流砲術に関心をもったのは、明らかにフェートン号事件の影響が大きく、町年寄の立場から真剣に防衛を考察したのである。(3)

この高島秋帆の砲術が広島藩に伝来していた。当初その伝来の経路については、以下のように伝えられていた。広島藩の侍医（御側医）であった野村正精は長崎で医学を修めていたが、その頃高島四郎大夫（秋帆）が高島流の砲術を確立して諸藩の出身者をはじめ多数の門人を集めていた。その一人であった幕臣の大本藤十郎は野村正精とも交流があったが、大本は「諸藩では高島秋帆の兵術を学ぼうとして、藩士で長崎に来る人が多いのに、どうして大藩である広島藩から学びに来ないのか、残念でならない」、「あなたから藩に意見を出して学ぶように仕向けてみてはどうか」と言った。野村正精は大本の発言に感激して、すぐに帰国し藩士の長崎派遣を建言したのであるが、砲術師範井上権之丞はこの提案を忌み嫌って遮ったため実現できなかった。そこで、野村は再度長崎に遊学した際に大本藤十郎に不首尾の次第を語ったところ、藤十郎から岩国藩士の有坂淳蔵は高島秋帆の門下生で、岩国藩と広島藩は境界を接していることもあって、人を派遣して学ぶことは容易であろうという提案があった。正精はその提案に大変喜び、帰国して再び建言したところ藩に容れられ、奥弥衛門を岩国の有坂のもとに派遣して、西洋砲術を学ぶことになった。(4)

小鷹狩元凱はこの話が野村正精の近親者からの伝聞などに基づいていることに不安をもったのか、明治二五（一八九二）年に直接野村正精の故宅を訪れ、正精自筆の長崎行の西遊日記を調査し、その記述を『元凱十著』に摘載している。(5)それによれば、野村正精は名を繁民と言い、蛙水と号していた。和歌を得意とし、医術は眼科を専門としていた。天保一二（一八四一）年八月長崎に遊学し、翌年五月帰国しており、夫人によれば正精が長崎に行ったのはこれ一度だけである。この天保一二年の五月九日、高島秋帆は徳丸ケ原で洋式砲術・洋式銃陣の公開演習を行い、幕閣をはじめとした人々に大きな衝撃を与えていた。同年一〇月一〇日、正精は船番所の大木藤四郎宅に病気の診察に訪れ、その二日後に正精が大木宅を見舞いに訪れた際に酒宴となり、ボンベン野戦砲（カノン施条砲）の砲術や外国の話を大木から聞いた。その縁で、翌一一月七日に、大木宅で岩国藩の有坂淳蔵とその伜高介に会うことになった。当時淳蔵は五五歳、高介二五、六歳で、砲術家として至極熱心に、これまでいろいろなところを遍歴して二四流ほど稽古してきたことを聞き、隣国の人で質朴な人でもあったため、たちまちうちとけて会話がはずんだ。そして、おそらく有坂の紹介であったであろうと考えられるが、野村正精は翌天保一三年四月四日に、長崎の丸山近くの小島というところにあった高島四郎大夫の屋敷に出向き、直接秋帆本人および伜の浅五郎に面会したのである。野村は日記のなかで、四郎大夫、号は秋帆と号し、書を得意として、「西洋砲術の師範、年寄上席、去年江戸徳丸原に於て炮術上覧の後、与力格被仰付、長崎の執政にて中々御奉行よりも勢ひ強し、年齢四十余痩柄なり」、「悴浅五郎二十才余、別荘之二階にて対接、父子共温和之仁に而敏才之様子、長崎の執政とも相見たり、応対の間縁無畳にて大机なと錺り有之、床之間刃付之鉄砲拾挺斗相見、是は近来西洋接戦之時は必之を用ゆ、浅五郎打方手前致しみせる、良家之軟弱之風とは違ひ、其手際煉熟之事なり、四郎大夫蘭籍持来り、ボンベンにて国城を打崩す絵図をみせる」、「此書アメリカ洲未開之地の風土記の様子にて段々怪異之図相見、四郎大夫は御用談之事申来り奥の間へ入る、浅五郎対話中、立派なる菓子次の間より出す、小子対話之間の次は小姓体のもの二人相控たり、楼下之台所体之処は下女七八人も相見、全体之暮し向は万石以上の諸侯同様なり、乍去父子節倹を相守居る様子なり、五過退座、浅五郎楼下迄送り出る云々」(6)と、面会の様子を具体的に記述している。この年、秋帆は長崎会所の杜撰な運営を咎められ、投獄されてしまう。幕府保守派の差し金と言われているが、投獄を解かれたのは、ペリー来航の年であった。

このように、野村正精の日記によれば、野村が高島秋帆やその門弟の有坂淳蔵に直接会ったことが確認できる。おそらく、そのことを受けて帰藩した後、奥弥衛門に有坂を紹介したのであろうと思われる。野村正精は広島藩の眼科の藩医であった野村正碩の長男で、弟には『団団珍聞』を創刊した野村文夫がいる。長崎に遊学した藩医が、軍事的な知識に強い関心を寄せていることが興味深い。また、野村と有坂淳蔵や高島秋帆との間を取り持ったのが、長崎船番所の大木藤四郎であったことも注目すべきであろう。野村の日記によれば、大木自身が西洋砲術の豊かな知識を有していたことをうかがわせる。こうした西洋砲術の知識は海防の現場を担っていた独自の人的ネットワークを通じて広がっており、それが広島藩にも及んでいたのである。しかし、広島藩としては井上権之丞を砲術師範としていることもあり、西洋の砲術が受け入れられるには、大きな障碍があった。

三　ペリー来航

高島秋帆がペリー来航の年に投獄を解かれたように、広島藩が沿岸防備と実践的な砲術に本格的に取り組みはじめたのは、やはり嘉永六（一八五三）年ペリー来航を契機としていた。この癸丑の年の六月、ペリーの東インド艦隊が浦賀に来航し、翌安政元（一八五四）年に日米和親条約を締結すると、天下は騒然となった。幕府はようやく武備をおろそかにすべきではないことを痛切に感じ、諸大名に対して武備の充実を求めるようになった。広島藩では、九代藩主浅野斉粛《なりたか》の下で、執政今中相親（大学）が実権を握っていたが、幕府の方針を伝えず、「因仍苟且」、時勢の切迫に対応しようとしなかった。これに危機感を抱いた辻勘三郎（将曹）らはそうした態度に「憂患憤怒」し、藩主斉粛に建白して大に弊政を改革し、武備の拡張を計画した(7)。結局、改革は頓挫してしまうが、沿岸防備は着手された。安政二（一八五五）年「異国船防禦」のための御用金が募集され、その対価として扶持が与えられたり、年頭の「御目見」が許されたりしている。また、大砲・小銃鋳造のためとして、寺院の梵鐘が徴発されている(8)。

この頃、広島藩の砲術対策においても、重要な動きがあった。要するにより実践的な砲術が求められ、「試撃」、つまり砲術演習が取り組まれたのである。その際、井上家の外記流、奥家の自由斎流ともに「騎馬筒」という役職名をもった部下が各々二〇名ほどおり、その他門人を抱えていたが、砲術演習はそれらの人々によって担われた。小鷹狩元凱によれば(9)、奥派は戦時を念頭において、動作から衣装に至るまで極めて実践的であり、「過激」な印象を与えた。一方、井上派はそれに反して威儀正しく、動作も「温順」を賞されるようなものであった。

奥派の「騎馬筒」の一人に高間多須衛（寛八、寛彦）がいた。幕長戦争から戊辰戦争まで藩の武具奉行として活躍した人物で、広島藩の戦争を武器の面で担った。そして、神機隊で活躍した高間省三の父親である。井上派の「試撃」＝砲術演習がある時は、高間は同僚の山田覚衛などと密かに高所に登り、井上派の演習が「其実用に適するや否や」、つまり実践に使えるかどうかを点検し、後日それを活発に評論したと言われている。その評論が手厳しく、井上派と奥派の対立は激しさをましていた。

岳父小鷹狩介之丞（正作）が改革派の重鎮であり、自らも浅野長勲のもとで学問所に登用され、幕末維新期の戦争で活躍した軍人としての側面をもち、政治改革の先頭にたっていた小鷹狩元凱は、当然のことながら、井上派に対して大変厳しい評価を下すことになる。そうした元凱の立ち位置をふまえた上でのことであるが、元凱によれば、井上派の勢力は極めて強固であった。しかも、改革に批判的な政治勢力の圧力も強く、「世上蒙昧の人旧習に泥み、是等の行為に服せず奥派を忌み、井上派を保護する者」が少なくなく、執政等藩の指導者も「固より天下の大勢を観察し、芸藩をして率先藩屏の職を恥ずかしめざらんとするが如きの気象」が乏しく、「只費用の省略するを欣悦し、奥派に比すれば井上派を助くるの傾向」があった。「費用の省略するを欣悦」するという点については、確かに深刻な財政状況が藩の宿痾となっていた。幕末期、嘉永初年の米金合わせて約七二万両であった藩の借財が、明治二年六月の新政府への報告では約三七四万両に増加している[10]。莫大な藩の借財は、藩の宿痾とでも呼ぶべきものであった。それゆえ改革、とりわけ軍事改革に批判的な人々の主張も、具体的な根拠をもっていた。戊辰戦争を戦う上でも、この藩財政の深刻な状態は大きな影響を及ぼし、藩の行動を強く縛ることになった。

ただし、改革派にとって都合がよかったのは、当時の藩の世子慶熾《よしてる》の生母（妙心院）が奥派の奥弥三兵衛の妹であったことである。また、慶熾は藩主斉粛の長子であったが、斉粛は正室末姫との間に実子がなかったため、側室の子供である慶熾が世子になった。しかも、末姫は一一代将軍家斉の娘であり、隠然たる力をもっていたが、末姫は世子慶熾を強く支援していた。その上、慶熾本人が幼年から非凡な学才に恵まれ[11]、英邁であったと言われ、薩摩の島津斉彬が特に強く支援したと言われている。それ故、ペリー来航の年、慶熾は一八歳であったが、すでに将軍家慶への目通りもすませ、雄藩大名の知己も得ていた。奥派門人は自ずから世子の生立を悦び、世子が藩主となって政権を掌握することに期待をかけていた。一方、それに対する対抗として井上権之丞は藩の諸役人と結託しつつ、軍事改革を遅らせていた[12]。

小鷹狩元凱は、「先府君」、岳父介之丞の日記をつぶさに検討し、それを著書の記述に用いている。介之丞は改革派の主要メンバーとして政治に関わったため、詳細な事実が明らかになる。そのなかで、ペリー来航後の広島藩における砲術演習の記事が掲載されている。それによれば、嘉永六（一八五三）年一一月六日、井上権之丞が新たに鋳立てた転製砲を打試している。また、同年一二月四日の記事には、昨今奥氏が江波で大砲の試し打ちをしたという記事がある。[13] 元凱は、この両派の演習に臨席した先輩から、その演習の実際を聞いている。それによれば、井上派は仁保島の海岸に射場を設けて試射を行ったが、それを巡視していた執政等藩の重役は皆緞子または縮緬の幕をもって装飾した艦船に着座して、飲食は「稍々口腹に適したるものを饗し、尋常宴席に見る所と異なら」ない状態であった。元凱は、「是等温順の誉れある所以なり」と痛烈な皮肉を述べている。ペリー来航という事態を前にしても、広島藩の保守的な重役は、およそ危機感をもっていなかったことがうかがえる。

一方、奥派は江波海岸の射的場で砲術演習を行っている。今回は、巡視の執政等重役といえども、麻布製の陣幕で囲んだところに列座せしめ、演習が終ると、執政をはじめとして門人に至るまで陣鍋で炊いた牡蠣飯を食べ、樽蓋を使って冷酒を飲むなど、平等に飲食した。元凱は、「是等過激の誹りを免れざる所以なり」と述べているが、井上派と奥派の考え方が大きく懸隔していることを物語るエピソードとして、詳しく記述している。余談であるが、今でこそ牡蠣飯は広島の土産物として重宝されているが、当時の江波や干拓地、干潟、漁村では庶民の普段の食事であった。奥派が旧来のしきたりにこだわらず、「上下一統」の実践的な軍事を重んじた点に注目したい。

元凱によれば、ペリー来航の段階では、「俗士暁らず旧習に拘泥して洋法を忌みたる」状態が厳然としてあったが、奥弥衛門はそれに屈せず撓まず、もっぱら西欧流の軍制を門人に教授し、やがて藩は「一国の軍法」となすに至ったのである。[14] それは、広島藩が実際の戦争に巻き込まれるという事態に立ち至って、はじめて可能となった。

ここまで広島藩の砲術について縷々述べてきたが、その意図は、目立たないことではあるが、長崎の高島秋帆の影響力を重視したからである。それが、野村正精によって広島藩にもたらされ、岩国藩の有坂淳平を介して奥弥衛門に伝えられ、広島藩の砲術になっていったのである。その原点は、長崎の町の防衛に対する住民の関心にあった。軍事というものが、蘭学・洋学の知識として導入された点は明らかにされているが、住民の切実な関心として導入されてきたことは無視されていたのではなかろうか。一口で軍事といっても極めて多様であり、本書では住民の切実な生活防衛の手段としての軍事を重視し、それが大げさに言えば維新を進める重要な底流になっていたことを、極めて端緒的であるが、広島藩の事例で指摘したかったのである。

註

(1) 松尾晋一『江戸幕府と国防』（講談社、二〇一三年）一七六〜一八三頁。
(2) 小鷹狩元凱『元凱十著』（弘洲雨屋、一九三〇年）六六〜六七頁。
(3) 有馬成甫『高島秋帆〈人物叢書〉』（吉川弘文館、一九五八年）三六〜四〇頁。
(4) 前掲『元凱十著』六八頁。
(5) 同上、六八〜六九頁。
(6) 同上、六九〜七〇頁。
(7) 同上、二三頁。
(8) 広島県立文書館『平成二十二年度広島県立文書館文書展　激動の時代　幕末維新の広島と古文書　平成二十三年三月二十八日（月）〜六月十一日（土）』二頁。
(9) 前掲『元凱十著』六七頁。
(10) 広島県編『広島県史　近代1（通史Ｖ）』（広島県、一九八〇年）二八頁。
(11) 前掲『元凱十著』二八頁。
(12) 同前、六七頁。
(13) 同前、七一頁。
(14) 同前、七二頁。

第二章　戦争と神機隊

一　海防の本格化

幕末の政治的動乱が本格的に始まる頃、安政五（一八五八）年四月一二日、世子であった浅野慶熾が、第九代藩主斉粛の隠居に伴い、改革派の期待を担って藩主となった。ところが同年九月十日に、慶熾は二三歳で早世してしまう。改革派は大きな打撃を受けたが、支藩の青山浅野家（新田藩）の浅野茂長（長訓）が広島藩を襲封して第一一代藩主となり、慶熾に課せられた課題を継承し、抜本的な改革に乗り出していったのである。

長訓は、翌安政六年五月に入国すると、早速藩政改革に着手した。長訓は藩政改革の手はじめとして、辻将曹・黒田図書・石井修理・野村帯刀・蒲生司書らの改革派藩士を年寄に任命した。(1) そして、藩主浅野長訓は、藩主として初めて「お国入り」をした直後、領内を巡遊した。歴代藩主は、鷹狩りで領内の民情を視察することはあったが、鷹場のない地域までは出向く機会はほとんどなかった。(2) 今回も鷹狩を名目としてはいたが、長訓の意図としては「民の痛苦を察し、休養を謀らんと欲する」ことにあり、近郡に巡遊し、ことに直接民政に携わる代官を召して、民間の実況を諮問した。さらに、文久元（一八六一）年六月から一〇月にかけては三回、延べ七三日間にわたり領内をくまなく巡見した。この時には、「孝子義僕等を召して之に賞賜」している。(3)

欧米諸国との通商条約締結に反発する尊王攘夷運動を背景とする朝廷の圧力に屈した幕府は、文久三年五月一〇日を攘夷決行期日に定めた。それを受けて広島藩では、領内巡見を通じて得た結果をもとに、安芸郡倉橋島・同島鹿老渡、豊田郡大崎島・御手洗・生口島瀬戸田、御調郡因島・向島に砲台を築いた。また、海岸防禦を固め、村を自衛するため領民から有志を募って農兵を組織し、西洋砲術や剣術を習わせた。さらに、郡役所内に勧農方を置き、翌年には藩庁内に生産掛を設置して、本格的に産業育成と武器製造などを柱とする藩政改革に着手した(4)。

次の文書は、文久三年三月に攘夷実行期日が決定されたことを受けて、広島藩が、賀茂郡の竹原組海防掛に充てて命じたものである。

賀茂郡竹原組海防掛へ仰せ渡され候頭書（有田家文書）

海防掛之者へ申渡ス

一、此度外夷御打払之御治定ニ而、異国人御手切ニ相成候上者、何時軍サ始リ、何方へ軍船差向候哉も難斗、海岸御備向之義厳重御手当有之候得共、御人数被差向候迄之間、海岸御固メ専要ニ付、急場御手当無之而者不相済、依之厚御判断之上、各防方手当をして、其方共義海防掛申付候条、此旨相心得農間武術相心懸ケ置期ニ候、不覚之義無之様、平常覚悟いたし居可申、万一異人上陸いたし及濫妨、御国威不相立而者、御上江対シ不忠ト相成候義者素り、忽百姓共難儀之程起り候事故（後略）(5)

攘夷実行は「外夷御打払」であり、それまでの幕府や藩の認識枠組みでとらえられている。注目すべきことは、異国の軍船が襲来した際に、「御人数被差向候迄之間」、つまり藩兵が現場に到着するまでの間、「急場御手当」として住民に対応を任せるという点である。その際、「急場」とは言いながらも、「農間武術」を心がけることが求められているのである。「異人」が上陸しては「御国威不相立」ことになり、「御上」＝藩主に対して不忠になるとしている。

またしてもやや大袈裟かもしれないが、筆者はこの文書に日本の国制が大転換する兆しを見る。幕藩体制というものは武士が担う「武威」によって「天下泰平」を維持するという大枠が、「国威」を守るために武術に心がける「百姓」の役割が期待される事態に立ち至り、大きく崩壊しようとしているのである。これはフェートン号事件以来、欧米列強の軍事がいかなるものかを理解させられたことが、必然的に到達した帰結であった。

この年一一月二七日、朝廷は藩主浅野長訓（節山公）と世子浅野長勲（坤山公）のどちらかの上京を命じたが、藩主長訓は「領海防御」に全力を尽くしているから広島に残り、世子長勲が上京することとなった。長勲が上京する際には、同年一二月一五日、和船宮島丸に乗組んで江波沖を出発し、途中の海路で領内沿岸の各所砲台に立ち寄って、農兵の撃剣や大砲発射等の閲覧をし、同月三一日に京都に入り、本能寺に宿をとった。(6) 八月一八日の政変によって長州藩が禁裏守衛の任を解かれ、京都における政治的緊張の高まりのなかで、浅野父子が朝廷に召し出された事情があったが、長訓と長勲は攘夷実行に対抗する外国船の襲撃を念頭において、「領海防御」に力を入れていたことがうかがえる。

二　新田藩の移住

藩主長訓・世子長勲の「領海防御」構想は沿岸防備構想にとどまらなかった。広島城と城下町がまさに沿岸にあり、防衛上極めて脆弱であることが問題となった。広島城は、今から約四百年前、中国地方一一二万石を領有していた毛利輝元によって築城された。八八棟の櫓を配し、三重の堀に囲まれ、弓矢・槍・鉄砲・騎馬を主力とした、極めて防御力の高い城であったと思われる。

しかし、幕末期に大きな転機がやってくる。開国により西洋から入ってきた高性能な鉄砲や大砲などの火器は、戦国時代から続いた戦闘の方法を大きく変えていった。薩英戦争や四国連合艦隊の下関砲撃によって実証されることになるが、射程距離の長い大砲の出現によって、かつて要害を誇っていた城郭、および城下町の多くは、その軍事的な防衛機能を失っていった。とりわけ広島城に代表されるような、海に面した交通の要地に築かれた平城では、射程距離の長い大砲を積んだ軍船からの攻撃には対応できないと広島藩は判断したのである(7)。

このような情勢のなかで幕末の広島藩では、広島城に代わる防御施設の構築が急務となった(8)。『芸藩志』には、秘密裏に進められた広島藩の防御施設構築のための取り組みが書かれている。文久三（一八六三）年一二月一六日、広島藩主浅野家の分家で江戸青山に屋敷を構えていた新田藩の藩主浅野長厚(9)が高田郡吉田に移住した。このことが『芸藩志』には「広島は国家の有事に際して、守るに適した場所ではない。高田郡吉田は僻地ではあるが、土地は広く、周りは山に囲まれた要害の地である」と記されており、この時期には、吉田盆地を軍事拠点として北方の守りを固める計画がうかがえる(10)。もともと新田藩は、江戸幕府の御三家・御三卿と同じように、本家の血筋が絶えた場合に家を維持するために設けられたもので、この段階では浅野本家は広島城に君臨するものの、予期せぬ事態に備えて、新田藩と緊密な連携をとりつつ家維持の方策を図ったものと思われる。

三　幕長戦争

文久三年に藩は住民に対して海防の前線に立つように命じていたが、その段階ではまだ藩領における戦争は現実化していなかった。しかし、慶応元（一八六五）年から翌慶応二年にかけて、いよいよ二度の幕長戦争（「長州征伐」、「征長」）が勃発したことによって、広島藩領における戦争が現実化したのである。二度の幕長戦争で、広島は安芸口の前線基地となり、幕府と諸藩の数万人の軍勢が領内を通行し、広島へ集結した。元治元（一八六四）年八月、広島藩は山陽道先鋒を命じられ、征長軍の本営が広島に置かれることになったのである。道中各村の役人や領民は軍馬の宿泊や輸送、物資調達などの対応に追われた。また、城下のみならず周辺村々は兵隊の宿泊所の役割を担うことにもなった。早速藩は各村に対して、「近々御他藩当御領内江御参集有之候筈」であることを伝え、「依之人気動揺致候様之義有之候而者、決而不相済儀ニ付、譬如何様之義出来湧候共、下方迷惑筋不相成様被成下候間、万事上之差図ニ応シ」るべきことを命じた。(11)広島藩領の各郡村は軍用夫の徴収を命じられたが、いざ戦争となると過重な負担として受け止められて積極的に応じる者はなく、くじ引きなどで決定し、村ごとに幟を作製して出陣した。当時の古文書には、そのくじ引きをめぐる興味深いエピソードが綴られている。郷村では藩の軍用夫徴発の際、惣百姓が集められ、くじ引きで決められることになった。ところが、賀茂郡郷村の清作はくじ引きに反対し、「過言」を申してしまったというのである。相当強い不満があったことがうかがえるが、結局長百姓や村役人から説得され、わび状を出したのである。(12)

結局、第一次幕長戦争では、長州藩が恭順の意志を示したことにより、征長総督徳川慶勝が撤兵を決断し、実際に戦端は開かれなかった。しかし、第二次征長では、広島藩の調停の努力も実らず、長州藩と幕府との交渉は決裂し、慶応二（一八六六）年六月に芸州口でも戦端が開かれた。広島藩は戦争に終始反対し、幕府の出兵命令を拒否したが、長州藩との行き違いから交戦寸前となった。長州藩は広島藩の立場を尊重し、藩領に侵攻しないことを約束していたが、七月一八日、その約束を違えて、領内に侵攻してきた。戦場となった佐伯郡では住民が戦禍に巻き込まれ、大きな被害を蒙ることになった。佐伯郡の玖波村では、戦争によって全家屋の九割、三六七軒が焼失した。(13)

ここで注目したいことは、広島藩が玖波村の再建費用を支出している点である。戦争は確かに領内の住民に大きな負担を強いた。一方で、それに対応する体制も着実に構築されつつあった。賀茂郡吉川村では、農兵に動員された毛平の家計が苦しく母親が病気であるため、村から飯用米が支給され、農作業は隣家と講中で手伝うことになった(14)。住民たちは負担に苦しみながらも、戦争を担っていくようになった。さらに、第二次幕長戦争においては、軍用夫のみならず、藩領防衛のために農兵も組織されて動員されている。

四　神機隊と八条原城

第二次幕長戦争後、幕府の権威が失墜し、新たな政権構想が模索されるなかで、広島藩は従来の尊王思想に基づき、あくまでも戦争を回避して、幕府が政権を平和裡に返上して、天皇の下に新たな政治体制を構築するという、いわゆる大政奉還論を藩論として、政局に関わっていく。その際、薩長土の三藩の動きを見据えながら、幕府に要求を飲ませ、新政治体制に関わるためには、藩独自の軍事力が必要であった。むろん、藩の正規軍が存在するわけであるが、本書は大政奉還から戊辰戦争まで最も果敢に戦争に参加し、熾烈な戦いを繰り広げた士庶混交の神機隊という部隊に注目したい。

話は遡るが、神機隊結成の発端は、第二次幕長戦争にあった。慶応二年二月七日、幕府の長州征伐の最高責任者として老中小笠原長行が来広し、藩士の邸を宿所として指揮をとることになった。藩主長訓・世子長勲、あるいは執政の辻将曹らは、恭順の姿勢を示す長州藩にさらなる譲歩を強い、それによって意図的に引き起こそうとする戦争は、「無名の師」であるとし、内乱が列強の介入を招きかねない恐れを述べ、戦争を回避しようとしたが、小笠原はその意見を聞こうとせず、執政を幽閉し、さらに世子長勲との面会を拒否したり、大坂で直接一橋慶喜に面会しようとする行為を妨害したりという態度をとった。[15]

こうした暴挙に対して、藩士の「正義家」たちは大変憤り、それらの人々が主導者となって二月一五日に多数の有志者を聚集し、とりわけ文武の師範は皆門弟をつれて集まってきて、三の丸にあった藩の学問所講堂において大会議を開いた。その大会議では、「此の恥辱を雪がんが為め、藩公に建白して小笠原閣老に迫害する所あらん」という意見が猛烈な勢いをもって述べられた。その時の心情を、儒者であった河野小石は次の漢詩を作って表現した。[16]

要将一言掃妖気　高義直衝万重雲
堪憫明慮難貫徹　誰使汚辱及我君
此辱恐為皇国辱　欲起救之苦無術
平生所読果何書　平生所食果誰粟
上書劉陶非党人　伏闕陳東即忠臣
子貢説呉将救魯　相如佐趙能抗秦
青史所伝多如是　念之感奮不可止
嗚呼諸君意如何　鴻毛泰山同一死

「我君」の汚辱、「皇国」の汚辱に対して死をもって立ち向かおうという、壮烈な覚悟が述べられており、学問所講堂における大会議の雰囲気が伝わってくる。この大会議は、船越洋之助（衛）と小林柔吉が取り仕切り、川合三十郎（鱗三）・木原秀三郎（適処）ら少壮の藩士たちが参加していたが、とりわけそのなかで異彩を放っていたのが、当時学問所の助教で一八歳だった高間省三である。穂高健一氏は、大会議のなかで老中小笠原長行の暗殺を主張する省三を活写している。[17] 確かに、「士より足軽迄、凡そ千八百人程学問所へ集まり、壱州殿（小笠原長行—筆者註）を討取申度、内密之上書連判ニてさし上申す」という情報が広がっていた。[18] 広島藩の少壮藩士たちの意見は、急速に「皇国」の汚辱としての幕府に、力で対抗する方向へ傾いていった。この広島藩の学問所こそ、頼春水・春風・杏平の三兄弟（「三頼」）が活躍し、春水の息子で『日本外史』を著した頼山陽が活躍した場所であった。朱子学の深い伝統に支えられ、幕末維新期には阪谷朗廬を招聘することになる藩の頭脳であった。そこに集う少壮藩士の決起の意志が、これ以後の広島藩の軍事に強い影響を及ぼすことになった。

この学問所会議の様子から、藩士の過激な行動がいつどのように勃発すべきか予測のできないほどであったわけだが、藩主長訓・世子長勲父子は、この会議の様子を聞いて驚愕し、全藩士を城中に集め、世子長勲は城中金之間で藩士の説諭につとめた。其の要旨は以下の通りである。[19]

長防裁許の模様が約り紛乱に至る虞がある。今や外患も容易でない。彼れ是れの事に仍り、父君御不快の為め御名代として上阪のうへ、天幕へ微衷を備へんとしたが、故あって延引した。然るに赤心が空しくなつたのみならず、幕府の嫌疑は甚だしく、執政の者両名までも謹慎の御沙汰があつた。此の上遂に干戈相交ゆるに至れば、天下の疾苦は今日に百倍し、叡慮の程も如何あらせらるべきか、慨嘆言ふべからざる次第である。何れも熟慮致し、存旨は腹蔵なく申し出よ。万一事故の振舞等あつては本意に反し不都合である。能く心得て下知を待て。

浅野長勲は、辻将曹・野村帯刀の両執政が幽閉・謹慎され、自らも発言を封じられた経緯を簡潔に述べた上で、幕長戦争が開始されれば「天下の疾苦」を招き、「征長」を上辺では勅許している孝明天皇の意志にも反することになった、「慨嘆言ふべからざる次第である」とするのである。つまり、長勲は自分が学問所大会議の主張とまったく同じ考えであることを、全藩士の前で公然と述べたのである。つまり、これ以後、学問所大会議の意見が、藩論となっていくのである。ただし、藩士が不都合な振舞に及ぶことはたしなめ、そのかわり意見ある者は明後一七日までに建白することを許されたのである。

おそらく、その時出された建白の一つが、神機隊の結成構想であったと考えられる。大会議を仕切った小林柔吉・川合三十郎・木原秀三郎・高間省三は神機隊の隊長になった人々であり、木原秀三郎の出身地であった賀茂郡志和にその隊の拠点を置き、そこで隊士たちを訓練したのである。神機隊はこの年慶応三年八月に結成された。学問所大会議の流れから考えると、神機隊は幕府と戦う藩軍の中軸として結成されたのである。しかも、庶民の志願を基礎とした士庶混交の部隊であった。神機隊の兵舎および練兵場は志和村大行寺原、当時の大字奥屋字上條高鉢山の東麓におかれ、多彩な藩士が計画・運営・指揮にあたり、民衆の訓練にあたった。その主な顔ぶれは、計画者として、黒田益之丞・小鷹狩介之丞・木原秀三郎・船越洋之助ら、隊長・参謀等には、川合三十郎（鮮山）・平山靖彦・藤田次郎（高之）・加藤種之助（加藤友三郎の兄）・橋本素行・佐久間儀一郎・高間省三・笹村義蔵・藤田多久蔵らであった[20]。

さらに、この神機隊の基地となった志和盆地では、八条原に新たに城が築かれはじめたのである。『芸藩志』の慶応四年八月九日の記事によると、「広島は交通の便は良いものの、平坦な地形であり、近年の戦闘では守ることができない」、一方で、「賀茂郡志和は四方が山に囲まれ敵が侵入し難い」、「ここを非常の際に使用する場所に定めた」とされており、非常時には志和盆地も拠点とすることが決められたようである。志和盆地は海岸から約二〇㌔離れた内陸に位置し、周囲を七〇〇㍍級の山に囲まれた面積約六六平方㌔の盆地である。そのため、盆地の主要な出入口を塞ぐことによって、盆地全体を要塞化できる。また、盆地は八〇〇〇石の石高があり、兵糧米を確保できるなどの利点があげられている。

慶応四年八月、藩主浅野長勲は、実の父である浅野懋昭とともに、道家牧太・宮田真経・黒田益之丞・高間多須衛らの重臣を従えて志和盆地を訪れ、志和西村八条原に縄張りを行い、藩主の別邸、鉄砲鋳造所、銃薬製造場、練兵場(21)の建設として工事を始めた。志和盆地内の石は、大小を問わず八条原に集められ、敷地を取り囲むように、高さ一㍍、幅五〇㌢の壁が造られた。中央部には藩主の邸宅が建てられ、これに接して、政治を行うための政事堂が造られた。藩主の邸宅には大きな玄関があり、二四畳の大広間をはじめ大小六〇の部屋をすべて合わせると四四〇畳、庭には松の木四〇本を植えた。(22)米倉が造られ、これまで広島城下に運ばれていた志和盆地内の米は、すべてこの米倉に納められた。また、藩士の子弟にイギリス式練兵と漢学を教育するための文武塾が開設されている。工事の開始に伴い、志和盆地に出入りする主要な通路六ヵ所には柵門が設けられ、常時番兵を配し、他藩の者は通行禁止、盆地内の住人であっても、庄屋が発行した通行札を持たなければ通行できない、との規制が設けられた。一〇月からは、この規制はさらに厳しくなり、広島藩士でさえも通行するには通行札が必要になった。

工事には、連日、数百人の職人と人夫が徴用され、盆正月も休まず続けられた。工事が続いていた慶応四年から翌明治二（一八六九）年にかけて、広島藩主の浅野長訓や浅野長勲が頻繁に来村して工事を検閲しており、この工事が緊急かつ重要であったことがうかがわれる。しかし、明治二年一二月には工事は中止され、志和盆地の主要な出入口に設けられていた六ヵ所の柵門もすべて廃止された。工事が行われた慶応四年から明治二年は、戊辰戦争の内乱の最中であり、戦乱の拡大も懸念されていたときであるが、同年五月の戊辰戦争の終結とその後の鎮静化によって、工事の必要性が薄れていったと思われる。(23)

五　奥羽における激戦と神機隊

大政奉還から王政復古へと政局が激変する過程で、薩長芸三藩同盟が締結され、薩摩・長州両藩は薩長両軍を水陸両面から無事、上方に輸送し通過させる手段として広島藩を利用しようとした。(24) また、広島藩もそうした政局に重要な役割を果たすべく、慶応三(一八六七)年一〇月一六日、鉄砲二隊に応変隊二隊(兵員総数四三六人)を宇品より汽船万年号・震天号と和船八幡号(万年号が曳船)に分乗させ出航し、大坂一の洲に到着した。(25)

この頃、慶応三年一〇月から一一月にかけて、御調郡の割庄屋宮地与三兵衛・同格咲蔵は「即今の形勢に感する」ところがあって、広島より遠隔の同郡に農兵を設置して、事変発生の際は藩兵の到来までの一時を農兵に防禦せしめようと計画した。そしてこの計画について以下のような献言を行っている。

(1)郡中の百姓どものうち病人・極貧者を除いて一六歳より五〇歳まで残らず訓練を行いたい。

(2)「兵」という名を表に出しては百姓が恐怖心を起こし入隊を拒否するようになる。そこで「聚義団」と称し訓練をしたい。これにより「兵ヲ農ニ伏置、事ナキ時ハ耕シ、事有時ハ戦ヒ、兵農ノ差別相立不申、闔国皆兵ニ仕度」い。

(3)訓練は農業に差支えないように近隣で月に三〜五日程度、午前か午後かに行いたい。

(4)訓練に必要な銃器・火縄・硝石などは藩より貸し下げてほしい。

(5)農民居住の村方に事変があるとき、その防衛にあたるのであって、外方への出兵はしない点をあらかじめ明言してほしい。

藩は同年一二月に至ってこの献言を採用して「聚義団」の設立を援助し、「沿岸四郡」全体にこれを設立せしめようとした。このように、現実の戦争を目前にして、郡村の防衛意識は確実に高まっていたことがわかり、人々は軍夫負担などに不満を述べるだけではなく、戦時に積極的に対応しようとしていた。神機隊の結成も、少壮藩士の主導ではあったが、こうした郡村の人々の自主性・主体性に依拠していた。のちに武一騒動の基盤となった山県郡でも慶応三年一二月に、広島に出府していた割庄屋らが農兵設立の計画を立て代官に申し出ている。(26)

慶応四年正月三日に鳥羽・伏見の戦いの戦端が開かれた際に、広島藩は総司（隊長）岸九兵衛が隊員三一九名を率いて参戦していた。しかし、戦闘が始まった際、総司の岸が戦闘を傍観するのみであり、戦機を逃してしまう結果となり、世子浅野長勲の大きな怒りをかったのであるが、この事件がその後の中央政界における広島藩の位置を決める重要な役割を担ったと言われている。この戦いで遅れをとったことが、広島藩兵が奥羽へ転戦して積極的に戦闘を繰り広げる原因になっている。

藩士黒田益之丞らは鳥羽・伏見の戦いで戦機を誤り、功績をあげることができなかったのを遺憾とし、「藩名回復」のために出兵を請願した。賀茂郡志和村（現東広島市志和町）に屯在していた神機隊より精兵三〇〇人を選抜し、六小隊の一大隊を編制し、役付等二五人を加え、慶応四年三月一六日宇品を出発した。(27)

そして、神機隊は江戸を経て、関東・奥羽を転戦し、福島県浜通りでの仙台藩・相馬藩・米沢藩・幕府軍残党など強力な軍隊との激戦に、あえて志願して突入していったのである。神機隊の隊長の一人であった高間省三は、福島県浪江の戦いで撃たれ、討死した。慶応四年八月一日であった。阪谷朗廬は討死した教え子である高間省三を顕彰するため、「高間壮士之碑」をしたためている。(28)それは後に『忠勇亀鑑』に掲載されたが、その本の表紙には「軍人必読」という言葉が付されている。(29)

省三諱は正忠と称す。広島藩の士族なり。幼にして気宇疏蕩小節に拘らず、好みて大義を談ず。復古の事起るに当りて、省三慨然として袂を投じ、同士と隊卒を率ゐて平安に入る。適々奥州応援の命あり。即ち艦を走し江戸府に至るに、府下猶ホ洶然たり。五月十四日の夜、朝廷命じて東台の族を駆らしむ。我ガ兵飛鳥山に拠る。省三砲隊を領し逃族を斬獲し、尋ぎて命を奉じて近郊諸賊を掃蕩し、進みて甲府城を衛る。帰途。賊。(句点原文のママ、以下同)所沢駅に屯し抄掠すると聞き。馳せて其ノ巣窟に入り諭し降して兵器を収む。駅民大に喜ふ。既にして闔軍命を奉して江戸を発し、磐城の平城に到り、陣を久濱駅に進む。賊陣を堅くして三五里の間にあり。時に七月廿二日なり。是より先キ、天子諸戦に死するものを悼ませられ。祭場を平安の東山に設け給ひしかば、諸軍兵間に在るもの皆感奮す。省三慷慨して心必死を期し、巨觥を挙げ節を撃ち。淋漓吟じて曰。

一辞郷里走王難　七月遠征東海端
生死地連三五里　短小銃迸萬千丸
姓名唯願留天地　骸骨素甘横葦萑
聊慰庭闈知底物　帝京高処上神壇

と明日黎明に因藩の兵と同じく進むに、賊広野駅に拠り山上に数砲を配置し、銃砲交々発して因兵前むを得ず。我兵渓を踰へ草木を披きて山に拠り、激戦して夜半に至る。賊気太だ鋭くして、我が弾薬已に竭きたり。衆疲れ気沮みて闘死せんとするものなし。省三独奮ひて曰ク、畯に猶ホ十六弾を遺せり。以て一戦すべしと。時に纖月岫を出て、一望するに微明なり。乃チ連に點発し、烟焔空に騰り。響き山嶽を撼し。賊臺大に騒く。弾尽き天く。省三衆を麾きて大に呼び、刀を舞して衝突す。賊みな披靡す。遂に駅を奪ひ、此より連日転闘苦戦す。廿八日進みて富岡駅に入る。駅東は大野にして千代岡原と称し、秋草天を摩す。賊要害に拠りて三大台を築く。我レ長、因の二軍と謀り、軽兵砲を駆りて台を攻む。省三先ヅ進みて中台を撃つに、賊砲三面とも競ひ跳りて台に登り、縦横斬伐す。賊潰え走り左右の台も随て敗る。廿九日長、筑の二兵と山に循ひて進撃すれば、賊山腰に拠りて発砲す。筑軍惧れて趦趄す。省三又刀を抜きて衝突し、進みて諸軍と新山駅に会し、向ふ所を分定す。我ガ兵本道の先鋒たり。戦酣にして酒を呼び豁拳して相戯るに、省三連に勝ち。起ちて舞ひて曰。今日余必ズ族砲三四門を奪ひ、以て芸国男子の伎倆を示さんと。奮戦して浪江駅の口に迫り、隊を分ちて攻撃し。勢に乗して賊を駆る。賊台に拠りて戦ふ。省三乃ち衆と力を揮ひて疾く撃つ。飛丸忽チ額に中りて眩倒す。衆進みて賊を掃ひ砲を奪ふ。而して省三は終に救ふべからず。実に八月朔日なり。賊の平定するや、隊卒その断髻及ビ血衣佩刀を携へて藩に帰る。刀鍔の残欠すること鋸歯の如く、其ノ激戦たるや想ふべきなり。且ツ江戸より奥州に向かふとき、書を父に寄せて曰ク、児此ノ行王事の為メ死せん。大人願はくは喜びて哀むなかれと。蓋シ其ノ忠孝義勇天性に発するものなり。死するとき年僅に二十有二。

省三の戦いを、簡潔ではあるが、細部まで網羅してたどっている。阪谷自身が、その事跡を詳細に調べた結果であることがわかる。省三は、岡山県井原市にあった郎廬の塾、興譲館に遊学し学んだと言われている。郎廬がこの碑文をしたためた経緯は詳らかではないが、特別な思いを抱いていたことが受け取れる。また、のちに浅野長勲が顧問として朗廬を招聘したこととの背景の一端を物語っており、広島藩の学問所と朗廬との何がしかの関係をうかがわせるのである。

註

（1）金谷俊則『武一騒動―広島・旧浅野藩下における明治農民騒擾の真相―』（中央公論事業出版、二〇〇五年）四三頁。
（2）広島県立文書館『平成二十二年度広島県立文書館文書展　激動の時代　幕末維新の広島と古文書　平成二十三年三月二十八日（月）～六月十一日（土）』三頁。
（3）小鷹狩元凱『元凱十著』（弘洲雨屋、一九三〇年）一〇二頁。
（4）広島県立文書館前掲書、二頁。
（5）同前、三頁。

（6）小鷹狩元凱『坤山公八十八年事蹟』乾（林保登、一九三二〈昭和七〉年）一二七頁。
（7）財団法人広島未来都市創造財団広島城『しろうや！広島城』No.33（二〇一二年一〇月二四日）一頁。
（8）同前、二頁。
（9）広島新田藩七代藩主。
（10）前掲『しろうや！広島城』No.33、二頁（典拠は『芸藩志』）。
（11）広島県立文書館前掲書、五頁。
（12）同前。
（13）同前。
（14）同前。
（15）前掲『坤山公八十八年事績』乾、一五三頁。
（16）同前、一五四頁。
（17）穂高健一『幕末歴史小説　二十歳の炎』（日新報道、二〇一四年）二八頁。
（18）庄原市史編纂委員編『庄原市史〈近世文書編〉』（庄原市、一九八〇年）五一〇頁。
（19）前掲『坤山公八十八年事績』乾、一五四〜一五五頁。
（20）中村巽編『西志和村誌』（大山正樹、一九二四〈大正一三〉年）二六三頁。
（21）同前。
（22）前掲『しろうや！広島城』No.33、二〜三頁。
（23）同前。
（24）広島県編『広島県史　近代1（通史V）』（広島県、一九八〇年）五頁。
（25）同前（典拠は『芸藩志』八〇）。
（26）同前、二五頁。
（27）同前、一六頁。
（28）阪谷朗廬関係文書、「一七二　碑　九」。

（29）吉田升太郎『忠勇亀鑑：軍人必読』（八尾書店、一八九三年、国会図書館デジタルコレクションによる）一二七〜一三一頁。

第三章　救民の構想と軍事

一　明治二年の凶作

戦時を経験した広島藩領の人々は、飢饉を媒介に救民を中心とした社会の再編成を試み、そのことがやがて史上稀にみる全藩一揆につながっていく。この章では、戦時を受けて、飢饉が新たな社会編成の試みにつながっていく様子を概観したい。

明治二（一八六九）年、戊辰戦争の動乱を経験して間もなくの広島藩領は、深刻な飢饉に見舞われた。広島藩は翌年の五月に太政官に以下のように報告している。

三年五月七日

広島藩管内村々水損ニ付収納減額

広島藩届　弁官宛

昨年夏秋間久雨水損、加之冷気早霜ニテ、当藩管轄内地奥入郡村稀成ル凶作、皆無同様ノ場所モ不少、其外惣体稲作ヲ初都テ秋作不熟、依之辛ウシテ租税収納之統ハ一応取計セ候ヘトモ、其跡忽チ飢餓及ヒ難捨置ニ付、種々平常中付救助貸付米等現石八万八千四十石三升七夕六才并価ヲ減シ、売米等現石弐万四千五百九十六石五斗八升

五合五夕六才、全ク昨年収納ノ内欠ケ米ニ相成申候間、一応御届申上候様、広島表ヨリ申越候此段御届申上候
以上(1)

この報告では「水損」と述べているように、夏から秋にかけての水害の被害があり、それに加えて「冷気早霜」が襲った。被害は「奥入郡村」とされ、藩領の内陸部で深刻だったことがわかる。それ故、多額の「救助貸付米」や収納米減価等の対応が行われたことが記されている。そして、「稀成ル凶作」で収穫が「皆無」のところもあるほど深刻であったことが語られている。

被害が最も深刻であったのは、山県郡であった。「加計万乗」には、「(明治二年)十二月四日、救済方用係被申付、是は当六月上旬より土用後迄雨降続且冷気に有之、田稲凶作奥山各村は種も無之、此辺も平均五六分之作にて、天保丙申年よりも甚敷、暮秋之頃より袖乞追々多人数出、一同及困難」と記録されている。(2)大雨と冷気に関しては太政官への報告と同じであるが、「平均五六分之作」と収穫割合が記されており、「天保丙申」、天保七(一八三六)年よりも被害がはなはだしいとしていて、天保の飢饉を上まわる被害であったことがわかる。

山県郡から広島城下には流民が続々と集まり、食を求める光景が見られた。藩は西白島町に巨大な仮屋を建設し、流民たちをそこに収容し、粥を炊いて施与するなどの応急措置を講じた。(3)このことからも、天保の飢饉を上まわる被害という見方が、決して大げさではないことがわかる。

二　藩の対策

広島藩は、こうした深刻な飢饉に対して、仮屋などの応急措置だけではなく、より抜本的な対策をとった。明治三

（一八七〇）年三月、藩主長勲みずから藩士一同に対して、凶荒救済の措置として藩士の俸禄を差紙で代用することを伝えた。次の史料は藩主長勲が命じた内容が記されている。

昨秋の不登は、本藩に於て稀有の天災にて、実に天明・天保以来の凶荒なり。就中、東北部高田・山県・三次・恵蘇四郡の如きに至りては、地方により、或は諸作皆無の村落も尠からず、因りて一村を挙けて殆んと流亡四散し、往々に餓莩のものあるを見るに至れり。是に於て右郡々連りに窮状を訴へ、臨機の救済を乞ひ出つる事頻頻たるにより、之か救米等種々施設するありて、其額は現米八万余石の多きに上れり。然るに、当藩の財政たるや、癸丑（嘉永六〈一八五三〉年）以来時勢変遷に伴ひ莫大なる出費相踵きて、遂に内外の藩債日に月に増加して、之れを如何とも為すべからざるに至れり。よりて惟みるに、朝廷に対しては、宜く速に財政を整頓し得て、上下共に心を安んじ、各其職を治めん事を苦心すへき所なるに、今や却て斯の如き凶荒に会し、莫大なる費用を重ぬるに於ては、公廨も支へ難く、藩士秩禄の支給も困難にして、其方案に苦しむに際せり。然るに郡衙より当秋納に至るまて、尚壱万七千石の救済米を要する旨を稟告せり。已に前述の如く困難へ加ふるに、此要求ありて之に応する方法あるなし。然りと雖、藩民撫恤の道立たずんは、支配の職責免るべからす。而して其方案の出るなきを以て、已むを得ず藩士と共に其苦を分ち、各自の禄米支給方を取捨するの外、他に救済の方策なし。然れとも去歳秩禄改定以来、藩士も家計窘迫に際し、再び之を削減支給する事は、公に於て頗る苦慮せられ、忍ひ難き所なれとも、已むを得ず禄米支給方の取捨に決し、現米と差紙とを混交して、来四月より之を交付し、以て財政の融通を謀る事と為せり。依て本日藩士を登城せしめ、公親く之が訓諭の為め出座ありて、之を執達ありたり。[4]

長勲は、「癸丑以来」、つまりペリー来航以来の海防・軍事に莫大な出費があったという根本的な事実をおさえつつ、新政府の成立に伴って財政整理を迫られている状況のなかで今回の飢饉が発生していると述べている。そのために明治二（一八六九）年に救米その他で八万余石を必要として、さらに明治三（一八七〇）年には一万石の救済米が郡用所より求められている。そのため、藩士に支給する禄米を減じざるをえない。ただし、海防・軍事への出費などに対応するために、すでに藩士への禄米を減じているため、さらに版籍奉還に伴う「秩禄改定」に伴って藩士の家計も逼迫しているので、さらなる家禄減額は深刻な事態を招きかねない。そこで、家禄米の一部を差紙で支給するという苦肉の策を打ち出したのである。はたして差紙が米に交換される可能性があったかどうか定かではないが、「藩民撫恤」のため「藩士と共に其苦」を分かつ姿勢を示したことは重要である。

さらに長勲は新たな政策を打ち出す。まず藩士たちに下問して、具体的な飢饉対策の提案を促した。そうしたところ、竹田頼太郎という藩士が、「新開方」という役所に貯蓄金があるので、これを利用して、広島城下に近接している佐伯郡東境の己斐村との中間にある川下の大干潟を開墾すれば、官民ともに利益が大きい。そしてその開墾の働き手として飢餓に苦しむ人々を用いて賃金を与えれば、救民対策になるという提案であった。藩にとってこの政策はあらたな出費を必要とせず、開墾した土地を畑に利用することが可能で、さらに救民対策にもなるので大変好ましいものであった。

長勲はただちにこの提案を採用して、竹田頼太郎を少判事に任命してこの事業を担当させ、明治三年二月七日より事業が開始された。頼太郎は事業の途中に病死してしまうが、事業自体は他の藩士に交代して竣功することになった。問題は飢餓に苦しむ人々を労働者としたため能率がよくなく、作業に時間がかかって日数を要したようで、その結果、予算の金額も当初の見込みより超過する結果となった。しかし、開墾の結果、一一〇石を超える開墾地ができあがり、その東北は広島城下の新開方に、その西南は佐伯郡の草津村に属する陸地が誕生したのである。開墾地は、事業が実施された同年が庚午の年であったため、庚午新開と呼ばれるようになり、その後良田として大きな利益をもたらすこ

とになった。(5)

一方、山県郡の割庄屋をはじめとする百姓の側も、独自の対策を講じている。例えば、山県郡の産物である楮・紙・材木類の「勝手商」を「救済趣法」として認めようとしていた。そのため、「広島本川下モ神崎ニ而、山県郡生産方受払場所」を設置している。(6)

三　救民と国防

前述したように、藩主（知藩事）浅野長勲はペリー来航以来の深刻な財政危機と、その上に生じた明治二年の飢饉の被害を深刻に受け止め、藩士たちに対策を下問した。その際、長勲は藩士のみならず、庶民たちにも意見を求めたようである。小鷹狩元凱は、「広く下問に及ばれた」としており、(7)藩士たちに限定されなかったことをほのめかしている。政治顧問である阪谷朗廬の「公論」重視の提唱を受けて、必ずしも会議という形態ではないが、言路洞開をめざす長勲の姿勢を見るのは甘い見方であろうか。

そして注目すべきことは、この下問に積極的に応えた百姓がいたことである。その百姓は長大な「口演書」を提出して、下問に応えた。その農民こそ誰あろう、翌年広島藩領全体を震撼させた「武一騒動」の首謀者と目された森脇武一郎である。森脇武一郎は山県郡有田村十日市、現在の広島県山県郡北広島町の人である。武一郎の家は農業のほかに、石州街道沿いで西本屋という旅籠を営んでいた。本書では、飢饉の被害が最も深刻であった山県郡の住人であるという点に注目したい。

武一郎の「口演書」の内容については、金谷俊則氏が六点にまとめて簡潔に説明してくれており、あるいは『千代田町史』も七点に要約して記述している。(8) しかし、本書では、名田富太郎氏が紹介されているものを参考に、『千代田町史』に掲載されている全文を、(9) あえてここに掲載したい。それはあくまでも草稿ではあるが、武一郎という人の主張の論理とそれを支える教養を、できるだけ生で把握していただきたいからである。名田氏の著書のなかで長大な古文書がそっくり取り上げられているのは、この箇所だけである。具体的な説明はないが、名田氏はこの文書の重要性を強く感じておられたのではないかと推察する。名田氏は原文を独自に読み下しておられるが、武一郎の論理とその文章の味わいはしっかり受け止めることができる。なお、左傍線は、ミセケチ（ミ）を示し、①～⑧の番号は筆者が便宜的に付したもので、さらに筆者なりに句読点を補っている。

明治三年庚午二月上ル

乍恐奉申上候御国政向口演書附ひかえ

山県郡有田村百姓　武一郎

乍恐奉申上候御国政向口演覚《書》　　山県郡　有田村

① 一、年々生々《歳々》花。《如》相似たり、《何事も》我成と思ふわ愚、草も木も四季折々の時を得て咲と《古歌ニ》御座候ハ、、《畢竟》御上ミ御仁政御国中一統隅々迄。《被為》行届キ候へハ、社、御国民豊《安堵》に居《衣》食住も相叶候処、兎角ニ気《万民》取違よりして我意相募り、私欲ニ付《忠》仁《孝》義五《信》常之道を失イ、動スレハ御上ミ江御厄介筋奉差備候事、実以不相済之義与奉存候へ共《奉恐入候次第ニ御座候ハ、何ケ体被為仰付候テも兎口無御座候処》△下タ方愚昧之百姓共故哉、其罪を以不咎メ。《不被為在》して、却而今般御一新ニ付変革御趣意ヲ以、各郡一統御役前方之仕馴、夫々被為在御問訊《候上》除害被為仰出候段、御国中御一洗衆心評同《平等》之御主意、誠ニ孤島海浜奥筋在々迄。《〇御仁政》被為行届難有《御趣意》ら義与御恩沢奉感戴候、加之、去秋ニ至り候テ者御かな《仮名》書之御教書各郡村々江御下ケ《渡し》被為遣、難有拝見仕候、《奉感服》就而者郡御奉行《権大属》

様寒暑も不被為い《厭》とわせ、極寒之砌りたり《為》とも御徒歩ニテ各郡御回村被為遊《在》、前御趣意百姓共《休泊所へ》御呼集メ御綿密ニ御説得被為在、拝聴仕一統御主意感服仕候、其後又々各郡共御代官《史生》様同被為在御回村、再度御新《一》之御趣意入々御説得被為在《成遣》、尚々奉感戴候、其《尚》節被為仰付候御意ニ、此余御国政向ニ付心付も候ハヽ、貴賤之無隔テ直《簾》々可申出、其品御議論之上国家之益筋ニも相成候ハヽ、御取用ひ有之候間、得斗考合致し可申出様被為仰付《渡》難有奉存候、就《随》而者《而》私共御咎メも不顧心付之愚意左之通り一ツ書ヲ以奉上候、素ゟ薄智短才愚昧之私共ゟ奉申上候事、重々恐入《奉》候義ニ御座候へ共、前章御代官《権大属》様之御口演ニ寄《随ひ》乍恐奉申上候△

② 一、各郡とも村方故障有之《出来》候節者、其組々割庄屋衆中之御自宅、或者隣村庄屋御自宅江御呼出し、数日御聞約メ《被成下》、御出役人御賄方・小走り・筆者等迄家《自分》内御人数ニテ相調候へ共、入用仕出しの節者夫々壱人宛初日ゟ終ル日迄雇ひ人として、賃飯米等多分仕出し《有之》、其外雑費入用広大ニ相成り、百姓共迷惑仕《不少》、夫レが為ニ亡滅仕候族も数多有之《御座候テ》歎入候処、自然ニ御上ミに貫通し、各郡共。《○自宅約メ御差止メ》御郡府御役所江御呼出し《○御評定》、。御吟味被為成遣《候様相成》。明白ニ相片付、殊ニ者諸入用過半ニテ相済、誠難有《仕合ニ》。奉存候処、其砌り夫々下宿被為仰付、事柄ニ寄り候テ者三十日・五十日、或者半年・壱ケ年も相掛り居候《事儘御座候テ》、下宿入用多分ニ相成り《掛》、実ニ《是又》迷惑仕候、依之已来各郡とも御役所御門内江、は《梁》り弐間ニけ《桁》た弐拾間之長屋ヲ被為建《置》、弐間に九尺宛之竈ニ分ケ、凡拾三四竈ニ分、其内ニテ悉皆住喰相調候様ニ被為仰付候ハヽ、互ニ在宿持合之麦粟大根等持参仕、塩味之義も有合ニテ為相済候ハヽ、下宿一日之入用ヲ以五六日も立行、加之下宿ニ多人数居合せ候ハ、中ニ者富たる者も《福融之融》居合、貧民たり《之者共》被進。仕ニ《彼レニ》付、乍恐酒宴等仕候《不得止 相催申候》者も折節有之候而、人気狂ひ可済寄事ハ難済寄相成候様之義《儘》も御座候ハヽ、御《御上ミ》厄介増ニも相成り、当人ハ不及申一統之迷惑ニも御座候ハヽ、何卒願之通り御聞届ケ被為遣候ハヽ《○御仁政も被為行届》、。難有《仕合ニ》奉存候

③ 一、各郡とも富たる《足る》者者土蔵を相建、米穀金銀者勿論、衣類諸道具惣而当分《目前ニ》不用之品物不残入置、火難《盗難》を遁レ被

致候処、近年時勢ニ連レ強盗多ク出来湧、土蔵之かべ《壁》を切破り、錠ヲ焼キ切種々之手立《段》ヲ以忍ひ入。盗取《品物》り候、甚敷賊とも八乍恐も御上ミ御蔵所、或者村々御社倉蔵・御年貢米納所郷蔵迄《江》忍ひ入候、就而者互ニ米穀之外金銀衣類。《大切之品物》ハ不残主人之居間江引取り候、左候時者火難ヲ遁レ候事難出来、折角建置候土蔵用弁ニ難相成候得者。今《此段歎》般相改メ《ケ敷義与奉存候、依之》土蔵壱ケ所ニ付御《毎月》冥加米五合宛壱ケ年《難遁米与号し》に六升奉差備候、《然ル》上江者、已来土蔵江相障り候盗賊者召捕次第死罪《御刑罰》ニ御行ひ被為成《在》遣候御規則《様》御掟テ御座候ハヽ、何ケ成強盗無道者《もの》たりとも、誰か生有者者死ヲ恐《不破》さらん者者不可有之候へ者。《御領内ハ勿論》他領迄響キ、御国内江入込不申、自然ニ行届キ《御掟》盗難ヲ遁レ可申与奉存候、《左候へ者為》富たる者之手元ニ当り以テ者前章御冥加米聊成事ニ候、近来右等之難事ヲ恐レ、土蔵建方《造》。《ニ付》二重之かべ《壁》或者錠前之左右惣鉄延板抔とヲ相用、多分之金銀ヲ費し候へ共、御城下又。《三原》ハ尾道・三次・宮島其外諸所々の町家ト違、孤島・海浜・奥筋ニテ者、皆々離レ家ニ候ハヽ、盗賊とも夜終ヲ工風致候《手段ヲ考》、何ケ成構《堅》へ候テも終ニ破り入候事毎度御座候テ、《一統迷惑仕候、然ル》私折節御領内通行之砌り見積り候処、芸備御領内村数凡六百七拾余村ニテ、土蔵数弐万五六千、其外町家格《ハ》別ニ多分御座候ハヽ、都合凡五万余ケ所も御座可有と奉存候、《心積り仕候》然ル時者御冥加米三千余石、是ヲ以御領内之貧民を御救助被為成遣候ハヽ、富たる者之出米ヲ以難渋之《ヲ》助ケ、全双方貧福之駆引一失十得之通りと奉存候、此段厚御判断被為成遣候様、《御治定被為仰付候様》伏而御願奉申上候

④

一、農家第一用物者牛馬ニ御座候処、近来諸色高直ニ相成候ニ引連レ、馬口労共雑費入用多分相懸り、縮る処根方百姓之迷惑ニ相成候、加之牛馬共生レテ六歳迄ハ凡は口《歯》を見て積ル歳相分り候得共、其余者十歳十二三歳たりとも相分り不申候へ者、中ニ者不心中之馬口労とも。者《有之》種々謀計ヲ工ミ、偽言ヲ以百姓ヲあさむき《欺》、莫太之《不当之》金銀取引仕候、夫レガ為ニ二三度も牛馬を仕替候時者、元之種を失ひ、十々牛馬ニ離れ、差当り作行ニ迷惑致し候者共数多御座候、然レ者迚テ牛馬無之候テ者忽チ作行《業》相成不申ニ付、《不得止》。田畠夕売払。《又買求メ終ニ》亡滅仕候族も村毎ニ多分御座

候、全《是》ク午口労の仕馴悪敷事ニ候へ共、互ニ百ニ千《偽り》ヲ取《之道理ニして》。牛口労同士偽り合候ハヽ、其者へ当り大金を掠取富ミ申候事も難出来、郡中大イニ乱其失皆百姓之迷惑ニ相成候、依之何卒《○御一洗之御場合ヲ以已来》。各郡大村ニテ弐人、小村ニテ壱人宛《○正路之者御人選被為在候テ》。午口労目付被為仰付、百姓《共》牛馬仕替度候節者、春秋《共》其人之手元江申出置候ハヽ《テ》、諸方ゟ馬口労共牛馬追イ来り候節、目付之見計ひヲ以夫々仕替候へハ、格別不道理之事致間敷《シ》、善悪之見損しも無御座、実ニ百姓成立之一助ニも相成可申与奉存候、前《且》章牛馬仕替候節口銭として双方ゟ米壱升宛取立、其内壱升ヲ以御冥加ニ奉差備、残ル壱升ヲ以右目付人之世話賃ニ遣ハし候ハヽ、其身も相立《候》、尤も是迄仕替《候》時ハ商ひ治定酒と号し、分限ニ相応シ酒肴《出シ》仕候事仕馴ニ御座候処、夫レヲ丸ニ御差止メ被為成遣、畢竟其場之おこり《奢ニ》ニ候ハヽ、前章口銭ニテ可然与奉存候、且又御領内ニテ者牛馬之数難計《量》大造成ル事ニ候ハヽ、仕替候度毎壱升宛御上ミ江御納所仕、其員数又御領内之難渋者へ貧民御救助米と号し御下ケ被為成遣候ハヽ、国中一統融通仕難有奉存候、此段厚々敷《御国民成立候ハヽ私欲無道者おも絶ヘ果、御国盛成時者軍御防禦之端しも相成可申与奉存候》御判断被為成遣候様、只管御願奉申上候

⑤

一、近年時候不順ニ付、諸作不熟仕候事一統之義ニ付、巨細奉申上候事憚《恐》多奉存差ひかへ《控へ》仕候、然ル処右ニ順し山野草木迄延立不申、たとへハ畝数三反有之候壱ケ所之草山ニテ、先年把数千把も苅り取り申候処、近年唯五百把か或者三百把ニ落《絶果テ》候故、田地之肥しも自ツと得不仕、地面追々衰《絶テ諸作》へ出来立《不申》。候様相成、奥田・山辺り抔与ハ小《終》荒と相成候ケ所も御領内に多分御座候、しかれハ迚テ、外に田地肥し等無之ニ付、無拠干鰯或者正石灰等相用ひ候処《近来》、諸色高直《ニ付》仕入方六つケ敷《限銀ニ》相成候而者、商ひ人相場高下ケヲ恐レ、百姓之手元へ秋延ニテ貸付呉レ候業相叶不申、現《差》銀ニテ買受肥し仕候事、百姓《是又》業ニ相叶不申、依之山草前章奉申上候通りニ相成、春苗代仕付之時より今《少し》肥しを致候ハヽ、必出来立《定》苗《も》程能生立候ハヽ、稲有付もよし、秋ニ至り候ハ、今乃至米壱斗丈ケ肥しヲ加へ候《置》ハヽ《秋ニ至り》、倍増三斗も作り増《出し》可申与者《一統》。奉存候へ共、近来困窮ニ陥り相互に歎キ悲《其業不相叶》ミ申計りニ御座候、依之何卒百姓

御撫育之ため、灰・干鰯等《御上ミ》御仕入被為成遣、各郡村々庄屋許へ御下ケ被為遣、《其》村々百姓作地分限ニ応し御貸下ケ被為成遣候ハヽ、十分ニ肥しヲ仕、秋ニ至り出来《米》ヲ以速ニ御上納可申与奉存候、《へ共》乍恐御上ミ《方今之形勢乱ル御場合柄》御銀出も被為つとわせ候御場合ニ御座候ハヽ、不容易義与重々奉存候へ共、百姓一統成立之一助ニ御座候ハヽ、御咎メも不顧奉申上候

⑥

一、外部之義者一円存不申候得共、当郡口筋・中筋ニおゐてハヽ。《従来》御給所過半御座候ニ付、取立給役衆大村ニ者七八人ゟ十人、小村ニテも四五人宛、外ニ長百姓共右ニ準シ十人或者五人七人、其下タニ社倉十人組と唱へ是又十人同七八人、次ニ五人組と申テ大村ニ者九十人八十人、小村ニテも弐拾人三十人仕馴御座候テ、惣立合申候時者、惣《而役付之者》庄屋共ニ者百人余ニも相成り候テ、日役失費等も不容易義ニ御座候、其外急務御回達等之砌も多人数過キテ却而火急難届キ義も是迄数度御座候ハヽ、已来者。《御改革之御主意ヲ以》何卒総御高或者家数ニ応し惣庄屋之外組頭衆、凡御高弐百五拾石ニ付壱人、五百石ニテ弐人、千石ニテ三人、千五百石ニテ四人と御定メ被為遣、長百姓之名目か五人組之名目か、何れ一方御絶し被遊、御高五拾石ニテ壱人、五百石ニテ十人、五百石ゟ千石迄ハ十五人、千石以上ハ廿人十人ニして、火急御回達之砌りニ者、庄屋許ゟ其組へ直達、惣而諸願筋其組《筆頭》ゟ庄屋許へ直取次相成《願》候ハヽ、村方失費大イニ減し急務之御用解安き上下貫通、現業も相建可申与奉存候、尚又御社倉方之義ハ、春・夏・秋俵積替計り之事ニ候ハヽ、小村ニテ壱人、大村ニテ弐人・三人迄ニ減少被為仰付候ハヽ、夫レニテ相調可申物《様》与奉存候、此段宜敷御判断被為成遣《候ハヽ》上ミ下モ貫通致し、百姓成立之一助ニも。《相成可申奉存候此段》乍恐心付奉申上候

⑦

一、御上ミゟ御拝借《銀》御救穀等《惣而》御下ケ被為遣候砌り者、庄屋許へ御下ケ被為遣候事、従来之御規則ニ者御座候へ共、近来之時勢ニ付百姓一統疑念ヲ生し、動スレハ○《御役前ヲ相手取》故障取結御厄介筋奉差備候事、各郡諸村とも。《多分》御座候処、《此余》たとへ御役前方正路実意ニ御取計被成候共、末世之有様かして愚昧より疑念ヲ生し候ハヽ、《難御座成》已来者何卒御上ミゟ御下ケ被為遣候御品物金銀米穀何ニよらず、《不寄》村方ゟ百姓之内壱両人御郡府御役所江御呼出し、直々御下ケ被為遣候

武一郎はそこで述べられていること、つまり新政府が誕生して国制が変化したことを歓迎し、藩の「御仁政」を頼みつつ、自分たちを「愚昧」で我意をはる存在としてへりくだるそれまでの形式を踏襲しながらも、その百姓の心を汲み取ろうとする藩の姿勢を歓迎し、その上で要望を述べることの許しを得ようとしている。とりわけ、「権大属様寒暑も不被為厭、極寒之砌り為《たり》とも御徒歩ニテ各郡御回村被為在、前御趣意百姓共休泊所へ御呼集メ御綿密ニ御説得被為在」ていること、さらに、「各郡共御史生様同被為在御回村、再度御一新之御趣意入々御説得被為成遣」ていることに感激していることが述べられ、「貴賤之無隔テ直々可申出、其品御議論之上国家之益筋ニも相成候ハヽ、御取用ひ有之候間、得斗考合致し可申出様仰渡難有奉存候」と述べて、藩の説諭と身分の別なく「御議論」する姿勢を歓迎しているのである。武一郎の「口演書」を見るかぎり、阪谷朗廬の「公論」重視、それこそが道理の実現であり、欧化の真髄であるという考え方が、百姓と共有されていたことを物語っている。こうした「口演書」が書かれたこと自体、教諭―歎願というシステムが現実化していたと受けとめてよいであろう。しかも、長訓の襲封以来、この教諭―歎願というシステムは、広島藩においてすでに現実に機能していたのである。

「口演書」の最初の部分は、ひたすら藩の「御仁政」を讃え、その御恩に感謝して恐れながら申し上げるという形式で述べられているので、一見すると旧来の百姓の訴願と同じように受けとめられてしまう可能性があるが、じつはそこに武一郎のねらいがあったのではなかろうか。その後で述べられる教諭―歎願という形式、公論重視という藩の新たな姿勢の確認こそが、武一郎の言わんとするところなのである。

では、「公論」によって何を実現するのか。「御仁政」の目標が「御国民安堵豊に衣食住も相叶候」ことであることを確認している。

②では、「村方故障」、つまり紛争や揉め事があった場合、割庄屋の自宅で話し合いや裁定が行われているが、賄や

人数が多くかかっているので、その費用を節約して役所の仕事を合理化するためには、郡用所で直接話し合いをしたほうがよいという提案である。さらに、話し合いに出張ってくる村々の人々のために、自炊できる長屋を作ってみてはという提案も付け加えられて、貧しい訴人が救われるという配慮も述べられている。

③は、富裕になった郡村の人々が財産を保持するためにさかんにしっかりした土蔵を作って財産を保管しているが、その土蔵も盗賊によって破られ、あげくのはてに富裕な人々は、高価な土蔵を作ったにもかかわらず、財産を「居間」など身近なところへ置いておくような傾向が指摘されている。そうした事態を回避するために、土蔵をもっている人々から土蔵一棟あたり毎月五升の「冥加米」を徴収すると、「芸備御領内村数凡六百七拾余村ニテ、土蔵数弐万五六千、其外町家ハ格別ニ多分御座候ハヽ、都合凡そ五万余ケ所も御座可有と心積り」できるので、「御冥加米三千余石」に達することになる。それを使って、「御領内之貧民を御救助被為成遣候ハヽ、富たる者之出米ヲ以難渋ヲ助ケ、全双方貧富駆引一失十得之通り」になると述べている。言わんとするところは、富裕税として「冥加金」を徴収し、それを貧民救済に回すという提案である。明記はされていないが、おそらく武一郎は盗賊を生み出す基盤が貧困にあり、土蔵建築に金をかけるよりも貧困対策に支出したほうが社会の安定に資するのであり、結果的に盗賊を防ぎ、富裕者の財産をまもることになるという見通しがあったものと思われる。前述したように、「口演書」のなかで、土蔵造りに手間暇をかけ、ついには財産を身近に置いて土蔵の役割が無になっている富裕層の様子が描かれているが、そこには痛烈な風刺が顔をのぞかせているように見える。

④は、広島藩領の農業に欠かせない牛馬の取引をめぐる提案である。まさに、この箇所の冒頭に武一郎が述べているように、「農家第一用物者牛馬ニ御座候」ということである。中国山地は牛の預託慣行で知られており[10]、草山を利用した牧牛のさかんな地域であって、牛を利用した農業の長い歴史がある。牛の取引もさかんで、定期的に牛市がた

った。武一郎の出身地である山県郡有田村十日市では牛馬市がたてられ、それは昭和三二年まで続いていた(11)。

文久二(一八六二)年三月、当時の庄屋だった立川順三郎に宛てた「当村十日市へ牛馬市立之儀御願書付」という書状に、嘉永六(一八五三)年以来、有田村十日市で毎年のように開かれてきた牛馬市を今年も例年どおり開かせてほしいと願い出ていて、武一郎はほかの二人とともに百姓惣代として署名している。武一郎が三九歳のときである。翌文久三(一八六三)年九月には、立川順三郎に宛てて、この年の六月に行われた市立受(請)芝居の途中で興行主が行方知れずになるなどの騒ぎがあり、その仲裁を行ったことの届け出に、連中惣代として武一郎の署名が見える(12)。また、その折であろうか、文久三年、牛の取引をめぐって馬喰と農民との間で紛争が起こった。市立てする際、馬喰が農民から借金して開設したが、それが取引で回収できず、借金返済が滞ったことが問題になったのである。その際、武一郎は馬喰の頼みを聞き入れ、庄屋にかけあって借金返済の猶予を願い出ている(13)。

牛馬を飼養し市に出すのも、その牛を買い入れて農耕に用いるのも農民であり、市でそれを仲介するのは馬喰である。「口演書」では、市立費用が物価高騰で大きな負担となった馬喰が、農民を騙して低価の牛をわざと高価に売り、高価を負担したにもかかわらず、牛を失って経営が左前になってしまう農民の事例があげられ、そうした事態を防ぐためにも、各村に牛馬の取引を監視する「目付人」をおいて、公正な取引を実現すべきだという提案である。前述したように、武一郎は実際の牛馬の取引を熟知しており、売り手・買い手・馬喰の立場をよく理解していた。武一郎のねらいとしては、三者の利害がそれぞれ実現できるように配慮されたものと受け取ることができる。また、売り手と買い手の双方から口銭として米一升を徴収し、半分を目附人の手当にあててその制度の実効性を高めるとともに、半分を冥加金として役所が受け取り、貧民救済にあてるという提案がなされている。そうすれば、「御国民成立」って、「私欲無道者おも絶え果」て、「御国盛成時者軍御防禦之端しも相成可申」と述べている。幕長戦争以来、山県郡は戦争に巻き込まれ、軍夫の徴発に応じてきた。また、戊辰戦争の際には、農兵隊の組織を志願していた。「軍防禦」という言葉は、たんなる方便として用いられたのではなく、百姓の防衛意識を反映していた。

⑤は、農業に不可欠な肥料についての提案である。草山は牧草地でもあり、田地の刈敷に用いる草を刈る場でもあった。[14]ところが、明治二（一八六九）年の水害などの影響もあり、従来草山三反あたり一〇〇〇把取れていた草が、五〇〇把、三〇〇把しか取れなくなっている。その欠落分を埋めるために、干鰯や石灰などの肥料を購入して施肥することになるが、物価の値上がりで農民の負担が大きくなり、しかも商人が値上がりを見越してなかなか肥料を融通してくれない実態もある。そこで武一郎の提案であるが、藩が干鰯や石灰を買い入れて、農民に貸し下げてくれないかというものである。そうすれば、百姓は必要な時に施肥が可能となり、その結果収穫が増え、年貢も増収になるであろうという見通しがある。したがって、藩にとって得になる話だということであろう。

⑥は、村方の役付の人数が多くなりすぎて、かえって諸費用が嵩み、通達が伝わりにくくなっているので、整理してほしいという要望である。従来は、大村・小村という基準で、「取立給役衆」、「長百姓」、「社倉十人組」代表、「五人組」代表と、場合によっては総勢百名に及ぶような人数になってしまう。武一郎は、村高と家数を基準にして富力に見合う役職数にして、総人数を整理すべきだと提案している。役という点でこの時期の負担を考えると、軍夫の負担や農兵隊の負担など、軍事に関わるものが大きな負担となっていると考えられる。現に、幕長戦争の際に山県郡では、二〇〇〇人以上の農民たちが軍用人夫にかり出された。[15]しかし、この「口演書」では、軍事に関わる負担については、言及されていない。

⑦は、藩から郡村に支給される「御拝借銀御救穀」の支給のされ方についてである。前述したように、一八六九年の飢饉に対応するため、藩主浅野長勲は一万七〇〇〇石の救済米を支給する予定であった。これが各村の庄屋に分配

されて、困窮している農民に手渡されることになる。そこで、「愚昧」であることからくる「疑念」であるとはしながらも、そうした分配方法だと、庄屋が適正に分配しているのか疑念が生じるというのである。そうした疑念を生じさせないためには、郡役所が直接農民に手渡す方がよいではないかという提案である。②の問題とも合わせて考えると、割庄屋や庄屋といった村役人が、自宅で行政を遂行することの問題点が指摘されているように思える。私人であることと官の役割を担うことが混同されていることについての重要な指摘であろうと考える。目立たないことではあるが、こうした点にも幕末維新期の内在的な体制変革の要求が出されているのである。

⑧は、自分の思想的な根拠が石門心学や孝義伝から得ていることを挙げ、参考にした書物が挙げられている。武一郎が石門心学を学び傾倒していた点は注目すべきであろうと考える。石門心学は、享保期に京都の石田梅岩が提唱した民衆のための学問で、勤勉・節約・孝行などの通俗道徳の実践を重んじ、家の維持や再建に役立てることを目的としていた。通俗道徳の実践は人々の主体的な営為であって、自らを規律化することであって、明治維新による近代化の底流になる思想であると把握されている(16)。

また、ここで揚げている『芸備孝義伝』は注目される。江戸幕府は寛政元（一七八九）年から諸国に孝義者の報告を命じ、それを『孝義録』にまとめた。広島藩もほぼ同じ時期、頼春水と頼杏坪の兄弟が藩主重晟の命令で『芸備孝義伝』の編纂にあたり、寛政九（一七九七）年に第一編を脱稿、最後の第三編は天保一四（一八四三）年に発行されていて、拾遺がその二年後に発行されているので、ほぼ五〇年に及ぶ壮大な編纂事業であったことがわかる。割庄屋や庄屋が村の文書として継承している例も見られ(17)、人々が閲覧できる環境にあり、なかんずく、広島藩の公式イデオロギーとして、孝行のあり方が具体的に示されたものと考える。

武一郎は、それらの書物の内容を、老若男女を集めて演舌し、語り聞かせた実績をふまえ、そうした実践を公式に認めてほしいと要望している。そうすれば、「神儒之道」、「忠孝之道」が自ずと人々に伝わり、「御国中一統成立、御上ミ御厄介筋も奉差備不申候様相成」ことが期待できるとしている。

この「口演書」の内容を振り返ってみると、新政を公論政治として受け入れ、貧民救済を中心とした人々の生活の成り立ちを大きな目標として、極めて具体的で説得力のある政策を打ち出していることがわかる。特に筆者の目を引いたことは、④の最後の部分、貧民救済が「御国盛成」る状況を生み出し、それが「軍御防禦之端しも相成可申」と述べている点である。軍備を述べている点はこの一ヵ所で、しかも後で書き加えられた部分であるが、国防のために窮民救済を説いているのであり、百姓の立場から国防を念頭においている点をしっかり見ておく必要がある。そして、この「口演書」の内容をふまえた上で、「武一騒動」とは一体何だったのかを考察する必要がある。

武一郎の「口演書」について考察するとき、有田村の医師であった児玉竹斎（涼庵）とその養子有成に言及しておきたい。名田氏の著書では、武一郎は深夜に竹斎の書斎で「口演書」をしたためている[18]。竹斎は広い教養をもった人物として描かれ、武一郎に大きな影響を与えた人物として位置づけられている。また、金谷氏は、竹斎の養子児玉有成に注目し、彼の経歴を詳しく調べている[19]。それによれば、有成は文政六（一八二三）年高田郡有留村に生まれ、弘化二（一八四五）年～同四年、京都における種痘開拓者だった日野鼎哉の弟、日野葛民に師事し、さらに弘化四年一一月から嘉永元（一八四八）年にかけて、船曳門橘に師事し、嘉永二年正月に有田村に帰って、養父涼庵とともに医業に従事することになった。そして、その翌年嘉永三年五月に、壬生村で種痘をこころみたのである。この種痘の実施は、極めて重要な意義をもっている。西洋医学の成果を、山県郡でいち早く取り入れようとしたのである。残念ながら、種痘に対する当時の壬生村、あるいは山県郡の人々の反応はわからないが、児玉有成は有田村庄屋であった立川順三郎や武一郎に協力し、有田村の近所で山論が発生した際には、「児玉有成頗る之を遺憾とし、新庄村三上一彦を語らひ、関係村民を率ゐて、親しく山林を踏査し、此山論を解決した」と言われている。地域での有成に対する信頼感は、大変強いものだったことがうかがえる。そして、明治五（一八七二）年に学制が頒布されると、第四番中学区取締補助に就任している。

児玉有成はまた、歌人として次のような種痘に関する和歌を詠んでいる。

欧羅巴洲のくすしのさかしくも牛のもかさを世の人に移しうゑつゝ

「欧羅巴洲のくすし」の賢しさに敬意を込めたこの歌からは、彼の柔軟な思考がうかがえ、また、そうした人物が地域のなかで重要な役割を果たし、立川順三郎や森脇武一郎がその感化を受けていたとすると、山県郡諸村の人々を、武一郎がへりくだって述べているように「愚昧」と見ることは、極めて危険である。

註

（1）『太政類典』第一編・慶応三年～明治四年・第百四十三巻・租税・地租四、二九丁。
（2）金谷俊則『武一騒動―広島・旧浅野藩下における明治農民騒擾の真相―』（中央公論事業出版、二〇〇五年）四五頁。
（3）小鷹狩元凱『坤山公八十八年事蹟』乾（林保登、一九三二年）二五九頁。
（4）金谷前掲書、四七～四八頁。
（5）前掲『坤山公八十八年事蹟』乾、二六〇頁。
（6）「当年柄救済方一件手控帳抄録」（明治二年）（千代田町役場『千代田町史　近世資料編（下）』一九九〇年）一一五頁。
（7）前掲『坤山公八十八年事蹟』乾、二五九頁。
（8）金谷前掲書、一三九～一四一頁。千代田町役場『千代田町史　通史編（上）』（二〇〇二年）九八五～九八六頁。
（9）名田富太郎『広島県武一騒動』（名田朔郎、一九六一年）四八～五六頁。前掲『千代田町史　近世資料編（下）』二五三～二五九頁。なお原本は広島県山県郡北広島町有田の片山卓郎氏が所蔵している。
（10）板垣貴志『牛と農村の近代史―家畜預託慣行の研究―』（思文閣出版、二〇一四年）。

（11）名田前掲書、三九頁。
（12）金谷前掲書、一三一頁。
（13）名田前掲書、三八～四九頁。
（14）水本邦彦『日本史リブレット52　草山の語る近世』（山川出版社、二〇〇三年）。佐竹昭『近世瀬戸内の環境史』（吉川弘文館、二〇一二年）。
（15）金谷前掲書、四四頁。
（16）安丸良夫『日本の近代化と民衆思想』（青木書店、一九七四年）。
（17）広島県立文書館『収蔵文書紹介　広島藩における民衆教化と孝子奇特者褒賞』二〇一一（平成二三）年一月五日～三月一八日（展示図録）、七～八頁。
（18）名田前掲書、四六～四七頁。
（19）金谷前掲書、一三三～一三四頁。

第四章　武一騒動

一　廃藩置県の衝撃

明治四（一八七一）年七月一四日、在京中のすべての藩知事が急遽、皇居へ招集され、天皇の出御のもと、右大臣三条実美により勅語が宣せられた。

朕惟フニ更始時ニ際シ、内以テ億兆ヲ保安シ、外以テ万国ト対峙セント欲セハ、宜シク名実相副ヒ政令一ニ帰セシムヘシ、朕曩ニ諸藩版籍奉還ノ議ヲ聴納シ、新ニ知藩事ヲ命シ各其職ヲ奉セシム、然ルニ数百年因襲ノ久キ、或ハ其名アリテ其実挙ラサル者アリ、何ヲ以テ億兆ヲ保安シ、万国ト対峙スルヲ得ンヤ、朕深ク之ヲ慨ス、仍テ今更ニ藩ヲ廃シ県ト為ス、是務テ冗ヲ去リ簡ニ就キ有名無実ノ弊ヲ除キ、政令多岐ノ憂無ラシメントスルナリ、汝群臣其レ朕ガ意ヲ体セヨ(1)

この詔書からわかるように、クーデターとも言われる廃藩置県を支えた正当性の論理は、「億兆ヲ保安シ、万国ト対峙スル」ということであった。版籍奉還を実施しても、「数百年因襲ノ久キ、或ハ其名アリテ其実挙ラサル」状態であり、一気に藩を廃止する必要があるというのである。この論理は近代国家を形成する際に当然の論理として受けとめられているかもしれないが、それはその後の成功神話に影響されたものであることに注意しなければならない。

とりわけ本書では、「数百年因習ノ久キ」という理解の仕方は、強く留保したい。クーデターの正当化のために、それ以前の体制を極端に否定することは致し方ないとも言えるが、内在的な変革は着実に進んでいた。武一騒動は廃藩置県を契機として勃発したのであるが、こうした認識を前提に考察していきたい。

谷山正道氏は、廃藩置県を契機とするこの時期の民衆闘争について、西日本全体を対象として、その要求や闘争形態を詳細に分類・整理して、その性格を明らかにしている(2)。本書は広島藩という単位に注目し、幕末維新期の広島藩のいわば自己変革運動のなかに武一騒動を位置づけてみたい。

これ以後の武一騒動に関する叙述は、名田富太郎氏と金谷俊則氏の二人の先達が渾身の力を込めて著したお仕事に依拠しており、さらに原文史料を多く掲載し、丁寧に解読している『千代田町史』など自治体史のお仕事に依拠している(3)。名田富太郎氏は、明治一〇（一八七七）年に広島県山県郡南方村に生まれ、小学校に三一年間勤められ、『山県郡史の研究』など、山県郡の歴史を研究してこられた。そして、昭和三六（一九六一）年、八四歳というご高齢で、『広島県武一騒動録』を上梓されている(4)。名田氏は武一騒動の四年後に生まれ、高度経済成長で農村の社会が大きく変貌する以前に本書を著している。一読してわかることは、武一郎が生活していた頃とさほど大きく変わらない山県郡の風景が、如実に伝わってくることである。冠婚葬祭をはじめ、地域に受け継がれている民俗が生き生きと描かれ、その豊かさを彷彿とさせる。武一騒動はそのような環境のなかで起こったのである。

それから、この著書のなかで読み飛ばしてしまいそうな箇所に、非常に印象的な記述を発見した。それは、当時東京国立博物館の館長であった浅野長武氏がしたためた「序」である。浅野長武氏は浅野家第一五代当主で、最後の広島藩主浅野長勲の孫であり、長勲の養子長之の息子である。おそらく長武氏は、祖父長勲との間に長い年月にわたる交流があったと思われ、何がしかの薫陶を受けていたと思われる。その長武氏は「序」で以下のように記している。

明治の維新が、わが国社会の進展の上に、一つの大きい時期を画する出来事であったことは、今更いうまでもない。それだけに、維新の目的が達成される前後には、各方面でいろいろなことが起こった。

武一騒動は、旧芸州藩に起ったこの種の騒動の一つに外ならない。しかもその動機が、農民の純情に発したものであることを思うと、涙なしには回顧できない。私も幼い頃、その話を父から聞いて、子供ながらに感動した。その後家の記録などを繙いて、その事情を知り、一層感を深うした。

武一騒動は浅野家に語り継がれていた。しかも、忌まわしい記憶としてではなく、感動する記憶として語り継がれていたのである。この点に、本書が武一騒動を広島藩というまとまりのなかで理解しようとする意味が隠されている。

金谷俊則氏は、名田氏の著書について、以下のように述べている。

私たちが武一騒動のことを手軽に知ろうと思えば、昭和三十六年に出版された「広島県武一騒動録」という本がわかりやすく書かれていて、役に立つ。この本は歴史的史料とはいえないかもしれないが、武一騒動の全容を知るうえで参考になることが少なくない。それは著者の名田富太郎氏が、武一騒動にゆかりのある山県郡千代田町（現在の北広島町）出身の郷土史研究家であり、しかも明治十年（一八七七）生まれの人なので、郷土史研究家として当然のことながら、武一騒動のことを記憶している人たちからの聞き取り調査にもとづいて、この本を著わされたからだ。ただ惜しいことに名田氏は、この本を歴史的価値としてよりも読みやすさを目的に書かれたようで、物語風に虚飾された部分が少なくないことだ。そのため、名田氏がこの本に書かれた内容をすべて史実と認めることに、私は躊躇する。(5)

金谷氏は名田氏の著書が「武一騒動のことを記憶している人たちからの聞き取り調査にもとづいて、この本を著わされた」という点を評価しておられ、一方で、「歴史的史料」の重要性に重きをおかれており、その結果、金谷氏の著書では、貴重な古文書からの引用が多数あり、歴史史料の蒐集に相当な精力をつぎ込まれたことが伝わってくる。本書では、金谷氏が紹介されている歴史史料に導かれつつ、叙述に活かしていきたい。

叙述にあたって、本書は広島藩領という単位を重視しているが、最初に当時の広島藩領の一六郡の構成について、次のように示しておきたい。

芸備一六郡

安芸国八郡：佐伯郡、山県郡、高宮郡、高田郡、安芸郡、沼田郡、賀茂郡、豊田郡

備後国八郡：三次郡、奴可郡、三上郡、恵蘇郡、三谿郡、世羅郡、御調郡、甲奴郡

広島藩領は安芸国全部と備後国の一部からなり、それぞれ八郡、あわせて一六郡から成っており、本書はそのなかでも安芸国山県郡に注目したい。

山県郡都志見村の郡用所に廃藩置県の報せがもたらされたのは、明治四（一八七一）年七月二八日であった。同日午後二時頃、広島県庁官員の奥村甚之丞が郡用所に到着した。奥村郡用屋舗詰、史生席出仕（農務）の役職に就いていた。(6) そして同日午後四時、奥村甚之丞至急入郡の知らせを受けた山県郡内の割庄屋とその名代の計六人が、都志見村の郡用所へ駆けつけた。割庄屋とは前述したように、各組（組合村）を管轄し、代官のもとで各村の庄屋をはじめとする村役人を任命したり、藩からの通達や法度を各村に通達したり、年貢徴収の調整をしたりする役職である。また、郡内は、組合村といって、いくつかの村をまとめて組と称し、各組は一〇から二〇ほどの村から成り立っていた。以下に山県郡内の各組の構成と、当日郡用所に集まった割庄屋の名前を記す。(7)

奥山組：　山本五郎左衛門名代瀧太郎

口西組：　稲垣龍右衛門

口北組‥　　三宅貞右衛門
太田組‥　池田友兵衛、割庄屋同格佐々木三郎左衛門
口東組‥　青木重兵衛名代忠右衛門
上筒賀村‥　池田友兵衛　二十八日四つ半（午前十一時）に郡用所に到着

奥村甚之丞はそこで広島県庁からの通達文書を読みあげ、七月一四日の廃藩置県の詔勅の内容を知らせた。同時に、それに藩知事浅野長勲直筆の告諭書の写しも添えられていた。割庄屋たちは、そこで自分たちが管轄している組内の村々に伝えるために、県庁からの通達の内容を文書にした。それが以下の史料である。(8)

今般官員奥村甚之丞様御入府被仰渡之義者、皇国藩唱御廃止県ニ改り候ニ付、已来広島県与相唱可申、并ニ当月十四日、於東京知事様被免本官、御国政之儀ハ暫時大参事已下是迄之通事務取扱候様ニとの被仰渡、下方ニおゐてハ何ニも相変候儀無之、郡中之義者耕作専ら相励ミ候様ニとの御趣意ニ候間、必異説ニ迷ひ心得違之義有之間敷、尚此場合村々御役人中無油断説諭肝要之義与存候、右者即今之次第ニ候間、追而御沙汰可被為在趣ニ御座候、委細者御書附数通続渡し候通ニ候事
　辛未七月　　　　　　　　　　割庄屋

この文書には、廃藩置県が県庁でどのように受け止められ、どのように郡村に伝えられたのか、具体的に示されている。藩と唱えられていたものが県に改まり、知事浅野長勲が免官となった。ここで注目したいのはその次で、「国政」＝藩政はしばらくの間大参事以下これまでの通り担当し、「下方」では何も変わらないとしている点である。であるから、郡村の人々は安心して耕作に励めとしている。したがって、廃藩置県については、知事の免官という点が際立って強調される結果になっているのである。

次に、藩知事浅野長勲告諭書の写しを見てみよう(9)。長勲としては、米沢藩知事上杉茂憲の告諭書が廃藩置県の趣旨を適切に伝えていると判断し、その告諭書に自分の添え書きをつけて配布した。割庄屋の前でそれも読み上げられた。

封土を奉還せし上は聊私有の心あらざるハ固より其理ニ候得とも、塁世君臣の契り有之より猶故習一掃せす、空しく今日ヲ打過候而ハ、奉対朝廷誠以恐入候次第なり、今日之御制度ニ相成候而、猶我等の如き其儘重キ知事の職分を御委任被遊候者、難有御趣意ニ而、深く藩内之民情を御斟酌故之御事と奉感佩候(ママ)、固テハ重き御趣意を奉体し、早々郡県一途ニ御制度相立候様、日夜苦慮する処なり、然ルに郡県の制度なれハ迚、徒ニ士族卒ヲシテ文武の業ヲ廃し、汚下ニ沈める事ニ無之、昨冬高知藩にて人民平均之制ヲ施行せしに止り可申候、殊に朝廷之御目途も此所江被決候事ニ付、此度断然決意いたし候事ニ而、斯ル改正者心ニ不快思責も可有之候へ共、畢竟封建之故習を脱し兼、いつれも従前の如く致置度心底よりの事と存而、且亦従前封建之節者武備を尽し、一藩之規則ヲ立置候処、一旦封土を奉還し、我等家ハ既ニ東京府貴属となり、我か使令に供し候家令・家扶も尽く朝廷江願之上、召使候儀ニ而聊自由ニ不相成、今日ニハ当時此職ヲ辱かしむれハこそ、地方江出張いたし候事ニ而、此米沢藩者朝廷民政之出張処と申すものニ候間、深く此理を弁へ藩ヲ私有する姿ヲ絶チ可申事ニ而、此御維新之時ニ当り聊も君臣の旧情ヲ去り兼候事ニ而ハ、我等重き御役を辱かしめ候甲斐無之、実に恐懼に不堪、呉々も裏情を表し候間、皆々深く此理を弁《わきまえ》(ママ)へへく事

辛未六月

右者米沢藩知事藩中江諭告の書也、至当之確言無此上ハ、因テ当藩改革別ニ不作書其儘相認メ候間、一同熟読我等之諭告与相心得四民一致ニ帰し、広島藩者朝廷民政之出張処たる義ヲ得斗相弁へ、遂朝旨ニ不悖各勉励可致候事

米沢藩知事上杉茂徳は、郡県の制の下では四民平等でなければならず、「君臣の旧情」を去り、米沢藩が「朝廷民政之出張処」であるべきことを説いている。浅野長勲もそれを受けて広島藩が「朝廷民政之出張処」たるべきことを説いている。

奥村は割庄屋たちに、みずからがこれらの書状をたずさえて管轄する各組の村々の村役人と長百姓全員に口頭で伝えるように命じた。奥山組の割庄屋山本五郎左衛門は、(10)奥村から通達のあった七月二七日には代理の瀧太郎を立てたが、翌七月二八日、郡用所を訪れ、その一室で自分の管轄する奥山組への廻村先触れの書状をしたためて早飛脚に渡し、(11)明朝から廻村を始めた。こうした動きは山県郡のみならず、広島藩領全一六郡で行なわれたと思われる。藩庁の役人→割庄屋→各村庄屋・長百姓というルートで教諭書が伝達されるシステムは、長訓の藩主襲封以来確立したものと思われ、廃藩置県もそのルートで伝達された。前述したように、長訓は藩主が直接郡村を巡遊することを重視したが、教諭書を廻村することによって、それに代替させていたと考える。

奥村の下命を受けた割庄屋たちが、山県郡内の各村村民一同へ県庁からの通達内容を口頭で触れ廻るため、七月二九日午前六時に郡用所を発って、廻村のためにそれぞれの組合村へ急いだ。奥山組の山本五郎左衛門は、石見路峠を越えて溝口村に入り、庄屋の村竹八左衛門宅に着くと、集まってきた村内の組頭、長百姓を前にして、まず県庁からの廃藩置県の大意を読みあげた。それから五郎左衛門は庄屋以下の村役人一同に対して、くれぐれも農民たちが心得違いをしないよう、このたびのことについては農民たちに十分な説明をしてもらいたいと伝えた。前述したように、割庄屋たちは、そこで自分たちが管轄している組内の村々に伝えるために、県庁からの通達の内容を文書にしていたが、(12)その内容から判断して、ここで言う「心得違い」とは、知事の免官、浅野長勲の東京居住、長訓の東京移住に伴う動揺であったと考えられる。

こうして溝口村での口演をすませると、その日のうちに隣村の移原村へむかった。移原村は五郎左衛門の居村である。ここで周辺の細見村、米沢村、高野村、大暮村の村役人たちを集めて、溝口村のときと同じ内容の大意を口演した。こうして五郎左衛門は、数日をかけて、自分があずかる奥山組の村々へ広島県の通達を知らせていった。しかし、八月一日の朝、五郎左衛門は廻村中の大利原村で郡用所からの至急便を受け取った。その書状には、広島から再度、官員として脇本譲吉が入郡し、広島県庁からあらためて通達があるとのことだった。このことについて、八月五日付の山本五郎左衛門の覚書は次のように伝えている。[13]

「(端裏書)未八月五日　　山県郡
　　　　　　　　　　　　　奥山組
脇本様
奥村様　御談之趣村々江示諭仕様子申上ル書付」

覚　　山県郡
　　　　奥山組

此度奥村甚之丞様御入部、皇国一統藩ヲ被置、知事様方御職免東京御住居被仰出候御儀等、夫々御書下ケ写之表ヲ以御口演之趣、早速組合村々江為申談廻村中[14]、尚又脇本譲吉様御入部、正二位様（浅野長勲）御直筆ヲ以士民一同江御告諭之御趣意、并従四位様東京江御移住、同月四日御発船ニ付而者厚思召も被為在候之所、御急キ之儀ニ而其儀も不被為届御遺憾ニ被思召、尤永別之儀ニ付、御発船前日迄ニ村々江為知方御談之趣奉畏、右両度之御趣意下方心得違不申様ニ而、綿密ニ示談及申候所、素り案外之儀ニ而何レも驚歎之色相見、其情合尤之事ニ而筆紙にも難尽、乍併已後郡県之御制度ニ可被為遊候ニ付、追而御沙汰被為在候迄者、大参事已下之御方々其儘是迄之通り御政道被為取行候事故安心仕、終職行専相務候様手厚示諭仕候所、村々一同得心ニ至り御趣意之程奉感戴、依而此段書付を以様子［　　　］

未八月五日　　割庄屋

山本五郎左衛門

農務方

この覚書のなかで最大のポイントは、「従四位様」、前藩主浅野長訓が東京に移住することになり、広島を船で出発する日取りが八月四日になったという点である。県、あるいはこの時期は藩と呼んだ方がよいかもしれないが、広島藩は、長訓の強い意志で、これで「永別」になるから、村々へあらかじめ知らせるべきだと判断したのである。その際、「下方心得違不申様」にということを注意している。長訓の東京移住が郡村に混乱をもたらすかもしれないことを、藩も割庄屋たちもすでに予測していた。おそらく、脇本からの通達を聞いていた山本五郎左衛門ら割庄屋たちは、実際に長訓の出発が慌ただしいものであることを聞き、「素り案外之儀ニ而何レも驚歎之色相見」という具合で、驚愕したのである。

脇本はさらに藩主長勲の直筆を持参してきた。その内容は、以下の通りである。(15)

「（端裏書）未七月

正二位様ヨリ士族卒平民江御［　　　］

御遺書御直筆之写し」

今般藩ヲ廃シ県と被成知事免職被仰付候御深意ハ、皇国之御為諸藩一般之事ニ付、広島而巳之義与心得違、疑惑等いたし候而者不相済義ニて、若しや旧習旧情ニ泥ミ、万々一不都合之所行有之候而者、皇国江対し恐入候事と相成のみならず、我等是迄不及なから其方共引立、忠節相尽度志も空敷相成候間、聊旧来之恩義を思呉候ハヽ、益朝旨遵奉御趣意貫徹候様、精々相心掛可申只管頼入候、将又今般御改制之義者万民御撫育之御趣意に候間、何れニ茂迷を不生奉報天恩候義専一ニ相心得可申候事

七月廿日　正二位浅野長勲

広島県御管内　士族

卒中

浅野長勲が改めて直筆をしたためてそれをもって廻村することが必要であると判断した理由も、長訓の東京移住のもたらす影響を懸念してのことであった。廃藩置県の朝旨を遵奉することこそ、これまでの長訓の恩に報いることだから、「万々一不都合之所行有之候而者、皇国江対し恐入候事」として、「不都合之所行」を戒めているのである。長訓・長勲父子は、藩知事罷免・東京移住の措置が郡民の動揺・混乱につながることを、あらかじめ予想していたのである。つまり、藩主と領民のなかで特別な絆が形成されていることを、父子は気づいていたのである。脇本譲吉からの通達、そして長勲の直筆を受け取った山本五郎左衛門は、もう一度、それを村民一同に徹底させなければならなくなり、八月二日正午に急遽、いままで口演してきた村々の庄屋と長百姓を川小田村庄屋の岡本熊五郎宅に招集することにした(16)。

長訓・長勲父子の懸念は現実のものになった。山県郡では八月一日に長訓の東京移住が知らされたのであるが、出発日の八月四日までの間に、藩領全域から多数の農民が広島城下に集まってきたのである。山県郡の場合、二日には各村の庄屋・長百姓に情報が正式に伝えられていた。この正規ルートで長訓の東京移住が藩領全体に伝わったことが、この騒動の発端となった。例えば、以下の史料を見ると安芸郡熊野村においても、山県郡とほぼ同じ伝達方式とスピ

ードが確認できる(17)。

此度御状太政官より、右知事職御召上け東京之御住居、尚御隠居様御前様、都而御方々様不残東京へ御呼登せ、東京住居被仰付候趣、尚広島藩と申事御はいし、広島県と御唱へ候事に被仰付、大参事以下下地《(マヽ)》之通り務向と被仰出、依而権大属様郡中村々迄御入込之上、役人長百姓五人頭迄、直々被仰渡候筈之所、此節御多繁に付、船越出張所へ割庄屋中呼出し被仰渡、依而割役村々入込筈之所、当上組之義割庄屋繁太郎殿差閊に而、苗代村庄屋平三郎殿七月廿九日入村に而、役人不残長百姓中五人組頭中呼出し被仰聞、然而八月二日初め三日と役人中村内長百姓中、并に五人組中呼出し、右之段読聞せ、尚申聞せ取斗候所、村中一同御知事御隠居様東京住に相成候段殊外相歎き、中には御知事様御義を御迎へも罷出度申者有之候

熊野村には、山県郡と同様に郡用所での通達を受けて、七月二九日に苗代村の庄屋が入村して、長百姓・五人組頭を集めて説明があり、八月二日・三日に長訓東京移住の情報が伝えられている。

八月四日の午前中に、長訓出立の準備は順調に進んでいたが、前日から広島城下は多数の農民たちで埋めつくされ、異様な空気に満ちていた。当時の状況は以下の通りであった(18)。

山県郡を初めとして、各郡の人民は陸続として広島に向て来る。皆斗米を袋にし、紙幣を包みて之を献呈し、以て永別の意を表すると称して露座して、発駕を待てり。県庁に在ては其状況を謀知し、其非常の事あらん事を慮り、路傍を警戒して、其発駕に支障なからしめんと謀れり

長訓の東京移住を聞いて広島城下に集まってきた人々は、斗米を袋に入れ、紙幣を包んで長訓に献呈しようとしていた。斗米は初穂であった。初穂を捧げるという行為は、人々の長訓に対する特別な感情を見事にあらわしている。また群衆は、「(長訓が居住していた)竹館門前より水主町大雁木の乗船場に至るまで、郡市の人民は道路に充塞し、又

海上は漁船を以て、老公座乗の船を囲繞するの準備をなし、及び宇品なる其本船を亦之を掩留するの準備を整へ、遠くは音戸瀬戸口の通船を抑留して待つの報あり」という状況で、藩領の隅々まで人々が行動していた様子がうかがえる。(19)その目的はひとえに長訓の上京阻止であった。

長訓の上京が阻止されるに至る状況を、『芸藩志』は以下のように伝えている。(20)

本日正午城内竹館の門は開き、老公の駕は門を出る数尺なり。此時城内に塡咽せる人民は、皆道路を遮塞し、俯伏啼哭して、偏へに発駕を中止し、暫く居住あらん事を哀願痛訴して囂然たり。衛士等説諭百端すれともあへて聞かず。参事以下各官吏も亦門前に出て、懇々説諭すれとも復其効なく、之を如何とも為す能はす。老公大に之を憂ひ、民庶激昂を避けずして、之を遂行せば或は不測の騒擾を来し、人民をして罪辟に陥らしむるの憂あらん事を恐れ、暫く本日の発駕を延引するに決し、遂に駕をして空く門内に帰還せしめられたり。依て発駕の延引を一般へ通知せらる

八月四日に長訓一行の発駕が延期となり、その後も農民たちが続々と城下へ集まりはじめていた。これに対して六日、長訓はみずから県庁に対して人心鎮撫を依頼した。県庁もこれに応じて、各郡への農民説諭のため官吏を派遣した。しかし、県内の各地から城下へ集まってくる農民たちは日を追うごとに増えつづけ、一〇日頃には数万人の群衆が市中に充満するほどになったという。広島城下へ押し寄せた農民たちのなかには、食糧を持参し、飯炊き釜などまで運んできた者たちもいた。そしてかれらの多くは道端や家の軒下、川岸などで野宿をしながら、辛抱強く長訓や県庁の動静を監視しつづけた。

九日に広島県当局は、あらためて長訓の上京延期を伝えた。(21)各郡から城下に来た人々は、村ゆかりの寺社に集まり、上京阻止の準備をして、竹之丸門前に集まり、地べたに座

って長訓の駕籠を待っていた。集合した人数があまりにも多かったので、長訓の駕籠は門を「数尺」出たところで止められた。その際、「俯伏啼哭して、偏へに発駕を中止し、暫く居住あらん事を哀願痛訴して囂然たり」という人々の様子は、人々の真情をよく表しているように思える。

長訓引き留めの状況について奥山組割庄屋の山本五郎左衛門のところへは、西宗村の庄屋二宮筆次郎からの書状で伝えられた。(22)

知事様御免職、竹館様にも東京御移住被為仰出候ニ付而ハ、御名残ヲ惜諸郡百姓共多人数御城下へ推参、高宮辺ニ者竹鎗等ヲ携候様之姿も有之由、当郡口之組中筋よりも大分罷出風聞残念之余り、自然多人数之勢に乗し、当郡之者共も不都合之義有之候而ハ与気遣敷、大塚へ相談之上情実見聞、且つ不例之義有之候ハ、無懸引度相成、三組より庄屋中三四人今朝急に広へ差出し申候、大田組之処いまたしおしお承及不申候に付、今朝戸河内者飛脚遣し、貴組如何之様子か有之ニ人知、外組右之次第ニ御座候間、とふぞ無御油断御註進被下、相替義御座候ハ、即刻御知せ可被下候、都志見村之者昨夕広より帰り候はなしニ、昨四日竹館様壱町目マテ御発駕被為遊候処、諸郡百姓共壱町目近辺群居、御駕籠之前後左右詰懸ケ御駕籠中へ歎書等差入候様之次第も有之趣ニ而、同所より又御引返し、昨日之処一応御延引之風聞有之、しかし伝説しかる之義にも相聞不申候、右有懸り申上度如何貴辺情実承り度、為入念如此御座候、以上

八月五日九つ

郡用所ニ而

二宮筆次郎

割庄屋

山本五郎左衛門

この書状によれば、高宮の辺り（広島県安芸高田市高宮町）に竹槍を携行した人々の姿があり、不穏な状況がすでに見られていた。また、地元の山県郡でもかなりの人数が城下に出かけたという情報が伝わっている。そして、長訓の出発が延期になったことが伝えられている。

この情報を受けて、割庄屋山本五郎左衛門は自分が管轄する奥山組各村庄屋宛に次のような書状を出している。(23)

別紙四通之通り申来候間、拙子義早々出府、重而様子可申進候得共、村々心得違不申様ニ与存候間、御油断被成間敷候、為其大急及廻達候、此状昼夜時付留め村より早刻御戻り可被成候、以上

未八月六日暁

割庄屋　山本五郎左衛門

五郎左衛門はあえて書状をしたため、村人の「心得違」をたしなめようとした。この書状のなかで五郎左衛門は、「拙子義早々出府、重而様子可申進候」と述べており、広島城下へ出張ることを決めていたが、同日八月六日に、広島県庁から郡内の割庄屋に至急県庁に出張するようにという指令が来た。その日の夜、おそらく城下へ出かけた五郎左衛門にかわって、長男の万之助が、管轄地域である奥山組の庄屋に、次のような書状を出している。(24)

此度大急御用向に付私儀郡府へ罷出候、只今申来候に付、今夜通し罷出可申積り御座候、就而は各様へ大急御面諸事有之趣に而、集会之儀取計置候様申来候間、乍御苦労明後八日朝五つ時迄に無間違、川小田出賀原へ御出会可被成候、此段大急得貴意申候、已上

八月六日夜五つ

この書状では奥山組の庄屋に集会を呼びかけており、さらにそれに加えて、各村から一通にかぎって「百姓気方取

約申出」のため、広島県庁へ歎願書を用意し、一一日までに移原村の五郎左衛門宅へ提出するよう依頼したのである。[25]その文書には、「幾重も御留メ申度談申出候儀者見透」されていることが付け加えられてはいるが、ここで注目すべきことは、割庄屋が人々の「心得違」を抑えようとしながら、長訓の東京移住を阻止するための歎願を準備しようとしている点である。藩領の総意として、移住阻止の意志を示そうという雰囲気が伝わってくる。

招集された割庄屋たちは、八月八日、県庁の農務方へ出頭した。この日、農務方のある広島城内本丸の大広間に参上すると、山県郡の割庄屋のほかに、賀茂郡の割庄屋たちも呼び出されていて、大広間の正面に山県郡割庄屋六人がならび、そのうしろへ賀茂郡割庄屋と庄屋たちがならんだ。右手には、諸郡担当の県庁役人たちが着座していた。割庄屋一同がそろうと、県庁を代表して武井少参事が、このたびの長訓様の東京移住は朝命によるものなので、長訓様のお気持ちのままにはならないと伝えたうえ、割庄屋たち一人ひとりに意見を求めた。[26]県庁側は、あくまでも説諭にこだわっており、割庄屋に事態の沈静化を期待したのである。

二　民衆蜂起と鎮圧

帰途の途中、八月一〇日の朝、本地村の旅宿にいた山本五郎左衛門たちに驚くべき情報がもたらされた。[27]前夜、山県郡壬生村で説諭中の県官たちが農民たちに襲撃されたというのである。

八月四日の長訓一行の延引をきっかけに、県内の各郡では不穏な空気が強まり、広島城下へ押し寄せてくる農民たちは増えつづける一方だった。金谷氏は、その状況を史料に基づいて、具体的に明らかにしている。[28]東京移住阻止のために集まった人々がどの地域から集まったのかについては、史料によれば、以下のような事実が語られている。

広島城下に近い安芸郡の中山村・府中村・温品村・矢賀村では、八月一二日の昼頃、村内すべての家一軒につき一人は城下へ向かう集団に加わるようにとの誘いがあり、戸坂村の農民たちもその夜、同調して加わったという。このとき農民たちの代表は庄屋・組頭をつうじて、歎願書を県庁へ提出しようとしたらしい。この歎願書によると、この地域では八月四日未明に農民たちが城下へ向かいはじめ、村役人たちの説得を振り切って出たと言われている。直接行動に打って出た人々が、村役人の説得を振り切ったことが注目される。つまり、村役人層以外のいわば一般の百姓が主体だった。四日に長訓の移住延引が決まったものの、彼らはさらに旧藩主による県政を要求し、「相叶不申候は、乍恐知事様御迎ヒ東京表え出足仕心組に御座候、此儀におゐていか躰御咎め被為仰付候得共不苦」と、東京にいる長勲を迎えに行き、それがどのような咎めを受けようと構わないという、非常に強い覚悟を示している。

安芸郡熊野村では、八月八日夜から九日にかけて、太鼓を打ち鳴らし、村民が集合して話し合い、九日も同様であった。一〇日には、広島県から河原少属をはじめとする官員が入村し、西光寺へ集まった村民六、七〇〇人を前に、八月四日に城下におきた事情を説明するとともに、長訓の上京を妨げないよう説諭した。しかし、村民たちは手弁当を作り、蓑笠などを擁して広島城下へ出ていく勢いだった。農民たちは、「都而村役人を始め此度御出之役人、太政官役人に御座候、さすれば此度之御談不承、直に広島へ行可申」と主張したが、ここでも行動を押しとどめようとする村役人は、太政官役人と同視されている点が興味深い。熊野村の村民たちは、村役人が説諭した結果、いったんは広島へ向かうことは留まった。しかし、一一日未明になり、農民たちは西光寺へ集合しはじめ、大鐘を打ち鳴らし、「安芸郡熊野村」と書いた幟旗に柄提灯などを用意して、約九〇〇人が広島城下へ向かった。

また八月六日には、「呉村百姓六百人出、同夜志和村多人数出、八月六日夜広村百姓壱百人出、同日中野村十人斗出、同七日広村之者千人斗出候、其外々村々追々数多罷出候」という情報も伝わっている。「志和村多人数出」とあるが、神機隊の本拠である志和村から大勢の村人が広島城下に向かった点が注目される。

原村（広島県東広島市八本松町原）では、八月一三日になり、原村から広島城下へ出ないなら隣村から入り込むとのことなので、村役人が飛脚をたてて調べたところ、隣村ではすでに城下へ出る支度を整えているとのことだった。ここでは隣村による強制参加の圧力が見られる。それで原村でも余儀なく村中へ触れを出し、一三日午後四時頃、教順寺の大鐘をついて村民を集合させ、夕刻までにはほとんどの村民が集まった。村役人は、惣代だけを城下へ向かわせることにし、庄屋名代、百姓惣代が選ばれ、村役人の書付をもって、翌一四日、海田市まで出たとき、そこで藩の役人の説諭にあって帰村したという。

江田島村では、期日は不明だが、広島方面から様々な流言が伝わってきたため、島内では早鐘が乱打され、「藩主浅野公が捕えられ、江戸に引っ立てられるそうだ」と騒ぎはじめた。そして庄屋の久枝家にむかい、衆議一決して、竹槍を作り、草刈鎌を腰に差して、いく艘もの船に乗り込み広島へ向かったという。長訓の東京移住が、「藩主が捕えられて江戸へ引っ立てられる」という極端な情報に置き換わっており、それを反映してか、人々が武装して城下に向かう様子が語られている。

1　山県郡の状況

城下に武装した人々も含めて、おびただしい人数が集まると共に、郡村でも説諭に出かけた県の役人に対して、不穏な空気が高まりつつあった。八月九日、山県郡有田村での説諭をすませ権大属栗原他人三郎、権少属竹内丈太郎、史生木原章六・平野九八郎、従者合計七人は、その夕刻壬生村へ向かい、庄屋の伊藤忠右衛門宅へ着いた。そして小休止のあと、ひきつづき同宅で庄屋以下五人組までの村民たちを集めて説諭を始めることにした。ところが、陽が沈み、周囲が暗くなりはじめたころ、忠右衛門宅の周辺には竹槍などをもった農民たちが続々と集まりはじめた。周辺は異様な空気に包まれた。説諭は、今吉田村庄屋の吉田漢蔵、川井村庄屋の小田理左衛門も同席して、栗原がこれまでの村で行ったように説諭を終えたが、その直後から、庄屋宅周辺に集まっていた農民たちが騒ぎだした。このときの様子について、「郡村行司録」には、「一応御談相済候処、壬生村久助太政官政体服心不致旨申上候に付、跡江残り居被申付、依之太政官之儀は一同之儀与申立、夫ゟ気立竹鎗等差付候」とある。(29)ここでは、久助という百姓が「太政官政体服心不致旨」とはっきり宣言し、県官に竹槍で突くという攻撃に及んでいる。

この事件について有田村の元庄屋だった立川順三郎は、のちに武一騒動で嫌疑をかけられて拘留されたが、そのとき取り調べられた内容を順三郎みずからが書いた覚書を残している。(30)八月九日、元庄屋だった立川順三郎は有田村で栗原たちの説諭を聞き終えたあと、有田村頼信の年行司惣五郎宅へ集まって話し合っていたところ、次のような状況が展開した。

折柄、鐘之音致し候ニ付、ヤレ火事与申ス事ニテ門ドヘ出テ見合候処、火之手も不相見、壬生辺へ当り喧嘩之声致、何分今晩者御代官様御泊り、殊に寄村ケ様之義者言語道断之事出来、乍去当組之儀は幸イ一同集会仕居候事故、壱人も壬生江参り候而ハ不相済、自然可参事ニ候得ハ申値之上罷出可申、其内家来或ハ若キ者共自然鐘之音ヲ聞、火事与相心得罷出候義も難斗ニ付、集会之者二三人手配いたし、決テ家出不相成旨相触させ候トコロ、未タ一円鐘之音も不聞、家出仕候もの壱人も無之旨申帰り安心仕候、乍併惣体騒敷ニ付とふも其夜之咄し合出来不申、何分銘々宅へ引取り重テ集会申値可仕との申値ニ而一同引取り、我家ニ帰候而もねられ不申、細戸ニして見合候処、追々壬生辺之声もやわらかに相成（後略）

順三郎は確実に壬生村での騒動を把握していた。隣村に及ぶほどの大きな衝撃があったのである。しかし、取り調べにあたる役人への配慮もあったと思われるが、有田村からは壬生村への騒動に加わっていないことを強調している。

そして順三郎は、一夜明けて伝わってきた情報を聞くと、前夜の騒動には近隣の村々から多数の農民たちが壬生村に集まった模様で、頼信組としても七人の代表を選んで壬生村へ向かわせ、状況を探ることにした。その結果、有田村としてはいったん引きあげて今後のことを話し合うことになった。ところが、一一日の午前零時、屋敷の門を叩く者があり、何事かと出てみると、大朝村からの飛脚で、それによると明朝、大朝村から村役人を加えた百姓たちが一五〇人ばかり広島城下へ歎願に出向くことになるので、兵糧を用意してほしいとのことである。結局、有田村も行動へ協力を迫られることになった。

しばらくすると前の街道を大勢の人たちが通りすぎていったので、不審に思っていたところ、大朝村の農民たちはすでに本地村へ向かったという。そのうち有間村・寺原村あたりの農民たちが大勢で騒ぎ立てている様子だったが、午後四時になって早鐘が聞こえてきた。有田村からは様子がわからないため、午後五時になって有間村の方へ様子を見にいかせた。しばらくすると、本地村・石井谷村あたりの農民たちが大勢やってきて、兵糧を差し出せと大声で要求する。さらに有間村の者たちもこちらへやってくるらしいとのことで、とても五軒や一〇軒の家では応じきれないため、大急ぎで手分けして握り飯を作り、それを光明寺と大福寺に運び込んで、そこで農民たちに分け与えた。これによって、農民たちはやわらいだ様子になり、引きあげていった。有田村は行動に向かう百姓たちに兵糧を提供することになった。

郡村の人々の攻撃の矛先は、割庄屋や庄屋にも向けられるようになった。山県郡口西組の割庄屋稲垣龍右衛門は、大塚村の自宅で打ちこわしを受けた。龍右衛門は八月一〇日に、山県郡口東組割庄屋の青木重兵衛と口北組割庄屋の三宅貞右衛門から、次のような密書を受け取っていた。この密書は、山本五郎左衛門にも回覧されている。(31)

此状他聞無用

嘸御疲可被成と推察仕候、然而壬生之動揺兎角難捌、就而ハ役方不残アチラ付と申候事ニ而、先江立出広不致候而は悉く家蔵等崩し候様之含奉存候、尚向ニ寄り竹鎗を差出追々群集何共難捨置、竹ノ丸様御義太切ニ思ふ一念ゟ小内之戦出来候義者以之外之事ニ付、無拠割庄屋・庄屋・与頭・長百姓一連出広之事ニ治定、夫ニ付漸く少し宥ミ、ドウカ居合木口ニ至り掛、西組もイタゴを懸け被成候難計、一応役方同意之姿ニ相成外無御座候、此段御知せ申候、大取込早々、以上

十日

三宅

青木

稲垣龍右衛門様

ここには「役方不残あちら付」ということで、村役人全体が太政官政府側として敵視されている状況が述べられ、長訓の東京移住に反対することが「小内之戦」になってはもってのほかなので、「割庄屋・庄屋・与頭・長百姓一連出広之事」に決まったことが述べられている。打ちこわしの圧力に迫られて、結局村役人も長訓移住反対の行動に立ち上がらざるをえなくなったのである。

翌一一日、午後六時頃周辺五ヵ村の農民たちが大塚村方面から引きあげてきた。そして夜半になって、予期していたとおり、大朝村、新庄村あたりの農民たち数百人が、山本五郎左衛門宅へ押しかけてきた。かれらはみな竹槍をもって振り回したり、座を叩いて大声で五郎左衛門を責めたてたりした。

騒動勢が五郎左衛門を責めたてた内容とは、次のような四ヵ条だった(32)。

一、竹の丸様よりなみだ銀として、金子三千七百両郡中江御下げに相成居候得共、割庄屋手元へ込み百姓へ割賦

いたし不申との事

二、百姓の娘十五歳より廿五歳迄差出し可申、右割庄屋より申上候との事

三、百姓の宝たる牛馬を何時にても差出し可申と割庄屋申上候との事

四、デコを出せ出せとの事

四については、五郎左衛門にむかってデコを出せと詰め寄るので、五郎左衛門がデコとはどういう意味かと聞き返したところ、騒動勢は、大塚村の稲垣龍右衛門宅にデコを描いた小さな切紙が数百枚も隠してあるのを見つけ、これは切支丹のデコを描いたもので、太政官からもらい受けて百姓たちへ耶蘇教をひろめるつもりなのだろう、といった。

これに対して五郎左衛門は次のように説明した。この切紙に書かれた人形というのは、今年の春、郡用所へ割庄屋一同が集まったさい、筒賀村の池田友助が提案して、広島藩の知事で、すでに東京に居住している浅野長勲が一日も早くご無事でご帰国あそばされるよう、ご祈禱の意味をこめて流し地蔵一万体を作ろうと思うので、ご一同も是非手伝ってもらえまいかともちかけた。それで、病気のためにその場にいなかった三宅貞右衛門をのぞいたほかの割庄屋と二、三人の庄屋たちは承知して、御用のあいまに地蔵尊の印を切紙へ押して、数百枚ほどは作ったが、なにしろ御用向きが忙しいため、とても一万体を作ることなどできそうにない。

浅野長訓から、山県郡に「涙金」三七〇〇両の下げ渡しがあって、それを割庄屋が隠しているという噂は、一八七九（明治二）年の飢饉に際して藩が積極的な救済措置をとったことが背景にあるかもしれない。若い娘や牛馬を差し出すという流言が何を根拠に出回ったのかはわからない。四の「デコ」の話は、郡村の人々の藩主に対する敬愛の念を物語るエピソードとも解釈できる。割庄屋をはじめ、郡村の人々は長訓の東京移住に反対していただけではなく、藩知事であった長勲の帰郷を願っていたのである。

結局、山本五郎左衛門は、翌八月一二日の午後一時、家来の良助を連れ、広島城下へ向かう農民たちと一緒に移原村を出立したのであった。

2　一六郡一手の歎願書

八月一一日に、芸備各郡の農民代表による百姓会議が開かれた。これまで述べてきたように、この会議が成立する必然性があった。その根源的なエネルギーは、長訓の東京移住を阻止したいという百姓たちの願いであり、郡村においても打ちこわしという手段によって村役人や村々を脅迫しながら、藩領全体を行動に駆り立てていったのである。また、百姓会議は、教諭―歎願というシステムが、割庄屋を媒介として藩領全体に行き渡り、割庄屋を代表として藩に意見を述べることが許されるようなルートが成立していることが前提としてあった。そして、この会議で次の「十六郡一手の歎願書」がまとめられたと言われている。この文書は武一騒動の意味を理解する上で決定的な意義をもつものであり、ここではその論理を理解してもらうために、全文を紹介したい(33)。

乍恐奉建言候　　　　御藩内　十六郡百姓共

御奉還の御趣意は、去る巳年御藩内一同御仮名書の御教書村毎へ御下げ被為遣、奉拝読委細奉感戴、往昔郡県の節は素り兵農一にして、天下に事有れば農より是を勤め無事時は農に帰すと、御封建の御政事中興武家方の政権と被為成、田禄を世襲兵農二つに分り、万民難儀に陥り歎悲仕候処、朝廷御不便と思召、封建変て郡県に復し世禄の故態を去り、兵農一にして海内雄張すれば出納も一に帰し根元の富強成るべしと、御勅意何程か奉歓喜居候処、今般藩を廃し県に御沿革被為在、就ては正二位様永く御在京被為在、其外御一門様方御一統御同意御在京被為仰出奉驚入、去る四日当表へ前後も不覚罷出終に御城内集満仕、乍恐中には勇子共御駕籠先へ立塞り候段奉恐入候。就ては従四位様御出船御延引の御布令一同奉歓入候。其後引取も不申に百姓共奉歎願候儀不都合の廉山々可有御座候と奉存候得共、其実藩を廃し県に御建替被為在、何れも県知事様御入国被為在候て、朝政を以て万民撫育被為在候事に奉存候。然る上は、数十代の御政務被為在候正二位様其儘御政事被為在度奉存候。真に普天の下率土の浜無所不王土。然れは海内皆王臣と奉存候。朝政御国内孤島海浜奥在々迄被為行届候て、社封建一に帰し可申と奉存、其実真成なる時は正二位様へ被為蒙県政を候様此段伏て厚御願奉申上候。此願相叶不申時は、御国中百姓共身命を擲ち、相叶候迄廷前に於て飢渇仕候ても御歎奉申上候胸に一決仕候。斯奉申上候得は、正二位様を無体に奉御慕候儀にも相当り候得共、旧来奉蒙御大恩候事、溟慮八万の深滄海も尚浅し。仮令身を粉め骨を砕きても可謝は御国恩と常々奉存候。最も今般従四位様被為仰出御直筆を以て御趣意は一刻も早々出船いたし候様相静り居可申、左なく時は、永く当家の難題と頻に被仰出候得共、前条奉申上候通り愚昧の百姓共に候得は、一図に思ひ込旧恩を難去赤子の母を如慕、故に乍恐私共御違勅に相当り申候哉不奉存候得共、唯国家の一大事と奉存候御歎奉申上候。此上は何卒百姓一統を御不便と被為思召、前条願の通り早々御聞届被為在決議の御下知被為仰付可被下候。其為め歎願書を以大急御願奉申上候。敬白

芸備御藩内　百姓共不残

未八月十一日

御城御出勤御役衆中様

歎願書の冒頭で、簡潔にではあるが、壮大な歴史観が語られる。古代においては郡県の制の下に兵農一致の体制がとられ、有事の際には農が出動して国防にあたった。ところがやがて封建の制となり、武家が政権を握り、武家が田禄を世襲して、兵農分離の体制の下に国防が図られた。しかし、そのことが「万民難儀」をもたらし、朝廷がそうし

た事態を憐れんで郡県の制に復し、田禄世襲を廃して、国家の富強の基礎を作ろうとして、廃藩置県に及んだ。この歎願書では、このような理解で廃藩置県の趣旨を歓迎し、受け入れているのである。端的に言えば、慈円が保元元（一一五六）年の保元の乱をもって「武者の世」になったと述べた時から始まった武士の時代が、七百年後の廃藩置県で幕を下ろそうとしていること、つまり日本史上の画期的な国制の変化を、百姓なりに認識していたのである。そして、幕末維新期の神機隊をはじめとする諸隊の動向に現れた人々の国防意識の高まりに代表されるように、受身の認識ではなく、兵農一致、つまり百姓が国防の担い手となるという主体的な認識が基礎にあったと考えらえる。

森脇武一郎が「口演書」で浅野長勲の教諭書に依拠していたように、こうした歴史観は長勲が版籍奉還の際に出した諭告・親書で語られている。若干時期をさかのぼるが、長勲の諭告を振り返ってみたい。

明治二（一八六九）年八月一一日、藩主長勲は、版籍奉還を朝廷が聴許し、自分が藩知事に任命されたが、領内の「士民」が事態を理解せずに疑惑を生じ、方向を誤ることがないように、親書を副総管の浅野忠に授けて、領内に諭告した。その文書を以下に掲げたい。(34)

今般御藩籍奉還御願之通被聞食、更ニ藩知事被蒙仰候就ては、万一一統之者気取違有之候てハ不相済義と深く御心配被遊、別紙之通御直筆御下げ被遊候間、御趣意之程銘々篤斗体認候様可被仕候

親書

天命時至り皇運御興隆、復古之大業被為遂候処、方今外国交際之折柄、各藩の政治一ならされハ人心も亦一ならす、依て政令帰一之御趣意を以て、諸藩一同土地人民返上之趣被為聞食、更ニ藩知事被命変換之事体、諸人耳目ニ不相習より、自然疑惑を生し各心の主たる忠孝之道を取違へ候てハ決て不相済、我祖宗御建国以来深く皇沢ニ奉浴、我等ニ至り為皇国版籍奉還実以仕合之義、祖先以来勤王之神慮ニ被為叶候義と奉仰候。凡日本に住む者誰

か王臣にあらさらん。斯時ニ当り一入勉励尽力、朝廷之御趣意を奉戴し、聊不可違背、是即ち祖先へ不奉負也。祖先へ不奉負ハ即ち朝廷へ不奉負也。忠孝一途ニ固守し、祖先之神慮ニ不奉負様、屹度可相慎、万一心得違之義有之候てハ、上朝廷三千年之洪恩、下祖先以来三百年之信義、何と可致哉、是等篤斗相考先頃分け与へ候人の標的たる掲示、朝夕一心ニ念誦いたし、決て変動致間敷、我等不行届之義有之候へハ、明白ニ申呉候様偏ニ相頼候。此段いつれへも無遺漏可相達者也

八月十一日

浅野忠　殿

（中略）

親書

辱くも一天万乗の君、年久しく政の権を失ハせ賜ひしに、天運に叶ハせ賜ひ、皇国の御政の古に復し賜ひ候ハ、誠に難有事共也。然るに国々の政事一筋にならされハ、人の心も向ふ所定らず、依之日本国中王政一筋に成り候様にとの御趣意を以て、諸国共土地人民を朝廷へ返上願之通り被聞食、是迄之国守の職をハ被差止、あらたに藩知事之職を被仰付、只今迄之制度を改め革よとの御沙汰ニ付而ハ、諸人見馴れず聞習さる事共数多く可有之、就而ハ自然疑惑を生し、人の人たる忠孝の道を取違へ候てハ決而不相済、我祖先此国の国守と成り賜ひてより二百五十年来代々朝廷の御高恩を蒙り賜ひ、我等に至り朝廷の御為に土地人民を還し奉るハ、実以本位至極之至、祖先以来朝廷へ御忠勤之神慮ニ如何斗り歟可相叶、凡日本に生るゝ者誰か朝廷の臣民にあらさらん、我支配之芸備国中ニ住む程の者ハ、王政御一新之場合におゐて、高きも卑きもみなみな一入つとめはけミ、力を尽し、朝廷の御趣意を戴き奉り、聊不可背、若心得違忠孝の道を踏迷ふ者有之候而ハ、則朝廷へ奉対不相済ハ申す迄もなく、

我祖先より二百五十年来の恩義にも背くに、相当甚歎ハ敷事也。我等此度藩知事被仰付ても、只今迄の領分をハ其儘支配すへきとの朝命下り候上ハ、只今迄ハ土地人民我かものゝことくするなれとも、此後ハ朝廷の御ものを預り奉り支配するなれハ、支配下の万民一人たり共朝廷の罪人とならしめてハ不相済、此度弾正台と申御役所を設られ、巡察使といへる役方を国々へ見廻りに差出され候筈ゆへ、万民ニおゐても法度を守らす身の行を持崩し、各家業を怠り候てハ、竟に我等職分不相立候成行、恐入候事共也。我等におゐてハ是迄迚も、万民撫育の事ハ此後弥以昼夜心力を尽し候間、万民においても右之趣意篤斗相心得候様懇切ニ可申聞者也

八月十二日

御直筆御下被遊候御文中、是迄之御制度筋を改め革よとの朝命云々被遊候ハ、第一御家中職禄等御制度時宜に適候様、御建替之御趣意ニテ、百姓共之身前に拘り候様之義ニ而者曾て無之ニ付、夫等之処少しも懸念いたす間敷、並土地人民之版籍当御代ニ至、朝廷へ御奉還御願通り被聞食、御本意被思召候云々との御義ハ、是迄之処御官位等ハ素り従朝廷被為蒙仰候へ共、御領分ハ徳川家之御判物ニ而、従朝廷之御拝領ニハ無之候処、素り日本国中ハ朝廷之ご所有ニ候故、本体之処へ御奉還被遊、改而藩知事之御職被蒙仰、御領分其儘御支配被遊候義を御本意被思召、御先祖様方御神慮ニも可被為叶訳ニ候間、是等之処御趣意取違無之様、尚口演ニて懇篤ニ可被申論候

このように、長勲は二種類の親書を用意しており、一通は藩士向け、もう一通は領民向けである。領民向けの親書は若干平易に書かれているが、趣旨は同じである。「十六郡一手の歎願書」の冒頭で、「去る巳年御藩内一同御仮名書の御教書村毎へ御下げ被為遣、奉拝読委細奉感戴」と述べているが、この領民向けの親書を指していることは間違いない。武一郎の「口演書」で「御教書」と呼んでいるものも、この文書である。長勲の親書は村ごとに下げ渡され、

庄屋・長百姓を通じて領民にくまなく達していたものと思われる。領民たちが藩に歎願する際、この長勲の親書が論拠となったことは間違いない。

ただし、「十六郡一手の歎願書」で述べられた兵農一致、「武者の世」の終わりという認識は、長勲の親書では語られず、朝廷からいただいた領土をお返しすること、浅野家はもともと朝廷を崇敬して忠義を尽くしてきたので、浅野家に対する忠孝は朝廷に対する忠孝と同じことだから、朝廷へも忠義を尽くすようにということが語られている。つまり、百姓は兵農一致で自分たちこそが国防の主役になると理解しているのであるが、長勲の親書はその点ではなく、朝廷への忠孝を強く説くものとなっているのである。したがって、「歎願書」で述べられた歴史観は、百姓独自の思考から生み出されたものと理解してよいのではなかろうか。

もちろん、長勲は阪谷朗廬を顧問に招聘するほどであったから、百姓たちの歴史認識はよく理解していたし、同意もしていたと思われる。しかし、長勲が気にしていたのは、「忠孝の道を取違へ」ることであり、百姓が朝廷の臣民であることを受け入れるかどうかという問題であった。それまで過酷な幕末の動乱のなかで、自分を信じてついてきてくれた百姓たちが、自分が藩知事になるということを受け入れてくれるかどうかということであった。藩士向けの親書ではその点がより明確であり、自分が藩知事に任命されたことが、「自然疑惑を生し各心の主たる忠孝之道を取違へ」る原因になるのではないかと恐れている。じつは、版籍奉還の頃から、問題はこの一点にかかっていたのではないだろうか。版籍奉還の際には、藩知事となっても「只今迄の領分をハ其儘支配すへきとの朝命」が下ったので問題はなかったが、廃藩置県でいよいよ藩主がいなくなるという事態のなかで、長勲の危惧は現実となり、それまでの藩領全体の自己改革運動が否定されると感じた百姓たちは、それこそ体をはってそれを阻止しようとしたのである。歎願書の後半ではそのことを切々と述べている。八月四日の長訓の東京行きをいったんは阻止しながら、さらに長訓の意向として一刻も早く東京に移住すべきであると考えていることを重々承知しながら、「仮令身を粉め骨を砕きても」御国恩に謝すという壮烈な意志を強く表明しつつ、「国家の一大事」としての長訓の東京移住を阻止してほしいと歎願したのである。「身を粉め骨を砕きて」という覚悟が偽りではなく、真剣な思いであったことは、その後の領民の行動によく示されている。

八月一一日、広島に集結した諸郡村の人々は、数千人場内へ進入し、玄関の前に集まり、この「十六郡一手の歎願書」を提出した(35)。それと並行して、各郡村からも歎願書が提出されている。前述した山県郡奥山組では、打ちこわしの圧力にも支えられて八月一〇日に歎願書がまとめられ、広島に行く割庄屋山本五郎左衛門に託された。以下がその内容である(36)。

此段殿様東京へ御移住の儀仰出御読被下、誠に以驚歎仕候、素より当度之儀は諸国一同と申事に候得共、数百年来の奉蒙御高恩、累代安穏に渡世仕、殊に一昨年以来凶作に付ては、別而深き御慈悲を以御救い被遣、御蔭を以て壱人も餓死仕候者無御座候、殊に病気之患も無御座候、実以一同難有仕儀に奉存候、各等に付ても厚き御仁恵奉蒙、其御恩に付きても東京へ御出浮被為成候ては、一同奉歎不得止事に候へ共、是非村中不残御留めに罷出可申候間、此段恐々奉願上候、以上

明治四年辛未八月十日

ここで興味深いのは、「昨年以来凶作に付ては、別而深き御慈悲を以御救い被遣、御蔭を以て壱人も餓死仕候者無御座候、殊に病気之患も無御座候」と述べている点で、長訓・長勲の「御国恩」というものが決して抽象的なものではなく、手厚い飢饉対策として百姓が実感していたものだったという点である。藩主長勲がいかなる飢饉対策を実行したかは、前述した通りである。

これと同文の歎願書が各村から一二通と、移原村からほぼ同じ文面の歎願書一通が、五郎左衛門を通じて県庁へ提出されることになった(37)。山県郡奥山組だけではなく、それを構成する村々がそれぞれに歎願書を提出しているのである。歎願書が作成される経緯と合わせてこうした事実を考えると、少なくとも山県郡においては、全郡の百姓の意志として、長訓の東京移住反対の意志が藩・県、あるいは太政官に対して表明されたことになる。

他の郡村においても同様の動きがあった。八月一二日は、府中村と矢賀村の歎願書がまとめられている。また、温品村・下平良村でも歎願書がまとめられており、内容は以下の通りである(38)。

知事様、去冬東京表え御発船被為在、未た御帰国も不被為、即今之御場合百姓共におゐても昼夜案労罷在、然処、東京府におゐても御住居被為在、御治定に内々奉承知、誠に当惑仕居候処、又候今般竹之丸様、隠に今四日御発船被為遊、御両殿様御同様御住居之御儀に奉承知、百姓共男女無差別仰天仕、依之今四日未明より、一同御城下え向け御発船為御留り推参可仕含に御座候処、村役人衆より御差止め、入々御教諭被成下候得共、一同推て罷出候段、重々奉恐入、然る処、御発船一応御延引に相成、其段恐悦至極に奉存候、乍恐知事様東京表御住居之御儀、百姓共日々農業家事共精力も無御座、一同案労仕居申候に付、前文之次第相叶不申候はゝ、乍恐知事様御迎ひ東京表え出足仕心組に御座候、此儀におゐていか躰御咎め被為仰付候得共不苦、其段実に以被仰上可被下候、依て歎願書差上申候、以上

未八月

温品村　惣百姓中

当度御改制御皇政之難有御恵意特斗御解聞被下、尚県知事様之御教諭筋兼々難有感伏仕候、御示相守可申候得共、

数百年来蒙仰御厚恩居申候御上様難被忘御座候処、当度従四位殿様御永別被為遊候由、百姓共一同愈狼狽仕昼夜不耐傷歎罷在候、東京御登被為遊候而、御貴属之御事に御座候得者、当国に而御依然御在居被為在候而も可然御事と、不顧暗愚御歎申上度奉存候、此儀に付奉対皇政異慮仕候義に者在御座間敷奉存候、闇晦之百姓共一円御歎奉申上候、其段従四位殿様江も歎上候間、此段偏に奉歎上候、以上

未八月　　下平良村　惣百姓中

温品村の歎願書は、長訓の東京移住に反対することもさることながら、長勲が東京に居住していることにも反対し、東京まで迎えに出向くと主張している。下平良村の歎願書も同じ趣旨の内容であるが、「奉対皇政異慮仕候義に者在御座間敷奉存候」と述べ、あえて天皇の意志に反するものではないことが強調されている。

長訓の東京移住を阻止する直接行動から、八月一二日頃までの間に、「十六郡一手歎願書」を中心として、藩領全域の村々でより東京移住反対の意志が明確になり、藩・県への訴えが鋭くなったことが確認できる。そして、この八月一二日から、城下での打ちこわしが始まった。

農民の代表者らは県庁に対して、城内の屋敷に掲げられている天皇家の菊の紋章を取りのぞき浅野家の鷹羽の紋に換えるよう要求した。県庁では協議の結果、「兇民の狂悖は已に茲に至り、其挙動は所謂抗訴一揆の如く、全く上を要する所為なれとも、元来愚民の大義を弁へす、只一途に旧恩を念ひ遠別に忍ひさるより起こりたる所なれは、権道を以て仮に其請求をも許容して」ということで、とりあえず菊の紋章を取りはずすことにした。(39) 百姓たちの要求が通ったのである。

その日の午後二時頃より、城下へ参集していた各郡の農民たちや民衆たちが鎌や竹槍をもって、商家や県官の屋敷を襲撃しはじめた。最初に打ちこわしの標的にされたのが大手筋二丁（町）目の三村屋来助宅だったと言われる。群

衆は口々に太政官政府を批判しながら、上流川町にある小川忠順少参事の屋敷へも乱入した。また、城下の西のはずれにあたる沼田郡舟入村の兵部大丞船越洋之助の屋敷も襲撃された。鳥屋町では、蒸気船宿の玖村屋などが打ちこわされた(40)。船越洋之助は神機隊の創設に関わった人物で、当時太政官政府に出仕していた。おそらく意図的に狙われたものと思われる。つまり、歎願書提出以降の一連の動きからわかるように、長訓の東京移住阻止、長勲の東京居住反対という百姓たちのスローガンはより先鋭化しており、同時にそれを推し進める太政官政府に対する敵愾心が、非常に強くなっていたのである。これはたんなる打ちこわしではなく、極めて政治的な、もっと具体的に言えば、反太政官の暴力的な意思表示であった。

これに対して、藩・県としては百姓たちの望むところをよく理解していたので、長訓・長勲の名代として浅野家一族の長厚(41)・懋績(42)・懋昭(43)の三名が市中を巡回して、群衆に対して書面をもって説諭をくり返すことになった。三名は悪天候のなかを、「大雨も不被為厭、御三方様草鞋にて御出被為遊、途中多人数中にて、御直に御説諭被為遊、夜半過迄も市中東西御苦労被為遊候」とまで努力したが、百姓たちは、説諭を聞いている時には退散の姿勢を示すものの、三名の駕籠が行ってしまうと、打ちこわしを継続するという状況であった(44)。

その日の夜、大参事の西村正倫、谷口真卿以下の県官が竹之丸館に集まり、今後の対応について協議した。竹之丸館は版籍奉還後に浅野家の住まいと位置づけられているので、そこで対応策が練られたということは、県官が集まったにせよ、それは広島藩士としてであり、あくまでも浅野家の問題としてこの騒動に対応しようとしていたことがうかがえる。百姓たちの要求に対応するためには、それが最もふさわしいと考えられていたのであろう。この協議では、これ以上の説諭による鎮静化は不可能との結論に達し、明朝八月一三日の朝をもって武力によって鎮圧することを決定した。そして、一三日午前三時から五時にかけて、兵力を次のような場所に配置して待機させた(45)。この時に配置された部隊は、諸隊を再編した協和軍であると考えられる。結局、鎮圧部隊として動員できるのは、一部農兵を含む藩兵であった。

京口門より京橋辺立町口へ一小隊ツヽ　隊長　大久保弥三郎
大手筋一丁（町）目ならびに真鍋矢倉下辺へ同　隊長　永原繁人
元安橋より本川辺へ同　隊長　松村貞雄
宇津門より神田橋辺へ同　隊長　生田邦夫
運上場より一本木辺へ同　隊長　浅野新吾
八丁堀門松原講武所警衛兼応援　隊長　片岡武雄
　同　野崎貞夫
北門　隊長　二川千尋
南門西門　隊長　三村権蔵

さらに、次のような告示を門外に掲示し、群衆に対して武力鎮圧を行う趣旨を説明した。(46)

此度百姓共多人数罷出々願之趣、元来条理不相立事柄ニ付、種々説得いたし候得共、只管哀訴へおよひ無余儀一端モ有之候ニ付、一応御聞込早々帰村罷在可申段、御三方様度々御直ニ御示諭之趣ヲモ不相用益、相募乱暴致シ、如何ニモ不取捨置次第ニ至リ、不得止兵隊ヲ以鎮候外無之ニ付、心得宜者ハ早々引取候様申聞セ候処、却而竹槍等ヲ以テ手向ヒ無是非場合、一旦打退キ候得共、元来良民共悪党ニ被誘立不得止罷出候様之者モ可有之、不便之事ニ候。正二位様従四位様御直筆之御趣意感戴、良民ニ立帰候者ハ御構無之事ニ付、万々心得違無之様可致者也。

郡市諸民共

「不得止兵隊ヲ以鎮候外無之」という方針が、百姓たちに示されたのである。県庁の官員が南御門外に出て群衆を呼び集め、打ち合わせのとおり、あらためて一同に説諭をこころみようとした。しかし、かえって群衆は竹槍などを突き出して、反抗する構えを見せたのである。このため、やむなく鎮撫を決定し、午前五時すぎより各城門を開いて、兵隊を進撃させた。はじめは空砲で威嚇したが、群衆はひるむことなく抵抗してきたので、ついに実弾による射撃を開始した。

県当局としては、「巨魁の者」をできるだけ早く捕縛して、「衆人懲」のために厳科に処すという方針を確定していた。しかし、武力鎮圧を決定した日に、騒動はさらに広まっていき、県内全域で農民たちによる打ちこわしが激化していった。

3　卒大隊長野崎貞夫の切腹

先ほど掲げた城下鎮圧部隊のなかに、八丁堀門松原講武所警衛兼応援の隊長をつとめた野崎貞夫（七左衛門）がいた。野崎は広島藩の諸隊を整理・統合した「協和軍」の卒大隊長の任にあったが、武力鎮圧方針が発せられた二日後の八月一五日、何らかの直訴哀願をし、それが聞き入れられなかった責任をとって切腹したと伝えられている。問題は全藩一揆の最中、なぜ鎮圧の前線を担っていた隊長が切腹したのかという点である。野崎貞夫については、その縁者にあたられる田中博氏による丹念な調査がある。(47)本書では田中氏の調査を手掛かりにしながら、この事件の意味を検討したい。

現在、広島市東区の二葉山の麓にある聖光寺にある野崎貞夫の墓には、「明治四年八月十五日没」と刻まれている。切腹に関わるお話は、野崎貞夫の娘である齊季《さき》さんから、その孫にあたる田中恭子さん（博氏の妻）に伝えられた。

この話は『芸藩志』をはじめ、どの記録にも載っていない。野崎の墓の周囲には協和軍関係者から贈られた石灯籠が、現在四基残されている。聖光寺が現在の場所に移転する前には、石灯籠が十数基並んでいたと言われており、協和軍兵士が隊長の非業の死を悼んだものとも受け止められる。

野崎家は、元和五（一六一九）年七月、浅野長晟が広島藩四二万石に転封され、その三年後の元和八（一六二二）年に野崎七右衛門元継が浅野家家臣となって以来、貞夫まで八代にわたって広島藩士であった。浅野長政以来の譜代の家来というわけではないが、広島藩浅野家草創以来の家臣として、由緒ある家柄であった。初代元継は「御陸組」として召し抱えられ、陸上勤務にあたったが、代々の当主は祐筆・普請奉行・弓持筒頭・供頭・目付・御蔵奉行・側詰次席などの要職を歴任している(48)。

野崎貞夫は、広島藩が鳥羽・伏見の戦いに参戦した際、総司（隊長）岸九兵衛を補佐する副司として隊員三一九名を率いている。しかし、慶応四（一八六八）年正月三日に戦端が開かれた際、総司の岸が戦闘を傍観するのみであったのに対し、野崎らは出撃を強く促した。結局、広島藩兵は戦機を逃してしまい、世子浅野長勲の大きな怒りをかったのであるが、この事件がその後の中央政界における広島藩の位置を決める重要な役割を担ったと言われている。おそらく、野崎らは諸隊を率いて、その後の戊辰戦争において北越・東北を転戦したはずであるが、残念ながら詳しい事実はわからない。明治二（一八六九）年五月、戊辰戦争が終結すると、広島藩は新政府の命令に基づき、一五隊四千余人に規模が拡大した諸隊の整理・縮小を進めようとした。一方、諸隊のなかには、解隊・帰郷命令反対の歎願を出す部隊もあった。隊士のなかには、多数の足軽・農民や商人も多く、解隊された場合の処遇が危惧された。筆者は、それ以上に諸隊での活躍を通じて武士と対等になることを目指した人々が大勢いて、解隊によってその希望が絶たれることを恐れたことが、最も大きな反対の理由ではなかったのかと推測する。そうした状況を考慮して、広島藩は激戦場で活躍した神機隊・新隊・応変隊の三隊はそのまま残し、それ以外の一二隊を協和軍五大隊に再編し、兵員二八〇〇人に減員した。高間省三の戦死に象徴されるように、最も士気が高く、かつ犠牲者も多く、激戦を戦ってきた神機隊が残されたことは、新しい国家・社会の形成をめざす身分を超えた運動を無視できなかったことを示しているのではなかろうか。もちろん、隊士の処遇が大きな問題であったことは否定できない。

新政府は、新しい国家・社会を夢見た士気旺盛な諸隊も含め、幕末維新を担った諸隊を強圧的に解散させようとした。広島県はそうした動きを見据えた上で、隊士の功労にどのように報いればよいのか苦慮していたが、明治五（一八七二）年四月、大蔵省の許可を待たずに旧広島藩が保有していた資金一万四五九両を隊士一四五九人に分配した。広島県は浅野家の私有財産を処分したまでだと主張したが、新政府はその言い分を却下し、資金の分配を不当とした。広島県権令伊達宗興と大参事西本正道は、独断で資金を配分したことの責めを負うため、大蔵卿大久保利通に進退伺を出した(49)。

野崎貞夫隊長は、「武一騒動」の最中、なぜ切腹したのか。自刃した時、野崎貞夫は五九歳であった。当時、後に大審院長に栄進した長男啓造は二〇歳で、東京に遊学中であった。父の自刃を語り伝えた娘の齊季さんは、まだ母親の胎内にいた。父貞夫は妻の懐妊を知りながら、娘齊季の顔を見ずに自刃した。齊季さんによれば、野崎貞夫は明治天皇に何かを直訴して、それが聞き入れられなかったことの責めを負ったと言う(50)。明治天皇への直訴ということがありえたかどうかはわからないが、問題は何を訴えたのかということである。繰り返し述べるが、野崎貞夫は騒動の武力鎮圧を決定した二日後に自刃している。その事実を考える時、筆者が想起するのは福島県に伝わる戊辰戦争の際の広島藩兵の姿である。相馬藩小高で藩の米倉の米を官軍が分配しようとしたところ、それが救荒米であると知った神機隊の兵士がそれを返還したという話(51)は、神機隊の性格を見事に物語っている。また、子供が火傷して動けなくなって潜んでいた母子を見つけた広島藩兵が、母子を傷つけることなく、さらに同じ一向宗徒としてその家の仏壇の阿弥陀仏に手を合わせて去っていったという姿は印象に残る[52]。これらのエピソードは地元に伝承された物語なのである。また、会津で農民に無理な要求をして惨殺するという非道な行動をしてしまった広島藩士が、責任をとって切腹する姿もあった[53]。こうした行為が広島藩兵全体に共通するものであったのかどうかはわからないが、戊辰戦争において神機隊に代表される広島藩兵は、極力農民に危害を加えないようにしていた。もし危害を加えた場合、自刃するべきであるという軍律もあった。こうした広島藩の諸隊が、「武一騒動」の武力鎮圧を命じられた際、何を思ったであろうか。諸隊の兵士たちは、他藩領の民衆に対しては厳しい軍律が適用されていたにもかかわらず、打ちこわしが暴力的であるにせよ、自藩の領民に銃口を向けることがはたして抵抗なくできたであろうか。あまつさえやむをえず発砲した銃砲が領民を傷つけ、死に至らしめるような事態になった場合、その胸中はどのようなものであったであろうか。野崎貞夫の切腹については、史料を発掘して事実を見定める必要があるが、状況から考えてあえて推測すれば、武力鎮圧に対する反対の意志を何某かに直訴し、それが拒絶された時に切腹を選択したのではなかろうか。また、齊季さんの記憶の通り、明治天皇に直訴したという言い伝えを重視すれば、おそらく直訴にはならなかったにせよ、明治天皇に対して百姓たちの歎願を伝えようとしたのか、あるいは、兵士たちの苦労に対して報いてほしい旨を述べたのではなかろうか。協和軍の隊士たちにとって、隊長のそうした姿勢は称揚されるべきものであり、おそらく戊辰戦争の過程で過酷な戦争と厳しい軍律を共有してきたはずである。隊士たちが野崎の墓に献納した十数基の石灯籠に込められた思いは、その過酷でかつ理想に燃えた共通の思いであったのではないかと推測したい。

また、説諭と歎願のシステムを基本にしていた旧藩庁、あるいは広島県の官員たちにとっても、武力鎮圧は避けたい事柄であり、不本意であったに違いない。直訴・自刃した野崎貞夫の息子である啓造は、その後明治八（一八七五）

年に司法省に出仕し、明治二二（一八八九）年ドイツ・フランスに法律研究のために派遣され、明治二七（一八九四）年に広島控訴院検事長に就任、明治三一（一八九八）年には大審院検事総長に就任した。この栄達の経過を見ると、野崎貞夫の直訴・自刃は、野崎家の処罰までには至っていないことがわかる。少なくとも広島県、そしておそらく明治政府も野崎貞夫の行為の正当性を否定できなかったのであろう。ただし、公式の歴史に載せられることはなかった。

4　全藩一揆の高揚と終息

山県郡の中筋辺の農民たちは、一三日朝に小戸谷へ続々と集まりはじめ、総勢二六〇〇人余りとなって、穴村方面へ向かった。そして、村人に対して「当村之百姓共は御殿様の御恩者不奉受哉、我等当度三昼夜苦慮罷在候に、枕を高し楽々と喰飲いたし不届千万、具に出浮不申候はゝ片端より家打破り可申」と脅した。農民たちは御殿様のご恩に報いるために立ち上がれと呼びかけている。そして、もし蜂起に加わらなければ、片っ端から家を打ち壊すと脅しをかけて、強制的に動員している。その結果、穴村の農民たちもやむなく竹槍をもって騒動勢に加わった。騒動勢は周辺の村人を引き込みながら一三日夜五つ（午後八時）には加計村に入り、鉄山御場所を襲撃した。(54)

「芸藩志」によると、県内で打ちこわしにあった状況は次のとおりである。(55)

広島市中　少参事小川忠順、矢部大丞・船越洋之助の両邸、商家は桑原儀三郎、粟根八郎右衛門以下四一軒
沼田郡　割庄屋以下一四軒
安芸郡　蒲刈島一軒
佐伯郡　割庄屋頭取小田新七以下二軒
山県郡　割庄屋池田友助以下九軒

高田郡　割庄屋頭取山県柳之助以下六軒
賀茂郡　一軒
高宮郡　一軒
三谿郡　割庄屋頭取世良保平以下二一軒
三次郡　割庄屋村上是一郎以下三一軒
恵蘇郡　庄屋栗本林右衛門以下二九軒
奴可郡　西城町年寄田辺雄右衛門以下一一軒
三上郡　割庄屋森田完一郎以下三軒
世羅郡　割庄屋頭取三好奥太郎以下九軒
甲奴郡　割庄屋幾太郎以下一一軒
御調郡　割庄屋熊谷武右衛門以下一二軒
その他　山県郡鉄山方、三谿郡郡用所、世羅郡出張所と郡用所

一方、県庁は、市中でひろまっていた様々な流言飛語に対して、次のような説諭書を掲示し、それらが誤解にもとづくものであることを市民にこまかく説明した。県庁が取りあげた流言飛語というのは、次の七項目だった。(56)


第一、涙銀と唱へ、三千両とか総百姓へ御恵被下候処、割庄屋共手元へ取込下方へ相渡不申旨、流言。

第二、上より割庄屋共へ桐の箱被相渡窃に所持いたし、此内へ耶蘇宗の秘仏納め有之、全く庄屋等は太政官の手先なるよし、山県郡割庄屋共は現在隠し居る趣、流言。

第三、自今年貢取立桝一斗二舛入三杯の取立に相成、往く先き立行兼候旨、流言（一俵三斗入りだった年貢が、

三斗六升になるという流言）。

第四、女子十五歳より廿歳迄の者、並に飼牛等異人へ売払に相成候故、内密割庄屋共へ申渡し請合出候段、流言。

第五、持成田畑爾後八畝割にて年貢取立相成るとの流言（従来一反で負担していた年貢を以降二割減の八畝で負担するようになるという）。

第六、太政官は異人か政事を取扱処抔との流言。

第七、酒造醤油造油稼馬口労等の冥加金、並水役等の事苦情申立つるよし。

この説諭の前文では次のように述べている。

郡市農商此度ノ挙動ニ乗シ、奸徒良民ヲ蠱惑誘引シ、郡市ノ人家数多打破リ、言語ニ絶シタル所業ニ及候ニ依リ、不得止兵威ヲ以テ鎮撫ニ相成、此処元来良民是非虚実ノ弁別無ク、奸物ノ浮説流言ニ取迷フハ一応悪ムヘキト雖モ、其実ハ甚タ可憫事也。

つまり県の認識としては、これらは「奸物ノ浮説流言」であって、それに「良民」が惑わされていると認識していた。つまり、あくまでも本筋は藩知事長勲の罷免と前藩主長訓の東京移住であり、そのことに対する不満は一切否定していないのである。その上で、次のような説諭書を布告して、太政官政府の方針に従っていれば安心に暮らしができるが、それに逆らう者たちは厳罰に処せられると忠告した(57)。

郡県の御政体と成り、是迄の浅野家を離れては世の中はくらやみの様に成るとて深くきつかひ居る由、一応尤なることなれ共、其くらやみと云ふは何様のことなるかと思ふに、此度の暴動の所業庄屋役人をあたの如く視て、其申付を用ひす、百姓共か我儘勝手次第の悪業を働くをこそくらやみと申すへけれ、其くらやみは銘々共がすることにて、夫れを気遣ふと云ふものにては無く、却て好むやうに当り実以て心得違ひの甚しき也。仮令銘々共如何様にくらやみを好む共、上には決てくらやみにはなされず、其証拠は眼前に見る通り悪人は捕へて相当の罰に処せらるへく、良民は速に良心に立返らせ、上の命令はいくつ迄も行はれ、益々開明の世の中と成しくたさる深き御仁恵の御趣意にて、郡県の御直政事と成りたることを能々合点すへきこと也。

右の外、種々悪説を拵へ人心取惑ひ候様申ふらし候事可有之候へとも、大意前条申解候様の次第にて、決て疑はす只管法度命令を能く相守り居れは、子の悪しかれと思ふ親は無きもの故、何も往先を気遣ひ候様のことは更に無きこと也。親の申付を用ひさる子は不孝者にて其罰身に報ひ来る、上の命令に従はさる下は暴民乱賊にて、又其罰通る可らさることを能々心得へきことなり。総て下々の者は、兎角上の深き御趣意は分り兼るもの故に、疑ふこと大きものなり。其疑ふ心より兎角上の命令に従はむこと有る也。其疑ふ所へ勝手の悪きことなとの浮説をとふせは、却てつかもなきこと迄をもまうけに信用すること有るものなり、是を誠の惑と云もの也。速に此惑を解て良心に立返るへきことなり。良心あるを良民と云ふものなるを、奸悪者のために浮説流言に惑され、姦悪徒の中に陥りては如何体の厳罰を可蒙も計られず、憫むへきことなり、畢竟小さかしけなる心より疑ひを抱き、約り其禍ひ己れに報ひ来り、身を誤るに至ることを深く合点すへき事なり。

県内の騒動がほぼ鎮静化した九月一三日、広島県は各郡の勤番割庄屋に宛てて、竹之丸様から直答があるので一村につき百姓惣代として一人を選び、庄屋組頭のうち一人が付き添って、九月二〇日午後四時までに城下の国泰寺へ出頭するようにと通達した。

九月二一日、国泰寺に出頭していた各郡の代表者たちは、広島城内三の丸へ招集され、長訓はみずから県内各郡の百姓惣代と庄屋たちを前にして、あらためて次のような説諭を行った(58)。

先月四日、我等発船の砌、郡町の者共多人数罷出、只管惜別の情宜ヲ塞キ申立ノ趣、無余儀情実にも相聞候に付、一先及延引在庁官員へ説諭方相頼、未た行届さる内にも可有之候得共、無謂狼藉の所為も有之哉に相聞へ、我等進退の義よりして無罪の人民朝憲を犯罪科に陥り候ては、如何にも難堪義に付、名代従五位松園松垧を以鎮静候様申聞候得共、多人数中心得違の者に被誘立候故か、理不尽に人家を毀し家財を奪ひ取候抔、不可謂所業難捨置次第に付、不得止兵器を以取鎮めに相成、一先鎮静候趣に候得共、畢竟旧恩をしたひ罷出候汝等も全く劫盗に陥り、我等に於ても従来示し方不行届に相当り、奉恐入候義には無之哉、是等の処得斗勘弁いたし、向後心得違無之、偏に県庁の布令示を守り不敬無之様、早々帰村惣百姓共へ可申諭、尚我等上京不致ては不相済義委細別帳に相認め置候に付、愚昧の者へは得斗合点致候様可申聞候。前段の趣正二位殿へも及相談候処、県内の民庶此筋深く会得不致ては不相済、速に告諭の義万々同意の趣、此度家令代を以被申越候事。

九月　　　　　　　　　　　　　　　　　　　　　　　　　　　長訓

長訓のこの説諭を拝聴した一同は、感極まったのか、「皆涙を掩ひて退散せり」と伝えられている(59)。このたびの騒動で逮捕した者の取り扱いについて広島県は、太政官へ次のような伺書を提出した。

伺書

今般廃藩に付、各地方に於て奸民共徒党を結び暴挙及候者有之、朝旨を蔑視し国憲を違犯し候次第其罪不軽に付、管内厳粛に取締即決処置懲誡を可加旨被仰出候処、右は死刑たりとも不奉伺即決処置仕不苦儀と相心得候へども、如何御座候哉、於当県は予て御届仕候通、今般庶民暴挙仕候。就ては右等巨魁の者共捕縛仕候上は、速に相当の厳科に処刑仕度、過日司法省へ相伺候処、罪死に該る者は可伺出旨御指図の趣も有之候に付、此段一応奉伺候。

以上。

「巨魁の者共捕縛仕候上は、速に相当の厳科に処刑」したいという方針を決め、その妥当性を太政官に問うたのである。これに対し一〇月九日、太政官政府からは「伺之趣、死刑たりとも即決処置可致事」という指示を受けた。(60)そして、県は騒動の首謀者として森脇武一郎を特定し、武一郎を捕縛した上で、次の判決文を言い渡し、梟首に処したのである。(61)

山県郡有田村、武一、当未、四十八歳

其方儀、当八月村々百姓共動揺の際に乗し、可部町卯助壬生村源左衛門儀、陽に旧知事を迎ふるを名とし、陰に集金を為すの姦策に同意、広島表江罷越候処、其策難遂より、尚亦本地村瀧蔵等申分に随ひ、十六郡一手の歎願書相認め候砌、大に欲心を逞し、一己の考を以不容易も違勅云々の義書綴り、多人数引連及強訴、加之古屋村亀蔵儀三村屋来助方にて異人捜索の事及談合候節可然旨申聞、依之同人罷越荒々敷及押合候より随て同方打毀、遂に市中不可謂の暴動押移候而已ならす、其末於海田市造賀村慶次郎等へ面会、此般歎願の通不相調、異人或は他の官人入来候時は県境榜示峠へ衆を率ひ罷越拒沮可致所存にて、其手配等縷々申含、慶次郎大に同意所々触廻り民心致団結候段、全く始終欲心を逞せん為め不容易の企首唱いたし、彼是不憚朝憲次第、重々不届至極に付梟首申付る者也

この判決文では、武一郎が長訓の東京移住を阻止することを表には掲げながら、実のところ集金が目的であったこと、強訴・打ちこわしの首謀者であったことなどが罪状としてあげられ、とりわけ「十六郡一手の歎願書」を起草した人物であるとしている。確かに、「歎願書」の壮大な認識、その流麗な文章を見ると、「口演書」をしたためた武一郎であると言ってもよいような気がする。しかし、仮にそうだとしても、「歎願書」それ自体が騒動を目的として書

かれたわけではなく、「口演書」の内容をあわせて判断するならば、武一郎はむしろ藩治の円滑な遂行を期待していたはずである。森脇武一郎を騒動の「巨魁」として裁くことには無理がある。むしろ、騒動とは別に、武一郎を「巨魁」とした理由があると考えられる。これはあくまでも推測でしかないが、「口演書」「一手の歎願書」に現れた百姓武一郎の教養の高さと思考力が、ある種の勢力にとっては脅威になっていたのではないか。つまり、百姓が明らかに「愚昧」から脱して、兵農一致を確実に担える存在になりつつあることが、脅威になったのではなかろうか。武一郎を梟首にした時点で、広島藩の幕末期における藩領全体の自己革新運動は終わり、極端な言い方をすれば、明治維新が終わったのである。それを終わらせる力が、人々の自主性・主体性を否定し、「万国対峙」の名の下に強大な暴力で人々を強制する官を生み出していくのである。

こうした動きを、長訓・長勲は手放しで受け入れたのだろうか、神機隊を結成して改革の先頭に立った藩士たちは受け入れたのであろうか。八月四日の長訓上京に際して農民たちから献上された初穂米や金銭は、その後県庁が保管していたらしく、九月になって県庁は、献上された米銀の取り扱いについて、次のような布告を行った(62)。

此度東京へ御移住被遊候に付ては、士族並郡町の者より為御餞別米銀杯献上仕度段、銘々申出篤志殊勝の段は深く御満悦に思召候。乍去、従前御領内御撫育筋不一形御苦心御配慮被遊候得共、御国事多端にて思召の寸分も不被為行届、一統疲弊難渋御気毒に被思召候折柄、右献米銀等御受納被成候義は、如何にも御不心中の義に付、夫々御断りに相成候段は承知の通に候。然る処、御初穂米と唱人別紙包等にして押て差出、多人数参集混雑中御断著も付兼、今更御返戻も難出来義に付、有力者へ御頼会社趣法を設け、永く非常御手当に被成置候筈に候。此段乍序申聞置候様にとの御事に候

九月

註

（1）「芸藩志」百十五（橋本素助・川合鱗三編『芸藩志』第十七巻、文献出版、一九七八年）一六〇～一六一頁。「今般藩ヲ廃県ヲ被置候儀ニ付詔書写し」（千代田町役場『千代田町史　近世資料編（下）』一九九〇年）二六二頁。
（2）谷山正道「廃藩置県と民衆—西日本における旧藩主引留め「一揆」をめぐって—」（『人文学報』七一号〈京都大学人文科学研究所〉、一九九二年一二月）一三五～一八六頁。
（3）前掲『千代田町史　近世資料編（下）』。
（4）名田富太郎『広島県武一騒動録』（名田朔郎、一九六一年）。
（5）金谷俊則『武一騒動—広島・旧浅野藩下における明治農民騒擾の真相—』（中央公論事業出版、二〇〇五年）九～一〇頁。
（6）高橋新一編『「芸藩輯要」人名索引（増訂版）』（高橋新一、一九九〇年）二八頁。
（7）金谷前掲書、一三頁。
（8）金谷前掲書、一四～一五頁。前掲『千代田町史　近世資料編（下）』二六六頁。
（9）金谷前掲書、二七～二九頁。「正二位様御在職中御告諭之御書写し」（前掲『千代田町史　近世資料編（下）』）二六四～二六五頁。前掲「芸藩志」百十五（『芸藩志』第十七巻）一七四～一七五頁。
（10）二四ヵ村からなる奥山組をあずかる割庄屋。屋号を「檜《ひのき》」といい、移原村《うつのばらむら》に屋敷があった。五郎左衛門は「明治四年辛未八月郡中百姓騒動ニ付筆記」を書き残している。武一騒動終息ののち、広島県第五大区（山県郡）の副戸長となり、酒造業を営んだと言われる（金谷前掲書、二三頁、典拠は『美和村史』）。
（11）「未七月廿八日　奥山組廻村先触控　割庄屋山本五郎左衛門」（前掲『千代田町史　近世資料編（下）』）二六五頁。
（12）「郡中村々江申談　大意」（前掲『千代田町史　近世資料編（下）』）二六六頁。
（13）同前、二七三～二七四頁。
（14）脇本譲吉が脇本鷗波であるとすると、彼は天保八（一八三七）年一二月に生まれ。明治維新の際広島県大属に任ぜられ、八年九年文部省修史局に在り、一〇年浅野男爵家の家政に参与し、一三年県の勧業吏となり、二九年明道中学の教官に任じ、三四年より浅野公爵家の家譜編纂に従事した。「レファレンス協同データベース」（http://crd.ndl.go.jp/reference/modules/d3ndlcrdentry/index.php?page=ref_view&id=1000138496、二〇一七年三月二六日閲覧）。

(15) 前掲『千代田町史　近世資料編（下）』二七〇頁。金谷前掲書、三〇頁。前掲「芸藩志」百十五（『芸藩志』第十七巻）一七一〜一七二頁。

(16) 「未八月朔日朝大利原村ヨリ村々役人長百姓川小田村へ再度「　　」申遣候廻達」（前掲『千代田町史　近世資料編（下）』）二七一頁。

(17) 金谷前掲書、六〇〜六一頁（典拠は「住谷二代記」）。

(18) 金谷前掲書、五七頁。前掲「芸藩志」百十五（『芸藩志』第十七巻）一七八〜一七九頁。

(19) 金谷前掲書、五八頁。

(20) 同前、六八頁。

(21) 前掲「芸藩志」百十五（『芸藩志』第十七巻）一八九頁。

(22) 「竹ノ丸様御出立ニ付諸郡百姓共多人数御城下へ罷出候様子ニ付、郡用所詰二ノ宮筆二郎殿ゟ為知状」（前掲『千代田町史　近世資料編（下）』）二七四〜二七五頁。金谷前掲書、七五〜七六頁。

(23) 前掲『千代田町史　近世資料編（下）』二七六頁。金谷前掲書、七六〜七七頁。

(24) 前掲『千代田町史　近世資料編（下）』二七八頁。

(25) 「当組庄屋中へ申談大意　山本万之助」（前掲『千代田町史　近世資料編（下）』）二七九頁。金谷前掲書、七八頁。

(26) 金谷前掲書、八一頁。

(27) 「栗原様壬生村御止宿之砌、村々百姓共不作法仕候次第申上書付」（前掲『千代田町史　近世資料編（下）』）二八一頁。

(28) 金谷前掲書、八三〜八五頁。

(29) 「郡村行司録」（前掲『千代田町史　近世資料編（下）』）三二四頁。金谷前掲書、九四頁。

(30) 「高田郡吉田村於御郡方御吟味被為在御約メ之次第書抜覚書」（前掲『千代田町史　近世資料編（下）』）三三一〜三四三頁。金谷前掲書、九七〜九九頁。

(31) 「三宅氏青木氏ゟ稲垣氏へ内密書写し」（前掲『千代田町史　近世資料編（下）』）二八三頁。金谷前掲書、一〇八頁。

(32) 金谷前掲書、一一一〜一一二頁。

(33) 金谷前掲書、一四八頁。前掲「芸藩志」百十五（『芸藩志』第十七巻）一九六〜一九八頁。

(34)広島県編『広島県史　近代現代資料編Ⅰ』(広島県、一九七三年)一〇八〜一一〇頁。「芸藩志」百(『芸藩志』第十五巻)。
(35)前掲「芸藩志」百十五(『芸藩志』第十七巻)一九六頁。
(36)金谷前掲書、一五二〜一五三頁。
(37)同前。
(38)同前、一五三〜一五五頁。
(39)「芸藩志」百十六(『芸藩志』第十七巻)二〇三〜二〇四頁。金谷前掲書、一五八頁。
(40)同前、一五八〜一五九頁。
(41)広島新田藩の最後の藩主。
(42)あさの　としつぐ。長厚の父。長訓の実弟。
(43)あさの　としあき。懋績の弟。
(44)金谷前掲書、一五九頁。前掲「芸藩志」百十六(『芸藩志』第十七巻)二〇四頁。
(45)金谷前掲書、一六一〜一六二頁。前掲「芸藩志」百十六(『芸藩志』第十七巻)二〇六〜二〇七頁。
(46)前掲「芸藩志」百十六(『芸藩志』第十七巻)二〇八〜二〇九頁。
(47)田中博「野崎啓造顕彰碑と秋山家」(私家版、二〇一七年二月)。
(48)同前、四〜五頁。
(49)同前、七頁。
(50)同前、五頁。
(51)「東広島ファン倶楽部　第32回」、http://city-higashihiroshima.blogspot.jp/2011/05/32.html、二〇一七年三月一八日閲覧。
(52)「安芸の夜長の暇語り」、http://tororoduki.blog92.fc2.com/blog-entry-240.html、二〇一七年三月一八日閲覧。
(53)「幕末とうほく夜話　加藤貞仁　No. 16」http://www.mumyosha.co.jp/ndanda/05/bakumatu09.html、二〇一七年三月一八日閲覧。ただし、このブログでは、藩士の残虐行為の方に重きがおかれている。本書はブログの筆者の意図とは異なる趣旨でこのエピソードを取り上げている。

(54) 金谷前掲書、一六九頁。前掲「芸藩志」百十六（『芸藩志』第十七巻）二一二頁。
(55) 金谷前掲書、一七二〜一七四頁。
(56) 前掲「芸藩志」百十六（『芸藩志』第十七巻）二一六〜二二四頁。
(57) 同前。金谷前掲書、一八六〜一八九頁。
(58) 前掲「芸藩志」百十六（『芸藩志』第十七巻）二二七〜二二八頁。
(59) 金谷前掲書、一八九〜一九〇頁。
(60) 同前、一九二頁。
(61) 同前、一二〇〜一二一頁。前掲「芸藩志」百十六（『芸藩志』第十七巻）二三一〜二三二頁。
(62) 金谷前掲書、二一二〜二一三頁。前掲「芸藩志」百十六（『芸藩志』第十七巻）二三三〜二三四頁。

第五章　成立した新政府への対抗

一　浅野長勲の抵抗

廃藩置県後、新政府は条約改正交渉と欧米視察のため岩倉具視を全権とする使節団を足掛け三年にわたって派遣し、その間、征韓論が留守政府内で湧き上がったことは周知の事実である。征韓論をめぐって留守政府の幹部と帰国した使節団の主要メンバーとの間で論争が起こり、征韓論を唱えた幹部は一斉に下野し、明治七（一八七四）年、江藤新平を指導者とする佐賀の乱が起こったのを皮切りに、明治一〇（一八七七）年の西南戦争まで、戦乱が続いた。しかもその間には、台湾出兵と江華島事件があり、対外的な軍事活動が始まっている。これ以後、昭和二〇（一九四五）年八月のアジア太平洋戦争での敗北に至るまで、大規模な戦争を含め、対外的な軍事活動が継続しており、大雑把に江戸時代二五〇年の「天下泰平」と比較すると、まさに戦争の時代であった。そして、広島はそれらの戦争・軍事活動における兵員・物資の集積・輸送を、いわば最前線で担うことになった。文禄・慶長の役（壬辰倭乱）という朝鮮侵略で期待された機能が、二五〇年の泰平を越えて具体化したとも言える。

この際注意しないといけないのは、幕末維新期に合言葉となった「万国対峙」の必然的な結果として対外戦争があったわけではないという点である。「万国対峙」の認識の仕方は複数あり、それにどのように対応するかという点についても、様々な選択肢があった。その選択肢の違いを見極め、現実に起こったこととの差異を明らかにする必要がある。

浅野長勲は明治八（一八七五）年から「種々に深慮せられた」結果、「身を殺して仁を為すといふこともある」、「我れの奮起を以て第一に奉公の実を挙げ、政府の反省をも為さしめんとの忠誠なるご決心」より、明治九（一八七六）年一月二九日をもって位記を返上し、華族の列を脱して、さらに麝香間祇候も免除を願い、かつ家禄も賞典禄も併せて奉還し、そして身は民籍に帰して、開墾に力を尽くし物産富殖を図って、「国家万一の裨補にせん」との趣旨で、新政府に申請した。その二日前の二七日には、華族会館の特撰議員をも辞退すると申し出た。(1) つまり長勲は、身分すべてを捨てて一市民としての立場から、殖産興業に力を尽くす決意を公然と示したのである。その決意の根底には、「身を殺して仁を為す」という朱子学の根本理念があり、注目すべきは、国家への「奉公の実」をあげることと同時に、「政府の反省」をなさしめることを目的にしていたことである。

最も驚愕したのは、申請を受けた政府であった。長勲の請願に対して、約半年を経過した時、詮議の結果、「御沙汰に及ばさせられぬ」という指令を、同年八月五日で出したのであった。(2) 明治天皇の意志として、新政府は長勲の願いを退けたのである。何故ならば、長勲のこの行為の最大の目的は、政府の反省を促すことにあり、それを受け入れることは新政府が反省すべきことを認めたことになるからである。おそらくこうした思い切った行動に出た旧大名家族は、浅野長勲以外にはいないであろう。しかしだからといって突飛な事例として軽視できない。そこには長勲が維新で期待した国家構想や政治のあり方と、実際に展開しつつある政治、作り上げられていく国家との間に、大きな懸隔があったと考えられ、長勲の構想が藩士や指導的な農民層と共有されていたとすれば、維新のあり方そのものを考える時、重要な問題が長勲の行為に孕まれていることが推測されるのである。それを確かめるために、ここで長勲が

東京府知事宛に出した上願書類の全文を提示したい。(3)

臣　長勲

再拝頓首、謹テ上言ス。伏テ惟ミルニ、廃藩置県以降治ニ赴クニ似タリト雖モ、曩ニ佐賀県ノ変動アリ、続テ討台ノ役起レリ。又朝鮮ノ紛紜アリ。金庫ノ費額ヲ知ラズト雖モ、杞憂スル所ナリ。随テ民庶ノ困難挙テ言ヘカラス。実ニ我カ帝国ノ大患ナリ。臣長勲此ノ際ニ相遇シ、高位ノ地ニ居リ、厚禄ヲ食ミ、黽勉従事セント欲スルニ、心進ンデ才進マズ。徒ニ焦心苦慮スルノミニシテ、寸効ノ奏スルナシ。所謂尸位素餐ナルモノナリ。仍テ位記ヲ返上シ、華族ノ列ヲ脱シ、且今年ヨリ以往家禄賞典禄トモ奉還シ、身ヲ民籍ニ帰シ、祖先墳墓ノ地ニ拠リ、力ヲ開墾ニ用ヒ、聊カ物産ヲ富殖シ、万一モ国家ニ補アラン事ヲ冀望ス。是臣ノ懇願ニ堪ヘサル所ナリ。仰願ハクハ、宜シク允許アラン事ヲ

頓首頓首謹言

明治九年一月二十九日

正二位　浅野長勲

東京府権知事楠本正隆殿

願之趣正院へ相伺候処、不被及御沙汰旨相達候条、此段可相心得候事

明治九年八月五日

宮内大輔

上願書で問題としている事件は、佐賀の乱（明治七年）、台湾出兵（同年）、江華島事件（同八年）があげられており、これらの事件は「民庶ノ困難」の原因であり、「我カ帝国ノ大患」であると断じている。身分特権をすべて返上するという意思は、こうした強い政府批判から出ていることは明らかであろう。一市民として殖産興業に貢献し、「国家ニ補アラン事」を希望しており、政府の大きな財政支出を見かねて少しでも援助したいという意図であるとも解釈で

きるかもしれないが、問題は筋金入の勤王家である長勲が、「皇室の藩屛」たる華族の身分を返上するということはただごとではないのであり、これは政府に対する満腔の怒りと解釈すべきであろうと考える。

二　西南戦争への参戦

長勲の上願があった明治九年には、秋月の乱、萩の乱、熊本神風連の乱があり、翌一〇年には西南戦争があり、大規模な士族反乱があった。明治七年一二月、佐賀の乱が起こると広島鎮台からも出兵したが、それは旧藩士を中心とした壮兵からなる部隊であって、翌年二月二〇日に壮兵を正式に召募しているほどである。つづく明治九年一〇月の萩の乱においても同じであった。このとき、大阪鎮台の兵士とともに鎮定にあたった広島鎮台の死傷者は六五名であった。(4)

浅野長勲は、明治九年の秋から士族反乱が連続し、天下の物情がいっそう騒然として、ことに周防・長門以西九州の各地は暗雲天に漲る状況で、いつ大きな戦乱が破裂するのを観るやも測りがたい状況を深刻に憂慮していた。身分特権の返上については、よほど考慮したが、政府の決定に押し切られ、一市民となって尽力しようとする志望は破れた。しかし、こうした「帝国ノ大患」に対して何らかの行動をとる必要があるという鋭意はより強固になった。(5)

明治一〇年二月、西南戦争に際し広島鎮台にも出動が命じられた。三月一日広島鎮台司令長官陸軍少将三浦梧楼に率いられた部隊は、海路福岡に到着、征討軍団とともに熊本鎮台の救援に向かった。そして、田原坂の激戦に参加して、さらに各地に戦い、九月二四日鹿児島の城山を攻略して反乱を鎮定した。この戦争において広島鎮台は六百数十名にのぼる戦死者を出している。これは戊辰戦争に匹敵するか、あるいはそれを上回るような犠牲者数であった。長勲は、西南戦争に広島鎮台の兵士が出動した直後、明治一〇年三月五日から同年四月二三日まで広島に滞在していたが、その滞在中に戊辰戦争で戦功をあげた旧藩士卒に対してその労に報いるため、彼等の生活のために、一一七九人の兵員へ二万〇一八九円を分与した。そして、この分与の件を念のため、同年八月二九日に宮内卿徳大寺実則に報告している(6)。

そして、あるいはこの長勲の行為とも関係するかもしれないが、本書で最も注目したいのは、広島から志願のいわゆる壮兵が参戦したことである。すなわち西郷に率いられた薩摩軍は歴戦の強者ぞろいであったから、当初は極めて優勢で、政府はそれを鎮圧するためには六鎮台の兵力では不足であると判断した。そして、各府県の警官を召集・派遣し、また士族の壮兵を召募しようとまで決意したのである。当時内務権大書記官で東京にいた船越衛（洋之助）は、その旨をうけて、広島に帰り壮兵を募集した。旧藩時代の応変隊・神機隊などの隊士でこれに応募するものが多く、一六〇〇〜一七〇〇人集まったなかから一〇〇〇人を選び、三原城仮営所において大隊（四個中隊からなる）を編制して、遊撃歩兵第八大隊と名づけ、加藤種之助が大隊長心得、船越衛は顧問となった。このように応変隊・神機隊士のなかで応募者が多かったのは、彼らの功労に報いようとした長勲の行為が影響したのかもしれない。また、船越衛や加藤種之助は、高間省三らと並んで広島藩学問所を基盤とした急進改革派のメンバーで、加藤は高間らとともに神機隊を率いて福島県の浜通り地域で幕府軍と壮絶な戦いを展開していた。ちなみに、種之助の年の離れた弟が、日本海海戦で連合艦隊参謀、海軍大将、そして首相となった加藤友三郎である。船越や加藤のそのような経歴が、応変隊・神機隊の隊員を集める大きな力となり、大勢の部隊ができあがったのである。維新の前線に立った部隊は、西南戦争の前線にも立っていたのである。主君長勲の下で学問所出身の若手士族がリーダーとなり、農兵を含む士気の高い隊士を率いる構図は、戊辰戦争の時の構図と同じである。西南戦争において徴兵軍隊が整わず、士族の力を借りざるをえなかったという理解が主流かもしれない。つまり、徴兵軍隊＝近代軍隊であり、士族は幕藩体制の残存であるかのような理解が主流である。しかし、少なくとも広島藩の動きに関しては、農兵を含む維新の軍隊が積極的に参戦したのであり、それは幕藩体制の残存では決してないのである。

七月一八日遊撃歩兵第八大隊は三原を出発して海路肥後に向かい、百貫関に到着した。かくてその遊撃歩兵第八大隊は第一旅団に属して各地に転戦し、死傷者九八名を出した。戦乱が鎮定するや一〇月一八日厳島に凱旋し、戦死者を祭って宴を張って解隊した。西南戦争において、広島鎮台の壮兵からなる部隊は田原坂の激戦から鹿児島の城山攻略まで征討軍団の先頭にたっており、六百数十名の死者を出している(7)。この頃から、大規模な農民一揆や士族反乱は影をひそめ、当初国内鎮圧を目的とした軍隊も、徐々に対外進出を目標とし、とくに明治一五年頃から急速に軍備の拡張が図られるのである。

ちなみに、武一騒動の指導者と目された森脇武一郎の第四子は治寿（幸太郎）で、正確な生年はわからない。治寿も武一郎の死後、しばらく生きていたけれど、明治一〇年の西南の役で戦死した。享年二一だった(8)。

註

（1）小鷹狩元凱『坤山公八十八年事蹟』乾（林保登、一九三二〈昭和七〉年）三〇五〜三〇六頁。
（2）同前、三〇六頁。
（3）同前。
（4）広島県編『広島県史　近代1（通史Ⅴ）』（広島県、一九八〇年）一四二頁。
（5）前掲『坤山公八十八年事蹟』乾、三〇九〜三一〇頁。
（6）同前、三一四頁。
（7）広島市役所編『新修広島市史　第二巻　政治史編』（広島市役所、一九五八年）五一七〜五一八頁。

（8）　金谷俊則『武一騒動―広島・旧浅野藩下における明治農民騒擾の真相―』（中央公論事業出版、二〇〇五年）一〇三頁。

第六章　第五師団の成立

一　外征と師団

明治一五（一八八二）年七月、朝鮮の京城において反日暴動（壬午事変）が勃発し、広島鎮台から歩兵第一一連隊第一大隊の二個中隊が派遣されて、日本公使館の護衛にあたった。広島鎮台からの海外への派兵はこれが最初である。[1]そしてこの段階で、もはや士族の壮兵が召集されることはなかった。しかし、徴兵軍隊が対外戦争を担うことをもって「近代軍隊」の確立とすることには、留保が必要であろう。広島藩に見られた藩主―藩士―農兵という神機隊型の軍隊は、指導的農民層の主体的参加が見られるという点で、列強の侵攻に対抗する郷土防衛部隊として発展する可能性があった。これは「万国対峙」という認識の下での「近代」的な防衛体制という点で時代を画するものであり、それを基盤とした国家の形成もありえた。しかし、実際に形成された軍隊は、士族としての自負を欠き、民衆の自主性をも無視した「義務」としての兵役に支えられた強圧的な構造をもったものにほかならなかった。近世の町村を単位とした年貢・役負担をさらに超えた兵役を求める対国家奉仕義務、つまりライトゥルギー体制が確立していった。[2]そしてたび重なる対外戦争によって、対国家奉仕義務が確認され、国家体制が維持される構造ができあがったのである。この体制は「攘夷」を約束して国内平和を維持する「武威」を掲げるそれまでの国家の体制とは根本的に異なる体制であり、大きな視点で見れば古代に成立した日本という国家の体制を根本的に変換した体制であると言える。中国の王朝をモデルとする中華を儒学・朱子学的世界観の基本とし、外側の「夷」を基本的に排除して、外側の紛争が国内に入り込むことを防ぐことに重きをおいた国家体制は、対外戦争を忌避し、「天下泰平」を願う国家でもあった。(3)幕末期の「攘夷」はそうした国家体制の継続を求める思想であるが、欧米列強が主動する「万国対峙」の国際情勢に対応して、兵農分離体制の脱却を目指す動きが台頭してきた。広島藩の神機隊はそうした動きの典型として理解できる。しかし、明治新政府はそうした諸隊をお互いに対抗させ、無慈悲に弾圧し、強圧的に解体することによって国家体制を構築し、それが欧米流の「近代」であると理解した。浅野長勲の怒りはそのことに向けられたものであった。

明治一九（一八八六）年一月、広島鎮台は第五師団となり、鎮台司令部は師団司令部となって広島城を本拠とした。その当時広島鎮台司令長官であった野津道貫中将が、初代の第五師団長となった。野津は薩摩藩出身で、日清戦争の第一軍司令官、日露戦争の第四軍司令官となった。鎮台から師団になる前後の時期に、広島の陸軍部隊は一気に充実した。明治一七（一八八四）年に砲兵隊は第五連隊に拡張し、輜重隊は第五大隊となった。また、明治二〇（一八八七）年には工兵隊も第五大隊となり、翌明治二一（一八八八）年には騎兵第五大隊が設置され、ここに歩・騎・砲・工・輜重の五兵種の部隊が整備されることになった。明治一七年には甲申事変があり、朝鮮をめぐり清国との軍事的緊張関係が一気に高まった。ちなみに、大隊はいくつかの中隊を合わせたもので、歩兵大隊の場合は五六〇名ほどが定員であった。三から四つの大隊が合わさって連隊となる。

二　インフラの整備

1　陸軍病院

広島の果たした役割を考える場合、陸軍の病院について把握しておかなければならない。明治四（一八七一）年末には鎮台病院が設置され、明治一八（一八八五）年に衛戍病院と改称された。当初は二、三名の出仕医官、四、五名の当該出仕、四、五名の看護人という規模であったが、(4)明治一七年頃には鎮台病院長に小山内建（玄洋）が就任していた。劇作家小山内薫の父であるが、広島医学校の教頭を兼任しており、広島市やその周辺地域の医療の発展に大きく貢献している。

2　宇品築港

明治一三（一八八〇）年三月、広島県令に就任することになった千田貞暁は、海路から広島にやってきた。そのおり、宇品で汽船を降りて和船に乗り換え、潮待ちして街に入ることに不便を感じ、それが宇品築港を考えたきっかけであったと言われている。千田知事の問題意識は、そうした不便さが、「到るところ物貨渋滞、生産不振」の原因となっているのではないかという点にあり、それを打開するために道路改修と宇品築港を構想したのである。同時に、士族の不満を緩和するための士族授産としても位置づけられた。(5)したがって、宇品築港は軍事との関係がほとんどなく、もちろん後に外征の際の陸軍の輸送拠点になるなどとは、まったく考えられていなかったに違いない。しかも、肝心な士族団体からは士族授産金を充当して工事を行うことに反対意見があがり、築港埋め立てで漁場や養殖場を失う漁民の強い反対にあった。

築港事業はそうした反対を何とか乗り越え、明治二三（一八九〇）年一一月三〇日に終了し、翌年四月二一日に盛大な落成式が開催された。それでもなお、無用の長物として港を軽視する意見が多かった。千田知事の時代には、広島―可部―浜田線、広島―可部―松江線、尾道―三次線という陰陽連絡三県道改修工事も行われ、築港と合わせて交通インフラ整備が急速に進んだ時代と位置づけることができる。それに加えて、山陽鉄道（現在のＪＲ山陽本線）の第二期工事が最終段階に入っており、明治二六（一八九三）年二月には広島市内の鉄道用地買収の会議が始まっていた。これが広島まで開通すれば、交通網は飛躍的に発展することが明らかであった。

三　日清戦争と広島

1　兵員送迎の場所としての広島

宇品築港と山陽鉄道敷設は、日清戦争の勃発によって、急に軍事的な位置づけを与えられた。つまり、この二つの交通インフラが整備されていたことが、広島を日清戦争の前線基地にする理由になったのである。明治二七（一八九四）年六月二日、政府は第五師団に動員令を下した。第五師団は早速非常召集をかけ、兵員用の宿舎の手配などを進めた。歩兵第一一連隊を含む混成旅団は、六月九日、宇品港を出航して朝鮮に向かった。第五師団の主力は八月四日から一八日にかけて、盛大な見送りのもとに宇品から出航した。広島には近衛師団をはじめ、第一、第二、第三師団の兵士たちが続々と集まり、市内だけではたらず、周辺の町村にも宿泊し、次々と宇品港を出発していった。そうした兵員輸送に対応するかたちで、広島駅から宇品港の間に軍用鉄道がわずか二週間で布設された。このとき、朝鮮半島・中国大陸に侵攻する際、兵員が集結して送り出される場所としての広島の位置が確立した。

そして、最高戦争指導機関である大本営が広島城内の第五師団司令部に置かれることになり、九月一五日に明治天皇が広島に到着し、第五師団司令部内におかれた御座所に入った。続いて帝国議会が広島で開催されることになり、戦争指導部、閣僚、および貴族院議員・衆議院議員が広島に勢揃いした。このとき、広島は臨時首都になったと言ってよい。連戦連勝のうちに、最初の講和談判が明治二八（一八九五）年二月一日、広島県庁内で開かれた。そして、四月一七日に講和条約が結ばれると、戦地から各部隊が凱旋し、広島は兵士を盛大に迎える場となった。宇品港から上陸した兵士たちは、御幸通に設けられた凱旋門をくぐり、市内各所に掲げられた国旗、日の丸提灯で盛大な歓迎を受けたのである。

2　陸軍施設の整備

日清開戦にあたり、兵員・軍馬の食糧を集める施設として、陸軍糧秣倉庫が三二棟建設されたが、日清戦後、明治三〇（一八九七）年三月、宇品町海岸通に陸軍糧秣支廠が創設された。また、軍隊と軍需品の輸送にあたるため、日清戦争中に宇品の海岸地帯に岸壁と倉庫を整備して、陸軍運輸通信部宇品支部が開設された。

日清戦争では戦傷者よりも伝染病に罹患して亡くなる兵士が多く、それはボーア戦争や米西戦争など一九世紀末に戦われた戦争の大きな特徴であった。また、戦争の影響で広島ではコレラの流行が深刻化した。事態を重く見た戦争指導部は、軍事衛生に力を注ぐようになり、臨時検疫所を設けて、戦地から帰還する兵士が伝染病を持ち込まないようにする対策を急いだ。そして、軍医総監・野戦衛生長官だった石黒直悳の上申に基づき、陸軍次官児玉源太郎が臨時陸軍検疫部長に就任し、後藤新平が事務官長として取り仕切ることによって、宇品に近接した似島に検疫所が設置された(6)。総工費は一五〇万円、当時の国家予算八千万円に比しても、巨額であることがわかる。当時最新鋭と言われたドイツのそれを超え、世界最大の検疫所となった。これは、兵員が集結して送り出す場所としての広島の位置を確定するとともに、衛生施設にこれほどの支出をした点で、当時の陸軍が何を重視していたのかを物語る興味深い事例である。

3　上水道の整備

広島は「水都」であったが、河口のデルタ地帯であったため、満潮のおりには海水の進入で川の水が逆流し、井戸を掘っても海水が混じる場合が多く、川の少し上流から水をくみ上げるか、水売りから飲み水を購入するかしかなかった。あまつさえ、日清戦争の輸送基地として一度に大勢の人々が訪れた場合、飲み水の確保は重大な問題になった。しかし、上水道を急ごしらえで整備することもままならなかった。あげくの果ては、すでに明治二三（一八九〇）年四月から軍用水道の給水が始まっていた呉から、水をもらわなければならないほどであった。

上水道が整備されていないと、飲み水の汚染が避けられず、伝染病の流行の恐れがあった。明治天皇が師団司令部で寝起きしていたので、飲み水にはとりわけ気をつかっており、汚染源が特定できるように、天皇専用の井戸がしつらえられた。

前述したように、明治二八（一八九五）年にコレラが流行したが、この年の一月、参謀総長の有栖川宮熾仁親王が腸窒扶斯《チフス》で死去した。天皇、皇族、戦争指導部には大きな衝撃であったと考えられる。戊辰戦争の征東大総督をつとめ、皇族の重鎮であった親王が、参謀総長として大本営に伺候していた最中に伝染病に罹患して薨去したことは、伝染病対策の促進に拍車をかけたことは疑いない。

こうした状況のなかで、それまで市営水道敷設を模索していた広島市は、日清講和後に総工費九五万円の水道敷設案を市議会に提案した。敷設費用の六割以上は国庫補助をあてにしていたが、内務大臣から却下された。ところが、明治二八年八月三日、陸軍省から大蔵省にあて臨時軍事費六四万円を広島の軍用水道に支出するように求めたのである（陸軍省経理局長「大蔵大臣へ御内議案」）。それによれば、「広島及宇品港ニ水道ヲ布設」するために必要な経費となっており、宇品港に軍隊を集結して派遣せざるをえない特殊事情が述べられている。もちろん、陸軍省の関心は市民生活ではなく兵員の輸送にあった。だが、広島市は水道施設の維持費用の負担等を条件に、軍用水道の土地物件を貸し下げてもらい、軍用水道に接続して市水道を敷設した。そして、明治三一（一八九八）年八月に通水式が行われた。陸軍省の提案からわずか三年で広島市水道が完成したのであるが、異例の早さであった(7)。

この水道敷設の過程から、広島市は基本的な都市インフラ整備に大きな役割を果たすことは不可能で、中央政府、なかんずく陸軍の意向が決定的であったことがわかる。これは他の大規模な都市にも共通して見られる傾向であったが、広島市はその兵員物資の輸送拠点であったこととの関係で、陸軍の役割が決定的であったと言える。そして、そこには郷土の自主性がまったく問題にならなかったことをおさえておく必要がある。自立的・内在的な近代への道は、ここでまったく絶たれ、「万国対峙」＝「海防」のための軍事体制構築も完全に否定されることになった。

4　日清戦争と都市経済

広島は兵員輸送の基地となったため、戦時には多数の兵士が出入りし、商店などが好景気にわいた。とりわけ、陸軍御用達の商人たちの懐はかなり暖まったようである。また、軍夫も大勢募集され、雇傭が拡がったと見ることも可能である。しかし、一方で賃金が高騰し、経営を圧迫する事例も多数見られた。何より、戦時の好景気は一時的なものであったのである。

一方、兵士の需用を見込んで、新たに下柳町（現在の中区銀山町・橋本町・薬研掘）に遊廓地が設けられ、宇品に期限付きで貸座敷の免許が与えられた。しかし、市参事会や多くの市民が新遊廓地の場所に異を唱え、猿猴川以東、つまり市街地の外側に設置するように求めたり、設置そのものに反対したりする動きが見られた。しかし、結局県側が押し切り、新しい遊廓が設置された。当時の伴資健市長も兵士の健康に責任を負う立場から、受け入れざるをえなかった(8)。日清戦争中、広島市内では性病にかかる兵士が少なくなかったが、陸軍としては公認の遊廓を拡げ、駆黴院を通じて定期的な性病検査を行って、性病を減らす意図があった。伴市長が気遣った兵士の健康とは、まさにそのことであった。ところが、そうした対策を講じても、性病は一向に減らなかった(9)。公認の遊廓の営業内容に問題があったのかもしれないが、おそらく大きな理由の一つは公認されていない私娼の営業がかなりあって、管理が行き届かなかったことが考えられる。結局、その問題は敗戦後に陸海軍が解体されても解決しなかった。

四　日露戦争と広島

1　北清事変

日清戦争後、中国では「扶清滅洋」を掲げる義和団が蜂起し、明治三三（一九〇〇）年に北京に入城した。同年六月二一日、清朝が列強に宣戦布告するに及んで、イギリス・アメリカ・ロシア・フランス・ドイツ・イタリア・オーストリア＝ハンガリーと日本が公使館保護を名目に派兵した。派兵の主力は日本が担うことになり、総勢約四万七〇〇〇名のうち日本は半数に近い二万二〇〇〇名の軍隊を派遣した。そして、その中心を占めたのが第五師団であった。

この年の六月二五日、第五師団に動員が命じられ、歩兵第一一連隊を先頭に宇品を出港、八月一五日に北京に入り、公使以下の職員を救助した。同年一〇月には終結し、第五師団は一〇月一七日から凱旋しはじめた。派兵期間は四ヵ月ほどで極めて短期間であったが、広島にとっては大きな意義のある事変であった。

最も大きな意義は、広島の陸軍予備病院を中心に、医療・衛生面で大きな進歩が実証され[10]、日露戦争の際に世界を驚嘆させる素地を築いたことである。前述したように、日清戦争の際には伝染病の流行に悩まされたが、日清戦後に布設された上水道が水を供給し、検疫が徹底されるなかで、北清事変の際には、広島ではほとんど伝染病に悩まされなかった。また、広島の陸軍予備病院では、X線の応用をはじめ先進的な医療がほどこされ、兵士の入院患者の治癒率は、日清戦争のときの一八・〇%に対して、六三・五%という高率を記録した。さらに、日本赤十字社の看護斑が陸軍予備病院に派遣され、はじめて収容した外国人傷病兵、フランス兵を献身的に看護し、高い評価を得た。

2　日露戦争の勃発と兵士の歓迎・見送り

北清事変後、満洲・朝鮮の支配権をめぐってロシアと日本の対立が激しくなり、明治三七（一九〇四）年に入ると一触即発の状態となった。一月初旬には宇品港に御用船が集結しはじめ、市内の寺院や住宅に兵士用の宿舎が割り当てられるようになった。そして、二月九日、ついに戦端が開かれた。日清戦争と同様、出征部隊が続々と広島に集結し、宇品港を出港していった。今回、第五師団は出港の順番が後になり、五月に出発して、最初は第二軍、後で第四軍に編入された。遼陽や奉天の大会戦に加わった。

動員兵力は約一〇九万人、日清戦争の五倍にのぼった。このうちのかなりの部分が広島に集結し、宇品港から出発していったのである。広島はこうした大量の兵士を送迎する都市としての役割を担うことになった[11]。市長を会長として市会議員・市参事会員・有志者で軍隊歓送迎会が組織され、広島駅と宇品町で市民を代表して送迎した。また、軍隊歓迎出張所が広島停車場附近と御幸通りに設けられ、市民による歓送迎が促された。そして、市内の小学校の職員・生徒も動員され、御幸通り東側で送迎することになった。

広島では、到着する兵士の歓迎と出征時の見送りが行われた。広島市は、広島駅と市中に軍隊歓迎出張所を設け、歓迎と宿舎の割り当てなどを行った。また、歓迎の意志を示すために、各町総代に対して、昼間に各戸が国旗を掲揚すること、夜は提灯をともすことを命じている。出征する兵士の見送りについては、各町で旗や吹流しを用意して道路の両側に並んで、「勇壮快活に万歳を唱へ旗を振る」ことが求められている（『芸備日日新聞』明治三七年三月一日）。動員体制は出征する部隊の性格によって異なっており、軍司令部の場合、市内の小学校全生徒と職員一同、師団司令部・旅団司令部の場合は高等小学校と職員一同が送迎することになっていた。ただ、全体主義的な体制は寸分の狂いなく機能するであろうが、これをそのまま実行すれば、一般家庭と学校に多大な負担がかかることになる。戦争がいつ終わるかわからない状況のなかで、国民は軍需物資の供給に大きな責任を負っており、それを果たす必要がある。であるにもかかわらず、役所の職員は公務を止め、一般の家庭は家業を投げ出し、学生は勉学を蔑ろにして徒らに送迎に奔走するようなことになれば、それぞれ国民が通常の仕事を務める上で不便をきたし、勤勉節約の道を阻害し、国力の源を損なうことになるという判断のもと、やがて市民の代表が交替で見送る「軍隊送迎会」を設置することになった（同前三月二六日）。アジア太平洋戦争期の戦時体制においては、吏員も市民も学生・生徒も本業を投げ出して協力を求められた。それと比較すると、同じく全体主義体制ながらも、兵営国家としての最低限の合理性は保たれていたと言える。

3　兵站都市

日露戦争はそれまでの戦争と比較にならないくらい人員と兵力を消耗する戦争であった。従来兵器と弾薬の消耗については注目されてきたが、戦争は戦闘地帯から後方の軍の諸活動や諸施設とも大きく関わり、物資の配給、兵員の展開や衛生、施設の構築が重要な役割を果たすことになった。これを兵站と呼ぶが、荒川章二氏は日露戦争期の兵站を総合的に把握し、広島がいわゆる近代都市として形成される上で、この兵站が決定的な意味をもっていたことを明らかにした(12)。

兵站の柱の一つは輸送である。山陽鉄道は、開戦前の明治三七年一一月から戦争終結の翌年九月までの間に広島駅を降りた軍人数を、六〇万五七九四人としている（『芸備日日新聞』明治三九年一月二四日）。その他船に乗船してきた兵員数やその他の交通手段を合わせてみると、出征軍人約一〇〇万の内七割が広島に来て、宇品港に集結して戦地に出征していった。当時の広島市の人口は約一三万人、戸数が約二万六〇〇〇戸であったので、六倍の人口が広島を通過していったことになる。各地から広島にやってきた兵士たちは、数日ないしは一〇日ほどを広島ですごし、その間に陸軍兵器支廠で弾薬を受け取り、芸妓・娼妓と戯れ、宮島に参詣する。出征の際には、兵士とともに、兵器・馬・衣料・食料が積み込まれたが、それらは陸軍兵器支廠や被服支廠・陸軍糧秣廠宇品支廠から供給された。

兵站部の官制については、すでに日清戦争の際に、兵站総監であった川上操六が明治二七（一八九四）年六月六日、「船舶運輸事務仮規則」(13)を定め、その第一条には、兵站総監の下に運輸通信長官部をおいて、少将もしくは参謀大佐を長官とし、陸海軍参謀佐尉官を鉄道船舶運輸委員とするということになっている。日露戦争時の大本営では、参謀総長の下に兵站総監をおいて、その下に運輸通信長官部が設けられている。また、第三条には運送通信長官は兵站総

監の下で船舶運輸を計画して実行の責任を負うこととなっていた。陸軍参謀総長―兵站総監―運輸通信長官という指揮系統が確立していた。

同規則第七条では、各運送船には監督のために海軍尉官、あるいは必要であれば下士卒若干名を乗り組ませ、監督将校は運輸通信官衙の指揮を受けるとなっている。兵站に関しては陸海軍の協力が必要であった。また、船舶の使用については船舶会社、あるいは事務取扱所、もしくは艦長に下命できると規定しており、輸送船舶については民間会社の協力を得ることになっている。すでに日清戦争の開戦前に大阪商船会社の高級船一〇隻を借り上げるなどの措置が講じられ、軍用船の充実がはかられていたが、日露戦争においてそのシステムはさらに拡充された。日露戦争の前年、明治三六年末頃、兵站の実質的な責任者は、陸軍参謀本部次長の児玉源太郎で、そのもとに海陸軍連絡委員会が設けられ、そして戦時には大本営鉄道船舶運輸委員会が設置されていた。

宮内庁宮内公文書館が所蔵している史料のなかに、「宇品軍用地　明治三十五年修築後」と記された筒に収められた一枚の写真がある。明治三五年の宇品港を撮影したものである。大きく拡張された宇品港、とりわけ堅固で強大な軍用桟橋の様子がうかがえる。その軍用桟橋の奥に見えるのは、前年に陸軍運輸部となった台湾陸軍補給廠事務所、左側に一棟おいて写っているのは、明治四三（一九一〇）年に陸軍糧秣支廠となる糧秣廠宇品事務所と推測される。写真の左端は商用

宇品軍用地写真　参謀本部次長男爵児玉源太郎献上（宮内庁宮内公文書館所蔵）

桟橋で、左手に江波山、右端に黄金山が見える。写真の裏には「明治三十六年十一月　参謀本部次長男爵児玉源太郎献上」と書かれた紙が貼られている。兵站の最高責任者であった児玉が、戦時にそなえて輸送の拠点となる宇品港がかくも充実したことを明治天皇に示し、宸襟を安んじ奉らんとしたと考えられる。

　日露戦争には欧米列強をはじめ、様々な国々が注目していた。とりわけ、米西戦争を経験したアメリカ、ボーア戦争を経験したイギリスは、伝染病で多くの兵士を失うという痛切な経験をしており、日清戦争で同じ経験をしていた日本が、どのような対応をするようになったのか、日露戦争における軍事衛生を調査するため、すぐれた軍医が来日し、満洲の戦場に向かった。そのなかの一人で米西戦争を体験したアメリカの軍医ルイス・シーマン（Louis L. Seaman）は、日露戦争における日本の軍事衛生について、著作をあらわしている。[14]シーマンは、史上日本人ほど理論的・効果的に医科学を戦争の味方として用いた国民はかってなく、日本はほぼ完全に病気を除去してしまったと、手放しで日本の軍事衛生を誉め称えている。イギリスも陸軍省が分厚い報告書をまとめており、同様に日本の軍事衛生を高く評価している。[15]その一つの事例として、開戦から明治三七年八月一日まで、広島の陸軍予備病院が九八六二件の治療を受け付け、その内、六六三六件が負傷であったが、その時点までの全体の死者はたったの三四人であったことがあげられている。北清事変の際の広島陸軍予備病院における高い医療水準は、日露戦争においておびただしい傷病兵を抱えても維持されていた。同時に、戦地において軍医が徹底的に衛生環境を整えている点、また兵士一人一人が衣食住の隅々に気を遣っている点、野戦病院から大連の病院、そして広島の陸軍予備病院、東京の陸軍予備病院などのネットワークが構築されている点、赤十字と充分な協力関係を作り、病院船の手配、看護班の派遣などに遺漏がないことなど、様々な美点が指摘されている。そして、そうした対応によって伝染病を克服できていると評価していた。

また、広島の陸軍病院において赤十字から派遣された看護婦たちの活動が、賞賛の的になっていた。彼らはそうした看護婦たちの活動を、日本女性の独自の美徳に結びつけて評価したりしている。さらに、アメリカの医療や看護の発展に大きな貢献をして著名なアニタ・ニューカム・マックギー（Anita Newcomb McGee）が広島に来て、広島陸軍予備病院における看護婦たちの活動を視察していた。それによれば、脚気によって兵士が多数死亡していることを指摘しながらも、医療水準の高さに言及している。とりわけ、広島陸軍予備病院は手術の必要な重症患者を扱っており、明治三七年九月末までに三〇〇〇人以上の患者を受け入れているにもかかわらず、四七人しか死者を出していないこと、感染症対策として初期段階の傷の手当において包帯に気を遣っていること、軍医をはじめとする医療スタッフの地位の高さ、そして赤十字が派遣する優れた看護婦たちが重要な役割を担っていることなど、行き届いた観察をしている。(16)

こうした高い評価は、イギリスやアメリカが当時軍事衛生改革を強く志向しており、それに役立てようとする意図が働いていたことは間違いない。(17)しかし、北里柴三郎や志賀潔らの細菌学が世界最高水準に達しており、文明国であらねばならないという課題意識の下で、医療・衛生技術の急速な改善が進められていたことは否定できない。広島陸軍予備病院や似島検疫所、そして都市広島の衛生環境そのものが文明国の象徴でなければならなかった。

兵站の重要なもう一つの柱は、公衆衛生であった。その最重要課題は、兵員や馬、物資の伝染病に対する安全性を確保することである。特に兵員や馬、物資が集結する広島という都市空間は、高度に清潔な空間であることが求められた。前述したように、日清戦争後に陸軍が梃子入れして上水道が整備され、伝染病との関係で、基本的なインフラは確立していたと言える。それを推進した中心人物が児玉源太郎であったことは、偶然ではない。衛生に関しては前述している点もあるので、ここでは兵士が清潔な環境を享受するための仕組みに限定して考えてみたい。戦争期間を通して人口の六倍の兵員が広島にやってきたのであるが、五〇万を超える兵士と五万匹以上の馬が、広島に滞在していた。それを受け入れる宿泊施設はないので、兵士たちは民家に分宿する場合が多かった。兵士が宿営した戸数は、市内戸数の四割に達している。そうなると、市内の各町に清潔な空間を確保することが求められることになる。開戦に際し、広島市は市内衛生組合長・各町総代二二〇人余を集め、衛生方針の徹底を図った。頻繁に実施されたのは、いわゆる清潔法、つまり掃除である。病原菌の温床となる下水道、井戸水は徹底的に検査され、清掃がほどこされた。下水道や側溝については、一〇〇〇人近い人夫を動員して三〇日間にわたって行われている。井戸水に至っては、やがて使用禁止とされた。広島市は飲料水のみならず、食器や衣類の洗浄・洗濯に至るまで上水道を用いるように指示した。地域の一斉大清掃は頻繁に行われ、各戸の床下掃除、宿舎の調査が取り組まれ、戦争後半には、月一回以上の徹底的な掃除が命じられた。兵士が宿営した民家については、兵士に対する態度、家屋・食器・寝具の清潔度、新鮮な食物の確保、風呂や暖房設備への配慮などが求められ、食事について標準献立が強制されている。

また、陸軍病院における治療については前述したが、広島予備病院の収容能力は、明治三八年三月の段階で一万一〇〇〇床あり、東京や大阪の予備病院を上まわり、全国第一の収容力を保持していた。そこに戦地から毎月二、三万人の患者が搬送されてくる。住民との関係で問題になったのは、患者が脱いだ病衣の扱いである。広島予備病院は、患者の病院八〇〇〇着のつくろいと洗濯を市役所に依頼し、市役所は住民をその作業に従事させたのである（『芸備日日新聞』明治三七年一二月一〇日）。どのような傷病の患者の着衣かわからないものを、一般の住民が手ずから扱うような状態であったとするならば、衛生上大きなリスクをはらんでいると言わざるをえない。

兵員・物資の集結地と戦地の両面で、急速に清潔な空間の構築がめざされたのである。これは各町や衛生組合などの地域団体を媒介として、市内の各戸が協力しないと不可能であった。同時に生活の非常に細かい部分まで、清潔が求められるようになり、住民はそれに対応していったのである。

しかし、こうした清潔空間の構築のなかで、大きな障害となったのは、性病問題であった。戦争中、「広島市全体は今や吉原にも数百倍する一大不夜城となって居ます。否な恐くは世界第一等の遊郭地ともいふべき有様」と報道されるほどであった(18)。伝染病対策は日清戦争後に飛躍的に進んだと言えるが、兵士の性病罹患率は下がらなかった。性病問題はとかくモラルの問題に還元されたりするが、伝染病対策の一環として考えると、罹患率を下げる仕組みが構築できなかったことが問題であると考えられる。開戦時に入院している兵士の一二％が性病に罹患していた。軍は買売春を罹患の主たる理由ととらえ、娼妓の性病検査と入院治療に力を入れたが、最終的に接客業に携わる「婦女子」全体に「健康診断」を実施しようとした。しかし、買売春の取り締まりだけでは、性病罹患率は下がらなかったのである。

4　戦勝祈願と祝勝

イギリス陸軍省の報告書では、おびただしい数の兵士たちが宮島に参詣して、お土産物のしゃもじを買い、それを千畳閣の広間の柱に貼付けて祈願する姿に驚いている。千畳閣は、豊臣秀吉が朝鮮出兵の戦没者を供養するために建設を命じたとされているが、朝鮮半島・中国大陸への出兵になぞらえて、祝祭の場としたのである。土産物のしゃもじの売れ行きは別として、広島が兵士の歓送迎の場として位置づけられたことが、宮島参詣に大きな影響を与えたことが確認できる。

明治三八年九月五日、ポーツマス講和条約が締結されて、日露戦争は終わった。しかし、賠償金を獲得できなかったことなどを不満として、講和反対運動が各地で起こった。それは広島も例外ではなかったが、東京などのように民衆騒擾を引き起こすまでには至らなかった。むしろ、広島は講和から間もなく、凱旋部隊を受け入れる場として、活躍が期待されたのである。第五師団は岡山・島根・広島・山口を管下に置いていたが、歓迎は四県連合で行われることになった。凱旋部隊の通路にあたる民家には国旗軒燈が掲げられ、通路にも軒燈をつるして歓迎した。同年一二月三日、満洲軍総司令官大山巌が宇品に上陸してから、歓迎が特に盛んとなり、一二月二七日第五師団司令部が宇品に上陸し、広島城に帰還したときは、歓迎ムードが最高潮に達し、そこから年を越して翌年一月九日まで市民の熱烈な歓迎が続いた。さらに、三月に西練兵場で行われた招魂祭、四月に水主町の与楽園で行われた広島市出身出征将士凱旋祝賀会、浅野長勲が主催して泉邸で行われた広島県下各郡別出征軍人園遊会まで歓迎ムードが続いたのである。このとき、広島の町全体が祝祭にあふれていたのである。浅野長勲も、戦勝を祝う側に立っていた。

5　警備と防諜

兵站の維持に不可欠な対策として、破壊工作に対する警備と防諜があった。輸送の要である停車場と鉄道路線については、広島駅付近には、出入りする人々を対象に兵士と警官による警戒体制が敷かれ（『芸備日日新聞』明治三七年二月一九日）、一二〇㌖に及ぶ鉄道線路を警備するために、広島県警察から九〇人の警官が動員されて配置された。また、防諜を徹底するため、明治三二年に公布された軍機保護法に基づき、同三七年三月一二日に広島県令によって、旅館や宿泊所の営業者による届け出のみならず、それ以外の家が旅人を宿泊させる場合には、宿泊者の住所・属籍・職業・氏名・年齢・前宿泊地・旅行の目的・出発日時・行先地などを記載して、警察に届け出ることが義務づけられた（『芸備日日新聞』三月一二日）。

五　産業の成長と都市化

1　都市化の進展

大正三（一九一四）年に第一次世界大戦が始まると、八月、日本はドイツに宣戦布告し、第五師団は山東半島の青島に向けて出動した。さらに、大正七（一九一八）年に、ロシア革命に干渉するためのシベリア出兵にも出動している。また、この年の八月には、広島市内で発生した米騒動を鎮圧するために、一部の部隊が出動している。

第一次世界大戦前後の時期から、広島の都市化が進んだ。大正元（一九一二）年一一月に市内電車の広島駅前―紙屋町―御幸橋線と八丁堀―白島線、そして、同年一二月に紙屋町―己斐線が開通した。紙屋町―御幸橋線の一部は、城壕に通じた西塔川を埋め立てた道路の上に布設されたが、近世城郭の堀を埋め立てつつ、道路や市電路が拡張・拡幅されていった。翌二年、吉田直次郎は、広島の市街地について、次のようにまとめている。[19]

国道筋は商賈軒を並べ、商業最も活潑にして、就中市の中央たる元安橋附近は、往来常に絡繹たるを見る、此地は広島県庁の所在地にして広島控訴院、広島地方裁判所、広島逓信管理局、広島税務監督局、広島大林区署等の諸官衙あり。第五師団司令部を初め、被服支廠、糧秣支廠、運輸部本部等、陸軍所属の官衙、諸部隊、学校、工場あり。此他病院、学校等頗ぶる多く、実に中国第一の大都会たる名に背かざるなり。

国道筋（旧西国街道）を軸に、元安橋を中心点として、官庁街、軍事施設、文教地区が大まかに形を現していた。さらに、第一次世界大戦後には、東洋コルク工業（のちの東洋工業）、日本製鋼所広島工場や帝国人造絹糸株式会社などの工場が広島に立地するようになり、著しい工業発展が見られるようになった。

工業と並んで商業も発展し、市街地が拡大しはじめると、都市計画が必要となった。広島の都市計画区域は隣接町村を含めて大正一三（一九二四）年に決定されて、商業区域・工業区域・住宅区域の大まかな区分けが行われ、それを受けて昭和四（一九二九）年に隣接七ヵ町村が合併した。同時に、土地区画整理が次々と進められ、市街地が一新されていった。それは都市計画道路の整備を伴うものであったが、主要道路沿いには広島県物産陳列館や広島商工会議所、住友銀行広島支店をはじめとする鉄骨レンガ造りの建物が目立ちはじめ、昭和七（一九三二）年には斬新なデザインの相生橋が完成した。そして、商店街や歓楽街もにぎやかになっていった。

2　一五年戦争の始まり

昭和六（一九三一）年九月に満洲事変が勃発すると、宇品港が部隊の乗船港になったので、広島は再び増強される兵士の送迎場と化した。昭和八（一九三三）年三月二八日には宇品港域軍事取締法が公布された。この場合の港域とは、広島市・海田市町・矢野町・府中村および坂村の一部に及ぶ広大な地域であり、そこでの工事や漁労、船舶の航行、撮影などは、陸軍大臣、あるいは陸軍運輸部長の許可がいるとするものであり、場合によっては、陸軍運輸部長が港域内の船舶の移動を命じることもできた（勅令第百九号）。そして、この地域における工場誘致計画を阻害することになった。一方、日本製鋼所広島工場、東洋工業株式会社などの軍需産業は、軍需景気で潤った。それが多くの雇用を生み出し、労働人口が増加したことは間違いない。

昭和八年には宇品港で商業港の修築工事が始まり、工業港の建設も計画された[20]。当初の計画は、元安川河口から草津沖まで海面約一三二万坪を埋め立て、水路を浚渫して大型船が停泊できるようにするというものであった。昭和一五（一九四〇）年一一月から埋め立て工事が始まったが、一部は陸軍の飛行場に転用され、一部は県側の強い誘致活動と海軍の要請によって、三菱重工業の造船・造機工場が建設された。確かに、広島県の誘致活動はあったものの、戦時体制下の軍の要請によって、当初の計画とは異なる方向にならざるをえなかった事例である。また、戦時中、この工場では多数の朝鮮人徴用工が使役されることになったが、戦時体制は広島における朝鮮人徴用工の割合をいっそう増加させ、原爆の犠牲者にしていった。

3　未完の事業――太田川の改修

広島は近世に都市が成立して以来、たび重なる洪水の被害に悩まされた。水源と河口の高低差がかなりある急流のため、洪水になるスピードが速く、明治以降も、明治七（一八七四）年、明治一七（一八八四）年、大正八（一九一九）年、昭和三（一九二八）年、昭和一八（一九四三）年と大きな洪水が発生している。明治中期から大正初期にかけて三五年間の間隔があるが、あとはほぼ一〇年ごとに洪水が発生していたのである。

昭和三年の洪水の際は、広島商業港の計画との関係で、大規模な改修工事を求める声が高まり、太田川改修期成同盟会が結成された。太田川の改修は国の所管であったので、広島市は政府に強く働きかけた。しかし、内務省は受益者負担の考え方に基づき、広島市に相当額の負担を求め、利益を得る周辺町村の負担をも求めたので、広島市が改修の責任を負うことを受け入れた。そして、昭和七年度から測量が始まり、同九年から工事が始まった。そのとき、巨大な放水路を開削し、洪水の際の水を誘導するプランが立てられた。しかし、戦争によって工事は頓挫した。戦争は広島に好景気をもたらしたが、一方で基盤整備を脅かし、工業化の阻害をもたらしたわけである。

4　アジア太平洋戦争と広島

日中戦争開始後、広島では、昭和一二（一九三七）年一二月の南京陥落祝賀の提灯行列に一〇万人が参加するなど、祝祭の場としての機能を果たしていたが、一方で、戦死者の遺骨を出迎えることが多くなった。昭和一六（一九四一）年に太平洋戦争が始まると、軍需工場の好景気を横目で見ながら、物資の不足が深刻化し、市民生活の耐乏生活が限界に近づいていた。戦況が決定的に不利になり、本土決戦が予想されるようになると、広島城内に中国地方を管轄する中国軍管区司令部がおかれ、また、第二総軍司令部が設置されて、西の諸軍を広島で統括する体制が整えられた。また、戦争末期に広島は原爆投下目標とされたため、本格的な空襲を免れていたが、防空対策のため建物疎開が進められた。陸軍関係の施設も例外ではなく、糧秣廠や被服廠など、戦闘と直接関係のない施設は、疎開を早々に済ませた。ところが、陸軍病院の疎開が進まなかった。それは病院と出入りの商人との癒着が進んでおり、出入りの商人が病院の古株の将校に賄賂攻勢をかけ、疎開を押しとどめていたのである(21)。広島郊外の戸坂村に小学校を借りて簡易な病室が整備されたのは、原爆投下の前日であった。日露戦争で世界的に評価された陸軍病院の医療技術は、その力をほとんど発揮することなく壊滅し、わずかに生き残った軍医たちが、原爆症に立ち向かうことになった。

近世以来、軍事力を独占した勢力が広島城とその周辺に拠点を据え、まさに支配者として広島市に君臨してきた。第五師団司令部、各連隊、広大な東西練兵場、そして各種陸軍関連の工場の存在は、壮観であったに違いない。広島城天守閣は近世以来、広島のシンボルであり続け、武士と兵士の力を象徴するとともに、市民が広島市民であることを自覚できる存在でもあった。原爆で倒壊した広島城天守閣の再建運動は、戦後間もなく始まった。軍隊との関係を断ち切って平和都市に生まれ変わったはずの広島であるが、市民のアイデンティティは複雑である。(22)そうした点で、「軍都」の記憶は容易に消えるものではないと言えるかもしれない。

六　「軍都」と内実

一方、広島は戦争のたびごとに膨張してきたという歴史認識を鵜呑みにするわけにはいかない事実がある。確かに、日清・日露戦争で広島が軍事輸送の拠点になったことは否めないし、被服廠や糧秣廠など陸軍関係の工場が設立され、陸軍御用達の商店が多く誕生したことも間違いない。また、広島が軍事輸送の拠点となった理由の一つとして山陽鉄道の敷設という事実があった。下関までの延伸を考えていた山陽鉄道敷設の目的の一つに、軍事輸送網の確立があったかもしれない。しかし、それと並ぶ交通インフラとしての宇品築港は、軍事輸送を目的としたものではなかった。結果的に軍事利用されることになったにすぎない。士族授産や殖産興業政策の一環として位置づけることが可能である。

広島の都市形成は、第五師団に代表される軍の動向と、それとは次元の異なる動向とが結びついたり、あるいは対立したりしながら成し遂げられてきたと言える。とりわけ人口の拡大が著しかった昭和戦前期、宇品港の軍事利用と商業港・工業港の計画とは、時として対立したのである。そして、第五師団の影響が払拭された敗戦後、それまでとは比べものにならないほどの急激な人口増加を経験することになった。そして、朝鮮戦争の影響等があったものの、広島の戦後の重工業は、明らかに民需を中心に発展しており、それは、復興を担った人々の平和にかける思いの成果であった。しかし、戦争の究極の遺産である被爆という現実との戦いは継続することになった。

註

(1) 広島県編『広島県史　近代1（通史V）』（広島県、一九八〇年）一四二頁。
(2) 山之内靖『マックス・ヴェーバー入門』（岩波書店、一九九七年）一九四頁。
(3) 渡辺浩『東アジアの王権と思想　増補新装版』（東京大学出版会、二〇一六年）「6　『泰平』と『皇国』」（一四八〜一八三頁）。
(4)『芸備之友』第一四巻第一二〇号（芸備之友社、一九二一年二月）。
(5) 広島県編『千田知事と宇品港』（広島県、一九四〇年）。
(6) 鶴見祐輔『〈決定版〉正伝後藤新平2　衛生局長時代』（藤原書店、二〇〇四年）。
(7) 松下孝昭『歴史文化ライブラリー三七〇　軍隊を誘致せよ―陸海軍と都市形成―』（吉川弘文館、二〇一三年）一六六〜一六九頁。
(8) 同前、二三三〜二三五頁。
(9) 呉海軍病院史編纂委員会『呉海軍病院史』（独立行政法人国立病院機構呉医療センター、二〇〇六年）四〇頁。
(10) 千田武志他「北清事変期の広島陸軍病院における医療と看護」（『広島国際大学看護ジャーナル』七巻一号、二〇〇九年）一六〜一七頁。
(11) 荒川章二「地域史としての日露戦争」（小森陽一・成田龍一編『日露戦争スタディーズ』紀伊國屋書店、二〇〇四年）。
(12) 同前、八八〜一一一頁。
(13) アジア歴史資料センター、Ref. C08040691200。
(14) Louis Livingston Seaman, *The real triumph of Japan: the conquest of the silent foe*, D. Appleton and Company,

1906.

（15）General Staff, *War Office*, 1908.

（16）Anita Newcomb McGee, How the Japanese save lives, *Century*, 5.1905.

（17）Claire Herrick, *'The Conquest of the Silent Foe': British and American Military Medical Reform Rhetoric and the Russo-Japanese War*, Clio Medica/The Wellcome Series in the History of Medicine, 1 November 1999, vol. 55, no 1, "Medicine and Modern Warfare", edited by R. Cooter, M. Harrison and S. Sturdy, pp. 99–129（31）.

（18）『週刊平民新聞』五一号、一九〇四年一〇月三〇日。

（19）吉田直次郎『広島案内記』（友田誠真堂、一九一三年）三頁。

（20）広島県立文書館収蔵文書の紹介「広島工業港」。

（21）肥田舜太郎『ヒロシマの記憶、原発の刻印—ヒロシマを知り原発を考える—』（遊絲社、二〇一三年）。

（22）米山リサ『広島—記憶のポリティクス—』（岩波書店、二〇〇五年）。

終章　片隅から見た現在

一　高間省三の墓が訴えるもの

戊辰戦争において幕府軍と壮絶な戦いを繰り広げた神機隊の高間省三は、二〇歳という若さで福島県の浪江町で戦死した。高間の遺骸は福島県双葉町の自性院という寺に埋葬されている。高間を主人公とした歴史小説を執筆した穂高健一氏は、平成二八（二〇一六）年七月二〇日から二泊三日で自性院に高間省三の墓参に訪れている(1)。浪江町や双葉町は福島第一原発の近隣であり、原発事故の被害が極めて甚大で、放射線量の高いところなので、高間の墓を詣でるには特別許可が必要である。ホームページにアップされた墓参の際のスナップ写真には、防毒マスクと防護服を着用した穂高氏の姿が写し出されている。双葉町の土の中で被曝することになった高間の遺骸は、いま何を思うであろうか。

三〇〇年以上の歴史に支えられた城下町広島は、昭和二〇（一九四五）年八月六日に一発の原子爆弾で壊滅した。平和公園をはじめ広島の市街地の土中には、埋葬されずに遺棄された多くの市民が眠っている。放射性物質は、七〇年以上の歳月を経て、遠く福島県に眠る広島藩士族の土の上にも降り注いだ。少なくとも高間が目指した新しい国家・社会は、原爆や原発事故につながるものではなかったはずである。東日本大震災の被災地には若い人々を中心に多くのボランティアが駆けつけた。筆者の職場では、その縁で被災地からわざわざ講演に来ていただく機会を得た。その際にも話題になったのであるが、政府の肝いりで広島から派遣された研究者たちが、原発事故の被災地で熱心に放射線被曝の影響の軽さを話して回っているという現実に、筆者は驚愕した。その講演会場で話の内容に異を唱えると、その日の深夜に何者かから脅迫電話がかかってきたというお話も聞いた。

政府の肝いりで派遣された研究者こそ、軍都の正当な継承者である。政府の強圧的な方針を受け入れ、それに忠実に従うことによって、いくばくかの利益を得ようとするスタイルは、鎮台形成後の広島における都市形成のスタイルと共通しており、被爆からの復興を目指した当局者のスタイルでもあった。高間省三の遺骸が眠っている土に原発事故の放射線が降り注いだという事実は、そのようなスタイルとは異なる歴史をもっていたことを、現在の日本国民に気づかせる役割を果たしたように思える。

二　「広島平和記念都市建設法」と「平和」の理念について

1　「軍都」の継承

広島市は敗戦直後から「平和都市」を標榜し、戦前の広島市は「軍都」として負の遺産を負わされることになった。本書で述べたように、第五師団の成立から敗戦まで、内在的な国家構想を否定して強圧的に形成されてきた「軍都」として、広島は存在したのである。「軍都」を否定することは、その歴史を克服することにつながったのであろうか。結論から先に述べれば、戦後の広島市は「軍都」としての歴史を構造的に継承していると考える。それはどういうことなのか、ここでは戦後の広島市が復興する上で重要な役割を果たした「広島平和記念都市建設法」と「平和」の理念について考えてみたい。

広島平和記念都市建設法[2]が昭和二四（一九四九）年に制定・施行されて、間もなく七〇周年を迎える。六〇周年の際には、もう一度その意味を考えるための企画が取組まれた。[3]しかし、六〇年という歳月は、その記憶を薄めていく上で、十分な時間でもあることが確認された。それから一〇年近く経過した現在、この平和記念都市法に対する認知度はいかほどのものであろうか。認知度はかなり低いと思われるが、にもかかわらず平和記念都市法を成立させた構図は、戦前の政治構造の基本的なものを引き継いでいる。

広島市にとって、平和記念都市法が歴史的に果たしてきた役割は極めて大きい。平和のモニュメントの中心となる平和公園と平和記念資料館の建設、平和大通りをはじめとする道路や橋梁の整備などは平和記念都市法の賜であり、それによって広島という現代都市の骨格が作られたと言っても過言ではない。

平和記念都市法は特別法であり、国家事業として広島の復興を進めるための法律である。いわば、数多くの戦災都市をかかえるなかで、広島は特別扱いされることになったのである。しかし、特別扱いされたということは、その大きな「代償」を求められることにもなった。管見の限りではあるが、その「代償」ということについて、従来あまり議論されてこなかったように思える。

2　特別法を求めた背景

前述したように、平和記念都市法は昭和二四年に特別法として制定され、その結果、広島の復興は国家的な事業となった。[4]それを求めていった背景には、復興予算の獲得という切実な財政問題があった。当初、昭和二一（一九四六）

年の広島市復興局の試算によれば広島市の復興には二三億七七〇〇万円の経費が必要だと予想された。しかし、同年度の市の復興予算は五四六〇万円であった。つまり、本格的な復興を成し遂げるためには、単年度予算の四〇倍を超える資金の調達が求められていたわけである。そのため、広島県や広島市は当初から、復興の財源として、国の特別補助金や、国有財産である旧軍用地の払下げに期待する面が強く、やがて、そうした願望は広島の復興を国家事業にする運動に発展していったのである。

平和記念都市法によって、(5)「国及び地方公共団体の関係諸機関は、平和記念都市建設事業の促進と完成にできる限りの援助を与えねばならない」（第三条）、「国は、平和記念都市建設事業の用に供するために必要があると認める場合においては、国有財産法の規定にかかわらず、その事業の執行に要する費用を負担する公共団体に対し、普通財産を譲与することができる」（第四条）と定められ、念願であった特別補助や旧軍用地の払下げの要求が実現した。昭和二七（一九五二）年には、この法律の趣旨に沿って、具体的な計画である広島平和記念都市建設計画が策定された。したがって、平和記念都市法は復興の最大の問題であった財政問題を解決したことになる。この点をまず確認しておきたい。

3　平和記念都市法の理念について

広島の復興を国家事業として位置づけ、平和記念都市法を成立するためには、国会の承認が必要であり、それ以上に、当時は占領下であったからＧＨＱの了解は不可欠であった。したがって、この法律の成否は、ＧＨＱをいかに納得させるかにかかっていたのである。

ＧＨＱへの働きかけは、かなり早い時期から行われていたようである。昭和二〇年一一月一三日、広島市全員協議

[6]会は戦災復興委員会を結成するとともに、マッカーサー元帥にあてて意見書を提出し、その後陳情団が上京して面会を求めている。面会は拒絶されたが、注目すべきはその意見書であり、原子爆弾の投下が終戦を早め、世界平和の第一歩を築いたと述べている。[7]これは明らかにＧＨＱの意向にそうかたちの意見書であり、アメリカが原爆によって世界平和を築いたというレトリックを用い、それを記念する都市として広島を位置づけ、広島の復興が特別に重要であるという位置づけにしてもらおうとしている。ここでは、原爆投下＝「世界平和」という図式がはっきり見られ、その図式は、平和記念都市法の成立にも大きく影を落としていると思われる。しかし、この「世界平和」という言葉は、もう一つ違う側面から語られることになる。

　昭和二四年一月四日、任都栗司市会議長は、ＧＨＱの公衆衛生福祉局長のサムス准将と会見した際に、「広島のこの犠牲を何と心得るかと、私はこの犠牲をあなたがたに弁償せえというんじゃないと、しかしこの犠牲を二度と再びこの地球上のどの人類の上にも及ぼすことのないような平和都市を建設したいんだ」と述べている。[8]ここには、「恒久平和」の象徴として広島が位置づけられている。また、その翌月に浜井信三市長と任都栗議長の連名で提出された「広島原爆災害復興対策に関する請願書」には、「広島市の戦災があらゆる民族のすべての人々に対する警告として寄与した歴史的意義と、その後の広島市に対する世界人類の輿望にかんがみ、国際的平和の記念都市を建設してこれに応えなければならない責務を感ずるものであります」と述べられている。広島が「世界平和」の象徴となることは、「世界人類の輿望」だという位置づけである。

　広島が他の戦災にあった都市と違って特別な意味をもつのであるということを説明するために、原爆投下＝「世界平和」の象徴として位置づけられると同時に、その「世界平和」とは、「世界人類の輿望」としての「恒久平和」なのだという位置づけがなされたのである。ここに、広島は「世界人類の輿望」としての「恒久平和」を象徴する都市という、大変重要で大きな位置づけがされることになったのである。ここで最も注目すべきなのは、苦渋の決断であったのかもしれないが、原爆投下＝「世界平和」の図式を受け入れ、それによって当時最も強力な中央権力であるGHQの力を背景にこの法律を通したことである。これは軍事拠点としての役割を受け入れ、基本的なインフラの整備を中央政府に依存した戦前の「軍都」の構造と異ならない構造である。アメリカ軍の正当化の論理からすると、原子爆弾の投下は「軍都」を受け入れた代償であった。

4　重い「代償」

このことに関して、「それは所詮レトリックだから」と軽く見る傾向がなかったであろうか、あるいは、現在そういう傾向がないだろうか。じつは、平和記念都市法の成立過程において大変重要な役割を果たすことになった、GHQの国会担当ジャスティン・ウィリアムズは、そのことの重大さに気づいていた。彼は、昭和二四年五月三日、平和記念都市法案の英訳版がGHQに提出された際、GHQの民政局長ホイットニーにあてて法案を送るとともに、それに付してメモを送っている(9)。そのなかで、以下のようなことを述べている。

The only question is whether or not it is fitting and proper for Hiroshima City to be permitted to take a step in the name of world peace with the design of attracting national and international support and attention. A High Level policy decision would seem to be all that is needed.

「広島が日本国内の、あるいは国際的な注目を引こうとして、『世界平和』の名のもとにこうした法案を準備することが、果たして広島にとって相応しいのか、好ましいのか、そのことが唯一の疑問だ」、そして、「それには高度な政策判断が求められる」というような訳でよいだろうか。ウィリアムズは、「世界平和」をたんなる方便とは考えていなかった。むろん、原爆投下＝「世界平和」という図式はＧＨＱにとって好ましいという判断はあったのであろうが、それだけではなく、広島が「世界平和」という重荷を背負うことについて、危惧しているのである。

本書で問題にした重い「代償」とは、このウィリアムズの危惧したものにほかならない。最初に述べたように、確かに財源問題は平和記念都市法によって解決した。しかし、管見の限りではあるが、このウィリアムズが危惧した「代償」を問題にした意見は、ウィリアムズ以外には見当たらない。

広島平和記念建設都市法の英文名称は、"Bill for Construction of Hiroshima, Eternal Peace Commemorating City"である。日本語で省かれているが、"Eternal Peace"「恒久平和」という言葉がしっかり入っているのである。そしてその背後には、「世界人類の輿望」が明確に位置づけられているのである。そのことの意味が、はたして今日まで、どれだけ追究されてきたのか、平和記念都市法はそれを絶えず問いかけるのである。つまり戦前の「軍都」と同様に、「恒久平和」を絶えず追究する主体がないのである。それは、広島市という地域の問題ではない。日本という国が戦前の歴史全体を総括して、自主的・主体的な選択の結果として「平和」を選んだのかどうかという問題である。問い方を変えるならば、「平和」を選択したが、それが戦前の歴史全体の総括の上になされたのかということである。

註

（1）「穂高健一ワールド」、http://www.hodaka-kenich.com/history/2016/09/02133658.php、二〇一七（平成二九）年三月一七日閲覧。

（2）正式名称は広島平和記念都市建設法であるが、本書では平和記念都市法と略す。

（3）原爆遺跡保存運動懇談会、理学部一号館の保存を考える会、「自然の博物館」をつくる会、芸備地方史研究会の四団体は、二〇〇九年九月一三日に、「広島平和記念都市法制定六〇周年にあたり理学部一号館の保存・活用を考える」と題してシンポジウムを行い、そのなかで筆者は「広島の復興と広島平和記念都市法」というテーマで報告した。

（4）平和記念都市法の制定過程とその特徴については、石丸紀興編『広島市戦災復興計画関係者の証言　その1』（一九七九年）、同編『広島市戦災復興計画関係者の証言　その2』（一九八〇年）、石丸紀興「『広島平和記念都市建設法』の制定過程とその特質」（『広島市公文書館紀要』第一一号、一九八八年）などに詳しい。

（5）ここで述べた法律の内容と制定過程については、夫津木芳美「広島平和記念都市法の誕生―1945–1946」（広島大学総合科学部地域科学プログラム卒業論文）、同「占領期被爆地広島における「原爆」―広島市と共産党の事例を中心に―」（広島大学大学院総合科学研究科修士論文）を参考とした。

（6）当時は様々な事情で市議会が成立していなかったので、それにかわる全員協議会が開催されていた。

（7）『中国新聞』一九四五年一二月六日付。

（8）石丸編前掲『広島市戦災復興計画関係者の証言　その2』二四～二五頁。

（9）ジャスティン・ウィリアムズ文書のJW115–31、メリーランド大学所蔵ゴードン・プランゲ文庫。拙稿では、国立国会図書館所蔵のマイクロフィルム（リール番号一一）を参照した。

世界の片隅からの視座

勝部眞人

「はじめに」でも述べたように、布川氏がもっとも主張したかったことは、第Ⅱ部「片隅から見た日本の近代」に集約されていると思う。そのため、以下では第Ⅱ部を主軸として解説したい。

まず、第Ⅰ部「近代日本の秩序形成」には、以下の四本の論考が収載されている。

「近代日本社会における「外来」と「在来」の構造的な連関」
（勝部眞人編『近代東アジア社会における「外来」と「在来」』清文堂出版、二〇一一年）

「歩兵第四十一連隊の福山転営と市制施行への動き」
（『アーカイブスふくやま』第二号、福山市、二〇一一年）

「戦間期における国際秩序構想と日本―太平洋問題調査会における議論を中心として―」（「科研報告書」二〇〇七年）

「国際平和運動における新渡戸稲造と賀川豊彦の役割」
（「科研報告書」二〇〇三年）

このうち、「科研報告書」に収められていた欧文史料については、所収しないこととした。

そして、第Ⅱ部の論考は、吉川弘文館から一般読者を対象として刊行されている「歴史文化ライブラリー」の一書として、もともと軍都・広島の成立・展開に関して概説的に描くという趣旨で執筆されたものであった。それは二〇一四年に同社から刊行された坂根嘉弘『地域のなかの軍隊5　西の軍隊と軍港都市　中国・四国』に書かれた「広島の都市形成と第五師団」をふくらませて論ずるとの企図によるものである。ただ、著者の布川氏は、筆を執るに当ってこれまで抱いてきた想いが吹き出たのか、冒頭非常に大きな課題を掲げているところから始まる。

それは、現在に至るまでの日本史学が当たり前のように古代・中世・近世・近代と時代区分してきたことに対して、「時代を通して見る観点を持たない」発想にどうしても馴染めないでいるということ、また時代区分という縦軸とともに、「中央集権的な国家構造に支えられた歴史認識」あるいは歴史空間という横軸の認識を根底からひっくり返したいという欲求に駆られているということ、の二つである。

「日本史の個性」について議論してみたいという願望が「おそらく日本史研究者からは相手にされないであろう」と、自身の歴史観が理解・共有されないかもしれないという焦慮にも似た想いを持たれているようである。映画『この世界の片隅に』を見た衝撃になぞらえて、自らを「学会の片隅」に位置付けている。

氏のこうした問題意識を私が十分理解し得ているとは言えないが、神戸という都市の歴史的研究、ことにその「片隅」に生きてきた下層民の研究を主にされてきた氏が、さらに原爆被災・平和の問題に取り組んでこられた成果を蓄えられて、次代の歴史学を「片隅の視座」から構築されようとしているということだけは、容易に理解できるのである。

ただ、本論で具体的にその展望が果たされているかといえば、読者としては簡単には読み取れないというジレンマを持たざるを得ないであろう。冒頭の問題意識と、軍都・広島の成立と展開についての叙述がどう対応しているかは必ずしも明瞭ではない。おそらく、そうした問題意識を根底に秘めながら、維新期以降の広島を一気呵成に書き上げたと思わざるを得ないのである。また維新期の叙述と、それ以降とではかなり分量のバランスが異なっている。たぶん本人がそのことを十分承知していることであろうし、本来であれば加筆修正の筆を執りたかったであろうことはほぼ想像がつく。

しかし、本論の随所に、布川氏が新たに光を当てられた跡が見られることも、また確かである。たとえば、幕末の海防をめぐって、広島藩における高島秋帆流の西洋砲術導入の動きと、それを阻む藩内の勢力との攻防を、小鷹狩元凱『元凱十著』(一九三〇年)などを用いて丹念に復元された。そのうえで、西洋砲術の知識をめぐって、海防を担う現場の人的ネットワークが藩域を超えて展開しており、それが広島にも及んでいたとされるのである。

また、海防強化の要請が一面で農兵隊を生み出していったことにも言及する。「外夷」襲来に備えて、藩兵が到着するまでの間「急場御手当」として、現場で対応せざるを得ない。この備えとして、「農間武術」を心がけることが要請されるというのである。周知のように、幕末の広島藩は幕長対立の最前線に立たされる地理的位置にあって、征長軍本営が置かれたり、内戦回避に奔走したり、あるいは長州軍が大竹・玖波辺まで進攻してくるなど、状況に翻弄されていく。こうした事態における農兵、あるいは幕長戦争直後に設置された「士庶混交」の神機隊などの存在は、国制の大転換をもたらすと氏は言うのである。このことは、後に叙述される武一騒動時において、藩に提出された芸備一六郡百姓惣代の「一手歎願書」の世界観とも関連づけられていく。

また明治二（一八六九）年に広島を襲った水害と冷気による凶作で、天保飢饉を上回る危難に見舞われた際、「最後の殿様」浅野長勲《ながこと》を中心に、厳しい財政状況にもかかわらず、藩民救済の措置がとられることになる。さらに長勲は、財政の危機・飢饉対策について、藩士・庶民を問わず意見を聴取する。これに応えたのが、二年後に武一騒動首謀者として処刑されることになる山県郡有田村の森脇武一郎であったが、氏は本論でその「口演書」草稿を全文掲げる。それは、文面からにじみ出る武一郎の教養の深さと、窮民救済と国防を関わらせた武一郎の論理を読者と共有したかったためであろう。

ここまでの叙述は、廃藩置県によって惹起される藩主引留め騒動＝武一騒動を描くための、いわば前提であったようにも思えるのである。著者布川氏が「日本史の個性」という課題を想起し始めたきっかけが、「一手嘆願書」に触れたことにあったと冒頭で述べられているように、武一騒動に関する叙述は本論の大きな山をなすと言えよう。

明治四年八月に前藩主浅野長訓《ながみち》らの上京を押しとどめた城下での動きや、山県郡各村で不穏な騒動が起こるなか、同月一一日に芸備各郡代表者が集って開かれた百姓会議で「一手嘆願書」がまとめられたとされている。ここでは長勲が領民に宛てて認めた親書（朝廷への忠節）の世界観を受け止めながらも、それを乗り越えて郡県制から封建制へ、さらに今まさに郡県制へと大転換を遂げようとするという世界観・歴史観が、農兵や神機隊などの経験を含む百姓独自の思考から生み出されたものと、氏は理解されるのである。さらにそこに記されている「御国恩」が抽象的な文言ではなく、明治二年の救済策を念頭に実感されていたものだと指摘されているのである。結局この「一手嘆願書」を認めたのが、「口演書」を提出した武一郎とされ、文中「違勅」云々の文言から武一郎は梟首に処せられるのであるが、ともあれ在村エリートの持つ歴史観・世界観が、藩主長勲の教諭の範囲にとどまらず、歴史に対する学び、あるいは伝統・生活体験に基づくものであったことに、氏は大きく注目されていると思われるのである。

なお、騒動鎮圧の過程で武力鎮圧に踏み切ることが決定された二日後に、神機隊々長の野崎貞夫が自刃した背景にも、氏の筆は及ぶ。鳥羽伏見の戦いで戦機を逸した神機隊であるが、戊辰戦争で相馬藩庫の米を官軍が分配しようとした時に、領民への救荒米と知った神機隊兵士がそれを藩庫へ返還したエピソードなどを絡めて、自藩領民への武力鎮圧に耐えきれなかったのではないかという氏の解釈は非常に興味深い。

やがて広島に鎮台が置かれ、さらに第五師団へと変遷していくが、その段階になると神機隊のような「郷土防衛部隊」としての軍事化の道は閉ざされ、国家に対する奉仕としての徴兵軍隊のシステムへと転換していくと見る。そこから軍都・広島の姿が形成されていくのであるが、ただそれも必然的なものとはしていない。日清戦争開戦に伴って、宇品港・山陽鉄道が結果的に戦争動員体制に組み込まれていったというのである。近代的軍隊システムの形成・展開に伴う広島の軍都化という歴史的現実のいっぽうで、そこで生活する人々はその現実を受け入れつつも自分たちの暮らしの創意工夫や喜怒哀楽を享受していたことを見据えているかのようである。あるいは、その視座が『この世界の片隅に』を観た時の衝撃にもつながっているのかもしれない。

本論最後の平和都市としての戦後復興の記述は、結びとしての意味を持つのであろうが、「世界平和」「恒久平和」の象徴として広島の復興を語ることは、一面で大きな「代償」を負っているのではないかと、ここでも大胆な問題提起を行う。このレトリックは多少理解しづらいところもあるが、要は復興資金を調達するための平和記念都市法は何よりGHQの了解を得る必要があり、そのために原爆投下＝「世界平和」というアメリカの論理を受容せねばならなかったということであろうか。それは単に広島という一地域の問題ではなく、日本という国が戦前の歴史全体の総括をしたうえで「平和」を語っているのか…にかかっていると布川氏は問うているのである。

本論を通読してみて、何か布川氏の憤怒の形相が見えてくるようである。いったい何に怒っているのか。グローバル化後の国際情勢、就中最近の北朝鮮とアメリカ間の緊張の高まりに対してなのか、日本政府の近年の政局運営に対してなのか、あるいは目先の結果にのみ囚われる社会に対してなのか、もしくは「片隅」から見えてくる日本史学の現状に対してなのか…。その思いは容易に汲み取ることができないが、いずれにせよ「歴史に学ぶこと」を軽視しているこの社会の現状に憤りを感じていることはまちがいないと思われる。

以上私なりの解釈を述べてきたが、もし布川氏が元気を回復したら、これまでのように軽口をたたきながら「勝部さん、全然違う！」と笑うかもしれない。笑われてもよいので、早くその日が来ることを心から念願しつつ擱筆したい。

著者略歴
一九五八年　山形県に生まれる
一九九〇年　神戸大学大学院文化学研究科博士後期課程単位取得退学
現在　広島大学大学院総合科学研究科教授
〔主要著書〕
『神戸における都市「下層社会」の形成と構造』（兵庫部落問題研究所、一九九三年）
『近代日本社会史研究序説』（広島大学出版会、二〇〇九年）
『平和の絆：新渡戸稲造と賀川豊彦、そして中国』（丸善・叢書インテグラーレ9、二〇一一年）

〈近代都市〉広島の形成

二〇一八年（平成三十）四月十日　第一刷発行

著　者　布《ぬの》川《かわ》　弘《ひろし》

発行者　吉川道郎

発行所　株式会社 吉川弘文館
郵便番号一一三―〇〇三三
東京都文京区本郷七丁目二番八号
電話〇三―三八一三―九一五一〈代〉
振替口座〇〇一〇〇―五―二四四番
http://www.yoshikawa-k.co.jp/

印刷＝株式会社 理想社
製本＝株式会社 ブックアート
装幀＝山崎　登

ISBN978-4-642-03873-7

坂根嘉弘編

西の軍隊と軍港都市 中国・四国

（地域のなかの軍隊⑤）

四六判・二三二頁／二八〇〇円

日清戦争時に大本営が広島に設置され、一大軍港都市の呉が置かれるなど、「西」は近代における軍事の要であった。中国・四国各地の軍隊誘致運動や、それに伴う都市形成と諸産業の発達、市民生活との密な関係に迫る。

〈本書の内容〉

軍都・軍港と西の護り―プロローグ―……坂根嘉弘

Ⅰ　軍都論

広島の都市形成と第五師団……布川　弘
第一一師団と善通寺……山本　裕
コラム1　第一七師団の岡山誘致運動……山下　洋
鳥取・松江の連隊誘致と陸軍記念日……能川泰治
軍港都市〈呉〉から平和産業港湾都市〈呉〉へ……上杉和央

Ⅱ　軍都の社会史

陸海軍と中国・四国・瀬戸内の経済成長……坂根嘉弘
コラム2　兵食用牛缶製造と黒毛和牛―牛をめぐる軍需と民需―……野間万里子
軍馬補充部大山支部と周辺農村・農民……大瀧真俊
高知県における戦没者慰霊……小幡　尚
試製基地要図第六（中国四国地方）／戦争関連施設・遺跡

（表示価格は税別）

吉川弘文館